Nicholas Adjouri

Die Marke als Botschafter

Nicholas Adjouri

Die Marke als Botschafter

Markenidentität bestimmen
und entwickeln

Die Deutsche Bibliothek – CIP-Einheitsaufnahme
Ein Titeldatensatz für diese Publikation ist bei
Der Deutschen Bibliothek erhältlich

1. Auflage Juli 2002

Alle Rechte vorbehalten
© Springer Fachmedien Wiesbaden 2002
Ursprünglich erschienen bei Betriebswirtschaftlicher Verlag Dr. Th. Gabler GmbH, Wiesbaden 2002

Lektorat: Susanne Kramer / Jens Kreibaum
www.gabler.de

Das Werk einschließlich aller seiner Teile ist urheberrechtlich geschützt. Jede Verwertung außerhalb der engen Grenzen des Urheberrechtsgesetzes ist ohne Zustimmung des Verlags unzulässig und strafbar. Das gilt insbesondere für Vervielfältigungen, Übersetzungen, Mikroverfilmungen und die Einspeicherung und Verarbeitung in elektronischen Systemen.

Die Wiedergabe von Gebrauchsnamen, Handelsnamen, Warenbezeichnungen usw. in diesem Werk berechtigt auch ohne besondere Kennzeichnung nicht zu der Annahme, dass solche Namen im Sinne der Warenzeichen- und Markenschutz-Gesetzgebung als frei zu betrachten wären und daher von jedermann benutzt werden dürften.

Umschlaggestaltung: Nina Faber de.sign, Wiesbaden

ISBN 978-3-409-11972-6   ISBN 978-3-663-09738-9 (eBook)
DOI 10.1007/978-3-663-09738-9

Vorwort: Ein unendlicher Anfang

Acht Jahre ist die Veröffentlichung meiner Doktorarbeit mit dem Titel „Die Marke als Botschaft" inzwischen her. Der Grund für den langen Zeitraum liegt in der Tatsache begründet, dass die praktische Erfahrung elementar ist. Das Wissen bildet die Basis, aber die Marke lebt von der Praxis. Daher war es wichtig, die aus der Promotion gewonnenen Erkenntnisse in der Praxis einzusetzen, bevor ein neues Buch in Angriff genommen werden konnte.

Die Gründung unserer Agenturgruppe bildet hierbei einen Meilenstein; der Grundstein für die Markenpraxis wurde aber vorher gelegt. Die Zusammenarbeit mit Menschen unterschiedlichster Disziplinen hat meinen persönlichen Erfahrungshorizont erweitert. Diese Kooperation mit Psychologen, Soziologen, Kommunikationswissenschaftlern, Designern auf der einen und Marketing- und Produktmanagern auf der anderen Seite war außerordentlich fruchtbar. Insbesondere die mehrjährige Zusammenarbeit mit Menschen wie Kurt Weidemann, einem der berühmtesten deutschen Corporate Designer, haben meine Design- und Gestaltungskenntnisse erweitert. Auch die jahrelange Arbeit mit dem Plakatkünstler und Grafik-Designer Heinz-Jürgen Kristahn, meinem ehemaligen Partner und Mentor, bei dem ich in den sieben gemeinsamen Jahren bei der alltäglichen Arbeit die Designgrundlagen erfahren habe, sollte nicht unerwähnt bleiben. Da die Marke ausschließlich interdisziplinär betrachtet werden kann, ist die pragmatische Sichtweise der gestalterischen Umsetzung von Marken eine wichtige Erfahrung, die mir heute in der kreativen Umsetzung von Markenidentitäten eine essentielle Hilfe ist. Während meiner Promotionszeit, in der ich Gesellschafter einer Werbeagentur war, waren die Umstände ebenfalls günstig. Ein neues Finanzinstitut wurde gegründet und Kurt Weidemann erhielt die Aufgabe, das Erscheinungsbild für dieses Unternehmen zu entwickeln. Wir wurden als Agentur in die Planung und Umsetzung einbezogen, sodass ich einen guten Einblick in die Abläufe eines großen Konzerns erhielt. So konnte ich die Gründung und Entwicklung eines neuen Unternehmens von Anfang an miterleben und mitgestalten.

Die nächsten Jahre war ich mit der Gründung meiner eigenen Markenagentur beschäftigt. Aus einer Agentur wurden in den letzten Jahren schließlich vier Units, die von der Markenanalyse und Markenkommunikation über Public Relations bis zum Internet einen integrierten Kommunikationsansatz gewährleisten konnten. Das Thema Marke war und ist der Kern der Agenturgruppe. Die Markenanwendung Brand Ambassador ist das Verfahren, das wir seit Jahren in der Praxis einsetzen. Die Grundlagen für das Verfahren wurden bereits 1996 entwickelt. Der Anspruch war hoch: Es sollte eine Markenanwendung sein, die ganzheitlich und interdisziplinär ist; sie sollte bewährte Elemente aus Wissen und Praxis einbeziehen und mit innovativen Verfahren verbinden. Und last but not least sollte die neue Markenanwendung Ergebnisse liefern, die direkt in der Praxis einzusetzen sind. Als ich das erste Konzept entwickelte und in der Praxis ausprobierte, merkte ich, dass wir auf dem richtigen Weg waren. Bereits in meiner Doktorarbeit bin ich bei der Markenidentität von Bedeutungen statt Images ausgegangen; dies hat sich in meiner praktischen Arbeit immer wieder bestätigt. Das Finden von Markenbedeutungen war richtig; nur fehlten mir damals die Erfahrungen auf dem psychologischen und statistischen Gebiet.

Nachdem ich mein Anliegen Kai Jonas, einem wissenschaftlichen Mitarbeiter des Georg-Elias-Instituts für Psychologie der Georg-August-Müller-Universität in Göttingen, schilderte, sprachen wir über die Idee, meine Markenanwendung mit einem bestimmten psychologischen Verfahren, dem Cognitive Mapping, zu kombinieren. Dieses Konzept testeten wir 1999 an einem Beispiel in der Praxis; die Ergebnisse waren vielversprechend. Zusammen mit Margarete Boos, Professorin am Institut für Psychologie der Universität Göttingen, starteten wir ein zweijähriges Forschungsprojekt, das diese neue Markenanwendung zum Gegenstand hatte. Hierfür stiftete meine Agentur am Institut für Psychologie ein Doktorandenstipendium, das mit Andrea Müller bestens ausgefüllt wurde. Dieses Buch ist somit ein Fazit aus praktischen Erfahrungen zum Thema Marke. Es richtet sich in erster Linie an Praktiker, wie Marketingmanager, Markenverantwortliche, Marktforscher, Unternehmensberater, Konzeptioner und Designer in Werbe- und Designagenturen.

An dieser Stelle möchte ich mich bei Emma Aulanko, Vera Krauße, Silke Spingies, Jana Stastny, Petr Stastny, Anne Winnat und Anette Zaboli bedanken, die mir in vielen Situationen geholfen haben. Mein Dank gilt auch dem Institut für Psychologie der Universität Göttingen, allen voran Margarete Boos, Kai Jonas und Andrea Müller. Besonders möchte ich mich bei meiner Frau für die Geduld, die sie mir während der Arbeit an dieser Publikation entgegengebracht hat, bedanken.

Berlin, im Mai 2002   *Nicholas Adjouri*

Inhalt

Vorwort: Ein unendlicher Anfang 5
Einleitung: Die Sicht auf die Marke wird sich verändern müssen 11
Sieben Thesen zur Marke 13

Teil 1: Die Marke lebt 17
1. Die Marke als Erfolgsprinzip 17
   1.1 Die Marke: Eine Bestandsaufnahme 18
   1.2 Die Merkmale einer Marke 20
   1.3 Die Marke in der Praxis 26
2. Die unterschätzten Merkmale der Marke 29
   2.1 Die Funktion der Markierung 29
   2.2 Die Kraft des Namens 30
   2.3 Die Kraft des Zeichens 33
      2.3.1 Ein Bild-Zeichen, das die Existenz bedroht:
           Procter & Gamble 35
      2.3.2 Die Interpretation von Zeichen:
           Coca-Cola und das Pentagramm 37
      2.3.3 Das Bild-Zeichen als Kulturgut: Der Osborne-Stier 38
      2.3.4 Gleiches Bild-Zeichen und verschiedene Namen 39
   2.4 Die Kraft der Farbe 41
      2.4.1 Strom hat eine Farbe: Yello 43
      2.4.2 Was ist lila? 47
   2.5 Die Kraft des Designs 48
      2.5.1 Design ist wichtiger als die Uhr: Swatch 49
      2.5.2 Keine graue Maus: iMac von Apple 50
      2.5.3 Ähnlichkeiten im Erscheinungsbild: Beispiel Nivea und Isana. 52
   2.6 Die Kraft der Werbung 54

2.6.1 Konstanz über eine Generation: Marlboro	54
2.6.2. Absolut klassisch: Die Marke Absolut Vodka	55
2.6.3 Andere formale Elemente der Werbung: Werbefiguren und Testimonials	57
2.6.4 Weitere formale Elemente der Marke	58
3. Die Marke als selbständiges Phänomen	59
3.1 Die Marke ohne Unternehmen	60
3.1.1 Die Marke AEG gibt es nur als Lizenz	62
3.1.2 Die Kraft einer guten Markenidentität	63
3.2 Menschen als Marken	65
3.3 Konsequenzen für die Praxis: Eine Zusammenfassung	66
Teil 2: Die Unsicherheit bei der Marke – eine Annäherung	69
4. Die Marke ist interdisziplinär	69
4.1 Ein ganzheitlicher Ansatz zur Marke	71
4.2 Das Unternehmen als Sender	76
4.3 Die Zielgruppen als Empfänger	81
5. Die Identität der Marke	89
5.1 Grundlagen der Markenidentität	89
5.2 Marke und Image	93
5.3 Marke und Bedeutung	99
5.4 Analyse der Markenidentität	107
5.4.1 Untersuchungsmethoden zur Markenidentität	107
5.4.2. Anforderungen an ein Verfahren zur Analyse der Markenidentität	109
5.5 Die zwei Stufen der Markenbildung	112
6. Der Aufbau einer Marke	115
6.1 Die Struktur der Markenidentität	115
6.2 Die Struktur der Inhaltsebene	117

6.2.1 Das zentrale Element: Der Markenkern	118
6.2.2 Die Markenperipherie	119
6.3 Der Aufbau der Marke	121
6.4 Konsequenzen für die Praxis: Eine Zusammenfassung	122

Teil 3: Eine neue Methode der Markenidentitätsanalyse: Brand Ambassador 125

7. Die Fokussierung auf den Markenkern 125

7.1 Brand Ambassador	126
7.2 Erste Phase: Analyse des Unternehmens	129
7.2.1 Erster Schritt: Analyse der formalen Markenkriterien	131
7.2.2 Zweiter Schritt: Definition der Markenverantwortlichen	136
7.2.3 Dritter Schritt: Analyse der subjektiven Markenkriterien	137
7.2.4 Vierter Schritt: Quantitative Erhebung	139
7.3 Zweite Phase: Analyse der Zielgruppen	140
7.3.1 Die Erfassung der Begriffe der Markenidentität: Freelisting	142
7.3.2 Die Relation der Markenidentitätsbegriffe: Triadentest	144
7.3.3 Produkt oder Marke?	145
7.3.4 Das Modell der Marke: Darstellung des Begriffsnetzes	146
7.3.5 Zusätzliche methodische Verfahren	149
7.4 Dritte Phase: Die Entwicklung der Markenidentität	150
7.4.1 Erster Schritt: Bestimmung der Markenstruktur	151
7.4.2 Zweiter Schritt: Auswertung des Freelistings	152
7.4.3 Dritter Schritt: Auswertung der Dimensionen	153
7.4.4 Vierter Schritt: Auswertung des Mages	155
7.4.5 Fünfter Schritt: Auswertung der qualitativen Ergebnisse	155
7.4.6 Sechster Schritt: Abgleich der ersten und zweiten Phase	156
7.4.7 Siebenter Schritt: Festlegung der Markenidentität	156
7.5 Vierte Phase: Die Umsetzung in die Praxis	159

8. Die Praxis der Markenidentität 161

    8.1 Die Entwicklung der Markenstrategie 161

    8.2 Die kreative Umsetzung der Markenidentität 163

    8.3 Der Praxiseinsatz von Brand Ambassador 165

    8.4 Die Marke Koivo 167

    8.5 Die Marke Valensina 169

    8.6 Die optimale Marke? 184

    8.7 Eine Zusammenfassung 186

Teil 4: Perspektiven der Marke 189

9. Die Anwendung der Ergebnisse 189

    9.1 Die Marke als Managementaufgabe 189

    9.2 Markenidentität als Basis von Markenstrategien 192

    9.3 Markenidentität als Basis der Markenbotschaft 195

    9.4 Markenidentität und Gestaltung 198

    9.5 Die Gestaltung von Namen 199

    9.6 Die Gestaltung von Wort-Bild-Zeichen 203

    9.7 Markenidentität als Basis von Markenbewertungen 212

10. Antworten auf die Marke 217

    10.1 Marken und Internet 217

    10.2 Virtuelle Marken kontra klassische Marken 220

    10.3 Muss eine Marke anfassbar sein? 222

    10.4 Definition und Antworten zur Marke 223

        10.4.1 Antworten auf die Thesen 224

        10.4.2 Was ist eine Marke? 225

    10.5 Ein Ausblick 227

Literaturverzeichnis 229

Der Autor 233

Einleitung: Die Sicht auf die Marke wird sich verändern müssen

Die Marke ist ein schwer erfassbares Phänomen. Die Ausstellung „brand.new" im renommierten Victoria and Albert Museum in London zum Thema Marken verdeutlichte die Mannigfaltigkeit der Marke und das öffentliche Interesse an diesem Thema (von Oktober 2000 bis Januar 2001 im V&A Museum). Der Besuch dieser Ausstellung demonstrierte zugleich, dass das Phänomen Marke aus unterschiedlichen Perspektiven betrachtet werden muss. Allein dies zeigt, dass sich eine ernsthafte Auseinandersetzung mit dem Thema als eine umfassende Angelegenheit darstellt, da die Marke kein eindimensionales Objekt ist, sondern durch ihre vielfältigen Erscheinungsformen charakterisiert wird. Allein die Rangfolge der weltweit wertvollsten Marken – also Marken, die den Unternehmenswert erhöhen – zeigt, dass diese aus den unterschiedlichsten Bereichen kommen und auf den ersten Blick wenige Gemeinsamkeiten aufweisen.[1] Angeführt von der Konsumgütermarke Coca-Cola mit einem Wert von 68,9 Milliarden Dollar befinden sich Marken aus der Computerbranche wie Microsoft (Platz 2), IBM (3) und Intel (6) unter den ersten zehn. Zu den wertvollsten Marken zählen ebenfalls die Unternehmensmarke General Electric (4), die Automobilmarke Ford (8), die Fastfood-Marke McDonald's (9) sowie der finnische IT-Konzern Nokia (5) und das Unterhaltungsunternehmen Disney (7). Auf der Suche nach gemeinsamen Kriterien zeigen sich bereits bei den wertvollsten und damit wohl erfolgreichsten Marken der Welt immense Unterschiede bzw. wenige Gemeinsamkeiten. Was ist es also, was den Erfolg von Marken wie Coca-Cola, IBM und Disney ausmacht? Ist es der Geschmack? Bei einer Marke wie Coca-Cola oder McDonald's durchaus ein wichtiges Kriterium – aber bei Nokia oder Microsoft? Ist es die Zusammensetzung – also die Produktqualität? Wie wird die Qualität bei einer Marke wie Disney gemessen? Oder ist es das Design? Bei dem Chiphersteller Intel oder Turbinen von General Electric spielt das Design wohl eher eine untergeordnete Rolle. Die genannten Faktoren wie Geschmack, Design oder Qualität sind für bestimmte Marken durchaus elementar. Aber diese Faktoren lassen sich nicht verallgemeinern. Marken sind immer individuell zu betrachten – sie verfügen über eine eigene Identität. Und diese setzt sich immer aus verschiedenen Faktoren zusammen.

Die Praxis zeigt, dass die subjektiven Eindrücke überwiegen und diese je nach Beschäftigungsfeld gern aus dieser oder jener Perspektive formuliert werden. Ein Wirtschaftsspezialist sieht primär den ökonomischen Hintergrund und bewertet eine Marke nach monetären Größen wie Umsatz, Gewinn und Marktanteil. Ein Jurist definiert die Marke in erster Linie als rechtlich-formale Angelegenheit – hier geht es um die Schutzfähigkeit eines Namens oder eines Zeichens. Ein Designer sieht die formvollendete Ästhetik eines Produktes als das entscheidende Markenkriterium und ein

---

[1] vgl.: Interbrand 2001, S. 20

Werbefachmann setzt auf die kreative Umsetzung einer Idee, einer Botschaft, die sich in Anzeigen und Fernsehspots wiederfindet. Fest steht also, dass das Phänomen Marke nicht durch ein Kriterium erklärt werden kann, sondern durch eine Vielzahl von Kriterien, welche durch verschiedene Perspektiven entstehen können, charakterisiert wird. Der Erfolg einer Marke hat einen komplexen Hintergrund. Dies bedeutet: Eine Betrachtung zum Thema Marke muss verschiedene Perspektiven berücksichtigen. Sie muss einen Weg aufzeigen, der dem interdisziplinären Hintergrund der Marke gerecht wird. Trotz dieser einfachen Erkenntnis, die von niemandem ernsthaft in Frage gestellt wird, gibt es zu viele individuelle Perspektiven auf die Marke. Diese Perspektiven sind zwar wichtig, und jede hat ihre Berechtigung. Aber: Sie sind fraktal; sie bilden Teilbereiche ab und erschweren die ganzheitliche Sichtweise, die eine Betrachtung der Marke als Einheit ausmacht. Und erst diese Einheit von Kriterien macht die Identität der Marke aus. Wenn Marken aber so vielfältig und unterschiedlich sind, bedeutet dies, dass nur eine ganzheitliche und interdisziplinäre Sicht der Thematik gerecht wird. Das heißt aber gleichzeitig, dass sich die Sichtweise auf die Marke verändern muss. Besonders wenn es um die Markenidentität geht. Denn in der Markenidentität fokussieren sich alle elementaren Merkmale der Marke. Und diese können nicht ausschließlich aus dem wirtschaftlichen oder aus dem psychologischen Blickwinkel betrachtet werden, da diese nicht ausreichend die Marke und ihre Identität erklären können. Gefordert ist eine Betrachtung, die alle entscheidenden Richtungen zu einem Markenverständnis zusammenfügt. Eine Betrachtung, die eine Brücke zwischen dem Marketing, der Psychologie, der Semiotik und der gestalterisch-kreativen Realisierung als wichtigsten Disziplinen der Marke bildet. Dies bedeutet auch, dass Markenverantwortliche in Unternehmen zum einen dieses interdisziplinäre Verständnis und zum anderen eine Schnittstellenfunktion zwischen verschiedenen unternehmensinternen Bereichen und Abteilungen haben müssen. Die Thematik muss trotz ihrer Komplexität anschaulich und nachvollziehbar behandelt werden. Daher ist dieses Buch mit Beispielen aus der Praxis angereichert. Der Anspruch ist Markenpraxis mit Markenwissen zu vereinen – Beispiele aus dem Alltag mit einem wissensorientierten Hintergrund zu verbinden. Der rote Faden ist die Markenidentität. Sie ist das Kernelement der Markenforschung und in der Praxis sichtbar – beispielsweise in Form eines ästhetischen Designs oder als kreative Umsetzung eines Anzeigenmotivs. Sie ist die Grundlage für jede markenstrategische Entscheidung, und sie bildet die Basis für jede kreative Leitidee einer werblichen Realisierung.

Dieses Buch erläutert eine neue Sicht auf die Marke sowie eine neue Anwendung, um die Identität der Marke analysieren zu können. Im ersten Schritt werden Tatsachen sortiert, erklärt und bewertet. Dies erfolgt anhand von Praxisbeispielen. Im zweiten Teil wird die neue Sicht, die neue Anwendung zur Analyse der Markenidentität dargelegt. Im dritten Teil wird die neue Anwendung anhand einem konkreten Beispiel dargestellt; im vierten Teil wird auf die Umsetzung der Ergebnisse in der Praxis eingegangen. Doch ganz am Anfang stehen sieben Thesen. Thesen, die die Praxis sowie das bisherige Wissen gleichermaßen betreffen. Thesen, die das Vertraute, das Bekannte relativieren. Thesen, die die Botschaft dieses Buches provokativ verdeutlichen.

Sieben Thesen zur Marke

1. These: Die Marke kann in ihrer Ganzheit ausschließlich interdisziplinär betrachtet werden. Die wichtigste Disziplin ist die Praxis.

2. These: Die Marke wird nicht durch Images beschrieben; der Imageansatz ist für die Analyse der Markenidentität überholt. Die Markenidentität wird dagegen durch Bedeutungen charakterisiert. Bedeutungen sind die wichtigsten Botschaftsträger der Marke.

3. These: Die Marke erfordert vom Unternehmen eine aktive Strategie, die von der Markenidentität ausgeht. Auf die Anforderungen von Marken wird in der Praxis häufig reagiert.

4. These: Die Marke ist Aufgabe der Geschäftsführung. In der Praxis wird diese Verantwortung oft nach unten delegiert.

5. These: Die Marke wird von den Verantwortlichen im Unternehmen oftmals unterschätzt. Vielfach fehlt es an Markenkompetenz, da es keine umfassende Ausbildung für die Marke gibt.

6. These: Die Marke ist eine langfristige Investition. In vielen Fällen wird die Marke die Markenverantwortlichen überleben. Markenführung ist daher eine strategische Aufgabe.

7. These: Die Marke kann ohne Werbung aufgebaut werden. Die Rolle der Werbung für die Marke wird überschätzt.

Die hier formulierten Thesen stellen eine Fokussierung des Inhalts dar; sie finden sich in den verschiedenen Kapiteln wieder. Im letzten Kapitel werden die Aussagen des Buches zusammenfassend behandelt.

Wie bereits erwähnt, ist dieses Buch die Fortsetzung meiner Arbeit von 1993. Zentrales Element dieser Arbeit war der Begriff der Bedeutung als kennzeichnender Parameter für die Markenidentität. In der praktischen Ausübung und der parallel laufenden wissensorientierten Beschäftigung mit dem Themenkomplex Marke hat sich die Relevanz der „Bedeutung" bestätigt. Die Marke und ihre Identität werden durch ihre Bedeutungen charakterisiert und nicht durch Images. Dies hat auch das gemeinsame Forschungsprojekt mit dem Institut für Psychologie der Universität Göttingen gezeigt. Bedeutungen stellen die Botschaftsträger einer Marke dar; sie sind die entscheidenden und prägenden Elemente der Markenidentität. Im Gegensatz zu Images beschreiben Bedeutungen eine tiefergreifende sowie grundlegendere Struktur der Markenidentität und sind daher entscheidend für die Beschreibung der Marke. Images dagegen sind subjektive Bilder bzw. Einstellungen des Individuums gegenüber einer Marke. Dies ist für die Praxis sowie für das Wissen der Marke entscheidend. Es kostet natürlich Überwindung, das Postulat vorherrschender Ansätze zu überdenken. Insbesondere der Imageansatz als Methode für die Markenidentifikationsanalyse muss daher neu überdacht werden.

Bei vielen Diskussionen mit Marketing- und Marktforschungsverantwortlichen stellten wir fest, dass der Imagebegriff häufig mit einer hemmungslosen Selbstverständlichkeit verwendet, aber mit verschiedenen semantischen Inhalten verbunden wird. Kurz zusammengefasst kann gesagt werden, dass unter Image alles subsumiert wird, was mit einer Marke oder einem Produkt irgendwie im Zusammenhang steht: Bild, Assoziation, Wirkung, Mehrwert, Zusatznutzen, Emotion, Reflektion, Wertungen, Vorurteile, Stereotype, Einstellungen etc. Die wenigsten Manager konnten den Imagebegriff eindeutig zuordnen. Aber in fast allen Marketing- und Kommunikationsstrategien findet sich das Ziel, dass das Image eines Produktes oder einer Marke verbessert werden muss. Nur fehlt der inhaltliche Bezug, das „Wie".

Wie wir im Unterkapitel „Marke und Image" sehen werden, hat sich der Imagebegriff im Laufe der Zeit inhaltlich verändert. Mit Images wird vieles verbunden; das Image einer Marke oder eines Unternehmens wird auch synonym für die Reputation genutzt. Aber zwischen „Vorstellungsbildern", „Einstellungen" und „Reputation" bestehen Unterschiede. Welche Relevanz das Image für die Marke hat, ist aufzuzeigen und für die Marke zu konkretisieren. Hierbei muss auch zwischen Image und dem Bedeutungsbegriff unterschieden werden. Denn mit Hilfe von Bedeutungen kann die Marke klarer beschrieben und die Identität definiert werden. Auch dies wird die Sicht auf die Marke verändern. Denn: Der Bedeutungsbegriff ist für die Marke zentral. Hierbei wird weniger auf der theoretischen Ebene argumentiert. Vielmehr interessiert uns der Bezug zur Praxis, denn Definitionen und Beschreibungen von Marken gibt es zuhauf. Aber keine Beschreibung bringt den Praxisbezug der Marke so auf den Punkt wie die von Berekoven[2], der bereits 1961 den Erfolgsaspekt als grundlegendes Wesensmerkmal der Marke beschreibt. Dies bedeutet konkret, dass es keine unerfolgreichen Marken gibt – erst der Erfolg macht die Marke existent.

In dieser Aussage, die in dieser Form nicht für eine Definition ausreicht, steckt ein wahrer Kern. Eine Marke muss sich in der Praxis erfolgreich bewähren; dies ist eine notwendige Voraussetzung. Die Marke existiert nicht in der Theorie; sie ist ein Objekt der Praxis. Und in der Praxis entscheidet der Erfolg. Daher fängt dieses Buch nicht mit einem theoretischen Überbau an, sondern mit aussagekräftigen Beispielen aus der

---

[2] vgl. Berekoven 1978, S. 45

Markenpraxis – insbesondere mit markanten Beispielen, die die Relevanz von formalen Markenkriterien verdeutlichen. Ein weiterer Grund für die Betrachtung der Markenpraxis ist, dass in den Klassikern zu diesem Thema häufig eine marketingorientierte bzw. eine psychologisch orientierte Sichtweise vorherrscht. Die entscheidende und notwendige Verbindung der Marke zur angewandten Kommunikation – also der Entwicklung von Namen, der Gestaltung von Bild-Zeichen sowie der Relevanz von Farbe und Design – wird oftmals vernachlässigt. Denn wie wir feststellen werden, sind die genannten formalen Markenkriterien nicht nur eine ästhetische Spielerei, sondern im besten Fall der Ausdruck und damit Bestandteil der Markenidentität.

Teil 1: Die Marke lebt

1. Die Marke als Erfolgsprinzip

An der Entwicklung einer neuen Marke ist in größeren Unternehmen eine Vielzahl von Fachleuten aus verschiedenen Abteilungen beteiligt. Produktmanager, Marktforscher, Marketingspezialisten und Juristen bilden nur einen Teil des Personenkreises, der sich mit der Marke beschäftigt. Vielfach werden noch externe Dienstleister wie Unternehmensberater, Produktdesigner und Werbeagenturen hinzugezogen. Trotz dieser geballten Kraft an Kompetenz ist die Zahl der erfolgreichen Produktneueinführungen mehr als ernüchternd. Die meisten Produkte, die jährlich auf den Markt gebracht werden, werden zu Flops. Sie überleben das erste Jahr nicht. In der Lebensmittelbranche liegt der Anteil der Flops sogar bei rund 70 % – von 32.000 neuen Produkten im Food-Bereich hat nur jedes dritte Produkt das erste Jahr überstanden.[3] In anderen Bereichen ist die Wahrscheinlichkeit von Erfolgen nicht viel besser. Wie kommt das? Woher kommt dieses Missverhältnis von erfolglosen und erfolgreichen Marken? Welche Faktoren bestimmen das Schicksal von Marken?

Die Antwort ist nicht einfach und auch nicht auf jede Marke übertragbar – aber zwei Rückschlüsse ergeben sich auf den ersten Blick. Eine Garantie für den Erfolg einer Marke gibt es nicht. Zum einen ist die Marke und ihr Umfeld zu komplex; nicht alle Faktoren, die eine neue Marke betreffen könnten, sind vorab erfassbar. Zum anderen ist jedes Produkt, jede Marke individuell zu betrachten; jede Marke hat ihre eigene Identität. Das ist immer eine langfristige Angelegenheit. Die Praxis zeigt, dass ausschließlich der Markt – also die erfolgreiche Durchsetzung der Marke im Wettbewerb – die wahre Messlatte ist. Erst das erfolgreiche und langfristige Überleben gibt uns die Gewissheit, dass wir es mit einer wirklichen Marke zu tun haben. Dies ist natürlich keine befriedigende Erkenntnis für ein Unternehmen, das plant, eine Marke auf dem Markt zu etablieren und gern vorher eine Einschätzung bezüglich der Überlebenswahrscheinlichkeit haben und damit das Floprisiko minimieren möchte. Daher ist die zweite Schlussfolgerung bei weitem von größerer Tragweite. Aus der Praxis ist zu erkennen, dass die konzeptionelle Vorarbeit bei der Einführung in den Markt nicht so funktioniert wie sie funktionieren sollte oder könnte. Konkret bedeutet dies, dass in der Unternehmenspraxis entweder ohne objektive Grundlage – also auf der Basis von subjektiven Entscheidungen – Markenentscheidungen getroffen werden, oder dass viele Ansätze für die Entwicklung von Marken einfach falsch sind. Die Vorarbeit für die Etablierung einer neuen Marke muss also reformiert und an die Praxis geknüpft werden – Analyse, Planung, Umsetzung bilden ein kausales Verhältnis. Denn: Marken sind das Resultat der Praxis. Erst die Praxis zeigt, ob eine Marke existiert oder ob ein unbedeutendes Produkt auf dem Markt ist. Der Praxisbezug der Marke und damit verbunden der Erfolgsfaktor ist

---

[3] vgl. Innovationsreport 2001

elementar und eine notwendige Voraussetzung bei der Analyse und Implementierung einer Marke. Zwar gibt es auch eine theoretische Seite – immerhin beschäftigt sich eine Vielzahl von wissenschaftlichen Disziplinen mit diesem Thema, aber hier gilt noch mehr als sonst das Prinzip, dass die beste Theorie die ist, die in der Praxis funktioniert. Die theoretische Auseinandersetzung mit der Marke muss daher immer den Praxisbezug als Messlatte akzeptieren.

1.1 Die Marke: Eine Bestandsaufnahme

Ebenso vielfältig wie das Phänomen Marke ist die Anzahl der unterschiedlichen Begriffe für diesen Bereich. Anders als im angelsächsischen Sprachraum, wo der Begriff „brand" einheitlich benutzt wird, existieren im deutschen Sprachraum Begriffe wie Markenartikel, Markengegenstand, Markenobjekt, Markenware etc., die in unterschiedlichster Weise eingesetzt werden. Interessant ist, dass mit bestimmten Begriffen ebenfalls versucht wird, Abgrenzungen zu schaffen. So existiert die Meinung, dass der Begriff „Markenartikel" nicht auf Dienstleistungen übertragbar ist. Selbst der Markenverband definiert ausschließlich die klassische Herstellermarke als eigentliche Marke.[4]

Diese ideologisch geprägte Ansicht wird vielfach kritisiert und kann auch hier nicht akzeptiert werden. Denn wie aus den weiteren Argumentationen ersichtlich wird, ist die Marke nicht an einen „Artikel" bzw. an ein Objekt, wie beispielsweise ein Produkt gebunden. Dass Dienstleistungen ebenfalls Marken sein können, ist heutzutage eine Selbstverständlichkeit. Aber auch im klassischen Markenbereich, bei Konsum- und Investitionsgütern, zeigt sich, dass die Beziehung eines Konsumenten zu seiner Marke über die reine Produktebene hinausgeht. Ein Beispiel verdeutlicht dies: Bei der Marke Mercedes-Benz denkt jeder primär an ein entsprechendes Auto bzw. an ein oder mehrere Modelle. Wie wir wissen, ist ein Automobil sehr komplex und besteht aus einer Vielzahl von unterschiedlichen Faktoren. Hierbei können verschiedene Assoziationen entstehen, die unterschiedliche Facetten wie Motorisierung, Ausstattung, Design, Preis etc. abdecken. Doch Besitzer eines Autos von Mercedes-Benz haben eine weitaus intensivere und vielfältigere Beziehung zu ihrer Marke. So ist beispielsweise der Service ein Faktor, der die Einstellungen zur Marke positiv oder negativ prägen kann. Macht ein Besitzer wiederholt schlechte Erfahrungen mit dem Service, kann dies ein Grund sein, beim nächsten Autokauf eine andere Marke zu präferieren. Auch wenn das Produkt gut ist und den Nutzer überzeugt, kann ein schlechter Service zu negativen Assoziationen bei einer Marke führen. Daher ist es inzwischen auch für Markenunternehmen selbstverständlich geworden, dass sie über den reinen Verkaufsprozess hinausdenken und versuchen, alle Facetten einer Marke in ein positives Umfeld zu setzen. Somit ist ebenfalls klar: Das,

---

[4] vgl. Bruhn 2001, S. 31

was mit der Marke verbunden wird, geht weit über das reine, objektiv wahrnehmbare Produkt hinaus. Die Inhalte, die die Zielgruppen mit der Marke verbinden, sind also nicht unbedingt auf materielle Kriterien beschränkt, sondern liegen auch auf einer nicht direkt wahrnehmbaren, immateriellen Ebene. Daher ist eine Einschränkung der Marke allein auf ein Produkt falsch.

In der Literatur ist weitestgehend unbestritten, dass die Begriffe Marke und Markenartikel synonym betrachtet werden können.[5] Unter einer Marke bzw. einem Markenartikel können alle ähnlichen Begriffe wie Markenware, Markengegenstand etc. zusammengefasst werden. Auch der Bereich der Dienstleistungen gehört somit eindeutig dazu. Festzuhalten bleibt, dass der Begriff des Markenartikels in Form eines typischen Konsumgutes nur eine eingeschränkte Sichtweise erlaubt und daher für eine ganzheitliche Sichtweise nicht zu gebrauchen ist. Der Begriff der Marke wird somit eindeutig als grundlegender Terminus präferiert.

Ein weiterer Aspekt, der für eine Bestandsaufnahme wichtig ist, ist die Frage der Definition einer Marke. Was macht die Marke aus? Welche Kriterien bestimmen die Marke? Auch hier ist festzustellen, dass je nach Sichtweise und Disziplin verschiedene Definitionen vorherrschen. Allein die Vielzahl der Definitionen zeigt, dass die Marke eine komplexe Struktur hat und lässt ahnen, dass es nicht einfach sein wird, eine ganzheitliche Definition für die Marke zu finden. Die Komplexität und Vielfalt der Marke birgt jedoch zwei Gefahren: Zum einen geht der Überblick über alle Beschreibungen, Definitionen, Anwendungen, Theorien und Praxisbeispiele verloren. Zum anderen verleiten die unterschiedlichen Ausprägungen und Formen von Marken schnell zu voreiligen Interpretationen von selbsternannten „Markengurus". Auch scheint es inzwischen „en vogue" geworden zu sein, über Marken zu fabulieren. Hat eine Agentur eine oder mehrere kreative Werbekampagnen für eine Marke oder ein neues Produkt geschaffen, wird sofort gern von Markenkompetenz gesprochen. Sagt jemand die Zukunft der Marke in wohlklingenden Thesen voraus, ist er gleich ein „Markenspezialist". Es scheint, dass die Komplexität und die Heterogenität der Marke zu nicht fundierten Definitionsversuchen verleiten. Oder anders: Die Annäherung an dieses Thema ist nicht so einfach wie einige es gern hätten. Diese Tatsache spiegelt sich ebenfalls in der Fachliteratur wider. Fest steht, dass eine beinah unübersichtliche Vielfalt an Kriterienkatalogen und Definitionen zum Markenbegriff existiert. In diesem Sinn kann mit Bruhn[6] die Meinung geteilt werden, wenn er schreibt: „Gründe für diese heterogenen Erklärungsansätze zur Wesensbestimmung der Marke sind darin zu sehen, dass die terminologischen Abgrenzungen einerseits aus verschiedenen Forschungsrichtungen stammen, andererseits auch durch die Vertreter der Praxis erfolgen, die mit den Begriffsabgrenzungen eigene Interessen verfolgen." Es ist nachvollziehbar, dass durch die vielfältigen Erscheinungsformen der Marke auch eine Meinungspluralität an Ansichten und definitorischen Versuchen entstanden ist. Da die Anzahl der definitorischen Interpretationen heterogen ist, wird in dieser Publikation auf Aufzählung

---

[5] vgl. Herrmann 1999, S. 36
[6] vgl. Bruhn 2001, S. 14

und Vergleich von Definitionen verzichtet. Weitaus wichtiger ist die Betrachtung der Marke aus einer praxisorientierten Sicht; erst dann kann auf die inhaltliche und damit auch auf die definitorische Ebene der Marke eingegangen werden. Daher werden im Folgenden die praxisorientierten Kriterien der Marke dargestellt; in einem zweiten Schritt wird der Bezug der formalen Markenkriterien zur inhaltlichen Markenebene geschaffen. Erst im letzten Kapitel wird konkret auf eine definitorische Abgrenzung der Marke eingegangen, da diese auf einem ganzheitlichen Ansatz beruht, der noch erläutert wird. Zielsetzung ist, dass aus den Praxisbeispielen bereits Grundfaktoren der Marke und ihrer Anwendung deutlich erkennbar werden. Für die weitere Vorgehensweise kann festgehalten werden, dass es hier um die Bestimmung des Phänomens der Marke geht. Grundsätzlich lässt das Phänomen Marke eine interne und eine externe Sicht zu. Die interne Sicht der Marke betrifft ihre Identität; die externe Sicht betrifft den Botschafts-Charakter.

Beide Aspekte – die interne und externe Sicht – hängen voneinander ab: Die Markenidentität ist die Basis der Markenbotschaft; die Botschaft beeinflusst wiederum die Markenidentität. Bevor auf den Botschafts-Charakter der Marke eingegangen wird, muss die Markenidentität bestimmt werden. Die Markenidentität bildet die Basis für alle weiteren Betrachtungen und hat somit Priorität.

1.2 Die Merkmale einer Marke

Nachdem das Erfolgsprinzip als relevanter Faktor für die Marke dargestellt wurde, stellt sich die Frage, wie sich Markenidentität ausdrückt. Welche Merkmale einer Marke sind in der Praxis wahrnehmbar? Welche Gemeinsamkeiten können festgehalten werden? Es ist also notwendig, sich die Merkmale und Kriterien genauer anzusehen, herauszufinden, welche Parallelen erfolgreiche Marken aufweisen und hieraus Rückschlüsse auf die Markenidentität zu ziehen. Anhand der von Interbrand erstellten Rangliste der weltweit wertvollsten Marken ist bereits zu erkennen, dass unterschiedliche Kriterien für die Beschreibung einer Marke herangezogen werden können. Bei einer Marke ist es der Geschmack, bei der anderen Marke die Taktfrequenz eines Speicherchips. So erfolgreich die Marken auch sind, sie unterscheiden sich grundlegend voneinander. Um die heterogene und vielfältige Struktur der Marke zu erfassen, gilt es, die verschiedenen Markenkriterien zusammenzutragen. In einem zweiten Schritt müssen diese beschrieben werden.

Allen Marken gemeinsam ist, dass sie aus zwei Ebenen bestehen. Die erste Ebene betrifft alle formalen Markenkriterien; sie bildet die Ausdrucksebene der Marke. Dazu gehören alle Elemente, die über die Sinne wahrgenommen werden können. Die zweite Ebene der Marke betrifft inhaltliche Kriterien – die sogenannte Inhaltsebene. In diesen Bereich fallen alle Assoziationen, die mit der Marke verbunden werden. Der Ursprung, die Quelle der Assoziationen ist an dieser Stelle unerheblich und wird an späterer Stelle beschrieben. Auch der Inhalt der Assoziationen ist in dieser Phase nicht von Belang; Assoziationen können produktbezogen sein, sie können emotionaler oder kognitiver Art sein – für das erste Verständnis geht es um die prinzipielle Darstellung.

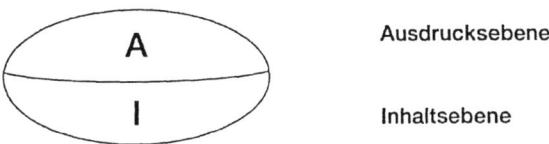

Abbildung 1: Die Markenidentität besteht aus zwei Ebenen

Beide Ebenen bilden die Identität der Marke. Oder anders: Für die Bestimmung der Markenidentität ist es elementar, sich die formale und inhaltliche Ebene einer Marke anzusehen. Bei der Betrachtung einer Marke muss, um ein systematisches Vorgehen zu gewährleisten, nach formalen und inhaltlichen Kriterien unterschieden werden. Obwohl diese Differenzierung entscheidend für die Analyse einer Marke ist, steht fest, dass Form und Inhalt einer Marke immer ein zusammenhängender Komplex und als Einheit zu betrachten sind. In der Praxis dürfen sie nicht voneinander getrennt behandelt und eingesetzt werden. Formale und inhaltliche Markenkriterien beeinflussen sich gegenseitig. So kann beispielsweise eine bestimmte Technik ein Produktdesign beeinflussen oder ein Markenname einen entscheidenden Produktvorteil beinhalten – dies zeigen auch die folgenden Praxisbeispiele. Für die Betrachtung der Markenidentität wird jedoch zuerst auf die formalen Markenkriterien eingegangen und erst danach auf die inhaltliche Ebene der Marke.

Bei der Betrachtung von Marken in ihren unterschiedlichen Erscheinungsformen fallen verschiedene formale Kriterien auf, die mehr oder weniger bei allen Marken anzutreffen sind. Die wichtigsten formalen Markenkriterien sind:
- der Name,
- das Bild-Zeichen,
- die Farbe,
- das Design und
- die Werbung.

Zu diesen fünf Kriterien können noch weitere formale Merkmale hinzutreten. So können ebenfalls bei richtiger Anwendung merkmalsprägende Elemente wie Töne oder Melodien als formale Markenkriterien relevant werden – diese treten jedoch seltener auf als verbale oder visuelle Elemente. Daher sind auditive Kriterien selten prägend für eine

Markenidentität. Die hier genannten fünf Kriterien gehören zu den häufigsten formalen Elementen einer Marke.

Das wichtigste formale Markenkriterium ist der Name. Der Name ist der Anker einer Marke; an ihm hängen alle weiteren formalen und alle inhaltlichen Kriterien. Mit dem Namen kann eine Marke erst ausgesprochen werden und somit ist er die Basis aller formalen Markenkriterien. Alle anderen Markenkriterien können nur im Zusammenhang mit dem Namen gesehen werden.

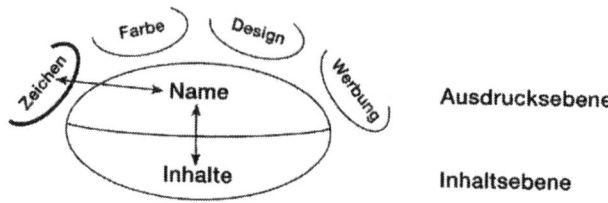

Abbildung 2: Der Name ist der Anker der Ausdrucksebene

Drei Beispiele verdeutlichen die Relevanz des Namens: Der Begriff „Krokodil" steht für viele unterschiedliche Assoziationen. Erst in Verbindung mit dem Namen Lacoste denken wir an ein ganz konkretes Krokodil; beispielsweise auf einem Tennishemd. Die Farbe Blau steht ebenfalls für viele Assoziationen – erst im Zusammenhang mit dem Namen Aral erhalten wir ein konkretes Bild eines kühleren Blautons – zum Beispiel in Verbindung mit einer Tankstelle. Fazit: Der Name hat für die Markierung ein stärkeres Gewicht als das Bild-Zeichen. Denn die verbalisierte Form – also das gesprochene Wort – ist immer direkter und konkreter als das Bild-Zeichen. So kann beispielsweise über die Marke BMW am Telefon ausschließlich unter Einbeziehung des Namens in verbalisierter Form kommuniziert werden; allein die Beschreibung der weiß-blauen Rauten in einem Kreis, das in Wahrheit eine abstrakte Darstellung eines sich drehenden Propellers ist, würde sich als schwer und umständlich erweisen. Der Name hat für die Marke somit die oberste Priorität.

Abbildung 3: Das Wort-Bild-Zeichen der Marke BMW

Name und Bild-Zeichen einer Marke können auch unter dem Begriff der Markierung zusammengefasst und somit als Einheit betrachtet werden. Da ein Name nicht nur in einer rein verbalen Form, sondern zwangsläufig ebenfalls als geschriebene, typografische Form existiert, ist die Markierung ein Grundelement der Marke. Sie ist eine notwendige Voraussetzung und demnach eine Minimalbedingung.

Abbildung 4: Zur Markierung gehören die formalen Kriterien Name und Bild-Zeichen

Da der Name das wichtigste formale Element der Marke ist, gehört die Entwicklung eines vielversprechenden und erfolgreichen Namens zu den schwierigsten Aufgaben bei der Markenbildung. Das Spektrum der Möglichkeiten bei der Namensentwicklung ist enorm; es wird jedoch eingegrenzt durch ein Bündel an inhaltlichen und nicht zuletzt auch juristischen Aspekten, auf die im nächsten Kapitel näher eingegangen wird.

Obwohl innerhalb eines Markenlebens durchaus formale Kriterien wie die Farbe, das Produktdesign oder auch das Bild-Zeichen verändert oder modifiziert werden können, bleibt der Name konstant. Der Wechsel eines Markennamens bedeutet zugleich einen Wechsel der Markenidentität. Und: Der Wechsel eines Namens kann negative Rückkopplungen für die Marke haben. Ein Beispiel soll dies verdeutlichen: Als in den USA 1981 die Automarke Datsun zu Nissan umbenannt wurde, war dies ein langwieriger und kostspieliger Prozess. Der Namenswechsel wurde in den Jahren 1982 bis 1984 durchgeführt und kostete rund 850 Mio. DM. In den zwei Jahren der Namensänderung wurden viele Autos mit der Bezeichnung „Datsun by Nissan" oder mit einem Doppelnamen verkauft, was unter den Zielgruppen zu Irritationen führte. „Der erstaunlichste Aspekt dieser Geschichte ist die Unverwüstlichkeit des Namens Datsun. Im Frühjahr 1988 stellte eine landesweite Untersuchung fest, dass Datsun trotz seiner fünfjährigen Abwesenheit vom Marktgeschehen und trotz des enormen Werbeetats für den neuen Namen immer noch genauso bekannt und beliebt war wie Nissan."[7] Durch den Namenwechsel verzeichnete das Unternehmen ebenfalls einen starken Rückgang bei den Verkaufszahlen. Neben dem Verlust an Marktanteilen zeigt das Beispiel, dass ein Namenwechsel mit enormen Risiken verbunden ist und hohe Kosten verursacht. Die

---

[7] vgl. Aaker 1992, S. 81

Änderung des wichtigsten formalen Markenkriteriums muss daher sorgfältig überdacht werden.

Nach dem Namen kommt das Bild-Zeichen, das bei den meisten Marken die zweitwichtigste Rolle bei den formalen Kriterien übernimmt und Bestandteil der Markierung ist. Ähnlich wie beim Namen gibt es unzählige Möglichkeiten für die Gestaltung eines Bild-Zeichens für eine Marke – angefangen von der rein typografischen Umsetzung des Namens als Schriftzug bis hin zu abstrakten, künstlerisch-ästhetischen Bildelementen. Doch nicht jedes Bild-Zeichen eignet sich für die Markierung einer Marke. Zu beachten ist, dass es verschiedene Kategorien und somit Qualitäten von Bild-Zeichen gibt, die für eine effektive Markenidentität in Frage kommen. Am Beispiel der Marke IBM aus der bereits erwähnten Rangliste der wertvollsten Marken sollen die unterschiedlichen Möglichkeiten dargestellt werden.

Abbildung 5: Das IBM-Zeichen von 1956

Abbildung 6: Das überarbeitete IBM-Zeichen von 1960

Die Abkürzung IBM steht für „International Business Machines", ein Unternehmen das bereits 1911 in den Vereinigten Staaten gegründet wurde (der Name IBM wurde zuerst 1917 in Kanada und erst 1924 offiziell für das ganze Unternehmen genutzt). Das Bild-Zeichen wurde vom amerikanischen Designer Paul Rand im Jahr 1956 gestaltet. Vier Jahre später wurde das Zeichen von ihm überarbeitet und erhielt die heute noch gültige Gestaltung, die aus einer markanten, typografischen Umsetzung der drei Buchstaben, die schraffiert dargestellt sind, besteht. Name und Bild-Zeichen bilden bei diesem Beispiel eine unzertrennliche Einheit. Eine voneinander losgelöste Kommunikation ist nicht möglich. Die grafische Gestaltung in Form der Schraffur ist ein schmückendes Beiwerk für den Markennamen – mehr nicht. Interessant ist jedoch die Tatsache, dass das Unternehmen zusätzlich eine grafische Umsetzung des Namens gewählt hat, die eine direkte Verbindung zwischen verbalisierten Namen und grafischer Gestaltung erlaubt.

Abbildung 7: Das IBM-Zeichen durch Symbole visualisiert

Diese Abwandlung des IBM-Zeichens wurde 1970 ebenfalls von Paul Rand gestaltet. In der angelsächsischen Aussprache wird der Buchstabe „I" ähnlich dem englischen Wort für Auge („eye") ausgesprochen. Der Buchstabe „B" klingt wie das englische Wort für Biene („bee"). Nur das „M" bleibt in seiner Ursprünglichkeit bestehen und bildet somit die einzige Wiedererkennung zum originären Bild-Zeichen. Tatsache ist, dass um die Verbindung zur Marke IBM herstellen zu können, die Marke IBM bekannt sein muss, was 14 Jahre nach Einführung des Originalzeichens durchaus anzunehmen war. Der ursprüngliche Markenname ist bei dieser Darstellung nicht auf den ersten Blick ersichtlich und wird durch Bildelemente dargestellt. Die Darstellung eines Auges sowie einer Biene steht – außer über die Aussprache – in keiner Beziehung zum Unternehmen. Diese grafische Umsetzung, die die typografische Gestaltung nicht ersetzt, aber spielerisch ergänzt, verdeutlicht das Prinzip, nach welchem das grafische Element in Form eines Bild-Zeichens immer den Namen unterstützt und dieser absolute Priorität für die Marke hat.

Neben den wichtigsten formalen Markenkriterien – Name und Bild-Zeichen – existieren weitere Kriterien, wie Farbe, Design und Werbung. Die unterschiedliche Gewichtung zeigt sich ebenfalls am Beispiel der Marke IBM. Die Farbe der Markierung ist blau. Die Farbe Blau gehört bei der Gestaltung von Zeichen zu den meistbenutzten Farben auf der Welt und stellt kein ausreichendes Differenzierungsmerkmal dar, da auch Wettbewerber und andere Unternehmen diese Farbe nutzen (zwar ist IBM teilweise noch als „Big Blue" bekannt – aber auch andere globale Unternehmen nutzen die Farbe Blau für ihren Markenauftritt). Am Beispiel IBM zeigt sich, dass Elemente wie Design und Werbung durchaus wichtige formale Kriterien sein können, jedoch stärkeren Wandlungen unterliegen und daher in kürzeren Zeiträumen verändert werden als ein konstantes Merkmal wie der Name. Es bleibt festzustellen, dass die formalen Markenkriterien nicht gleichberechtigt, sondern unterschiedlich relevant sind. Der Name ist die Basis der Markenidentität. Das zweitwichtigste Element ist das Bild-Zeichen, das häufig in Verbindung mit dem Namen erscheint. Erst auf der dritten Ebene folgen die restlichen formalen Markenkriterien wie beispielsweise Farbe, Design und Werbung. Die folgende Abbildung zeigt die Prioritäten bei den formalen Kriterien.

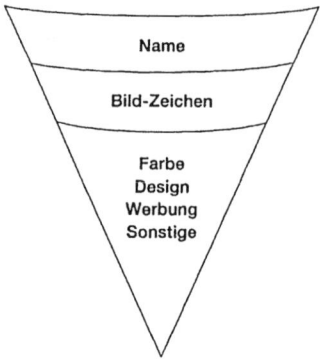

Abbildung 8: Die Relevanz der einzelnen formalen Markenkriterien

Die Abstufung bedeutet nicht, dass formale Markenkriterien wie Farbe und Design für die Marke zweitrangig sind. Auch diese Elemente können durchaus ein tragender Bestandteil der Markenidentität sein. Anhand von Praxisbeispielen wird im nächsten Kapitel verdeutlicht, welche Wirkung formale Markenkriterien haben können und welche Relevanz hieraus für die Identität einer Marke entsteht.

1.3 Die Marke in der Praxis

Die formalen Kriterien verdeutlichen die praxisorientierte Seite der Marke, ist doch die Namensentwicklung, die Zeichengestaltung, die Farb- und Designentwicklung und auch die Werbung ein kreativer, gestalterischer Prozess. So scheint es! Doch die genannten Kriterien sind nicht Selbstzweck; sie transportieren Inhalte der Marke und werden somit zu einem medialen Faktor. Die Identität der Marke wird durch die formalen Kriterien zum Ausdruck gebracht. Die formalen Markenkriterien stehen somit am Ende eines Prozesses, bei dem es in erster Linie um die Bestimmung der Markenidentität und damit der Inhalte von Botschaften geht. In der Praxis sieht die Situation anders aus. Ein neu gegründetes Unternehmen oder ein neues Produkt, das zu einer Marke werden soll, kann nicht über eine Identität verfügen. Denn Identität entsteht erst durch einen langen Prozess, der zwischen Unternehmen und Zielgruppen stattfindet. Doch die Namensgebung und in der Regel auch die Bild-Zeichengestaltung wird zum Start eines Unternehmens oder einer Marke vorgenommen – also in einer Phase, in der noch keine Identität vorhanden sein kann, sondern sich die Identität entwickeln muss. Doch trotz dieser Situation gilt es, die Intentionen des Unternehmens und die Intentionen der

Zielgruppen in den kreativen Prozess der Namensfindung sowie der Bild-Zeichengestaltung aufzunehmen. Nur so kann gewährleistet werden, dass die Gestaltung nicht allein auf intuitiven Grundlagen vorgenommen wird.

Fest steht, dass die Bestimmung der Markenidentität die Grundlage für den kreativen Prozess bildet. Die Markenidentität bestimmt die Botschaft – beispielsweise auch bei einer werblichen Umsetzung. Immer mehr klassische Werbeagenturen haben die zunehmende Relevanz der Marke erkannt und positionieren sich als Markenspezialisten. Doch Werbeagenturen, die sich inhaltlich mit einer Marke beschäftigen – also Aussagen zur Markenidentität geben – laufen Gefahr, in einen Interessenkonflikt zu geraten. Denn Werbeagenturen, die sich als kompetente Markenspezialisten positionieren, müssen damit rechnen, dass bei einer Markenanalyse festgestellt wird, dass Werbung nicht das geeignete Mittel für den Aufbau einer Markenidentität ist. Dies würde jedoch den Zweck einer Werbeagentur konterkarieren und ihr das Geschäftsfeld entziehen. Auch Joachimsthaler und Aaker stellen fest, dass Werbeagenturen in der Regel massenmediale Werbung für eine Marke empfehlen.[8] Viele Werbeagenturen sind durchaus auf Marken spezialisiert – jedoch nicht bei der Bestimmung einer Markenidentität, sondern eher bei der kreativen Umsetzung der Markenidentität in Werbekampagnen.

Trotz dieses kritischen Blicks bleibt festzuhalten, dass die kreative Seite, die Entwicklung und verbal-visuelle Gestaltung von Namen, Bild-Zeichen und werblichen Maßnahmen für die Marke wichtig sind, da alle diese Elemente Träger der Markenidentität sind und zum Gesamterfolg der Marke beitragen. Daher kann auch einer kreativen Werbeagentur nicht allein die Schuld an einer Fehleinschätzung einer Marke gegeben werden, da die grundsätzliche Verantwortung immer beim Unternehmen liegt. Das Unternehmen ist der Markeninhaber und es obliegt ihm, den Erfolg der Marke sicherzustellen und die nötigen Analysen in Bezug auf die Marke zu erstellen. Es ist die Aufgabe der Verantwortlichen im Unternehmen, zum einen den inhaltlichen Rahmen für eine Werbe- oder Designagentur so konkret wie möglich zu bestimmen (sogenanntes Briefing) und zum anderen die präsentierten Gestaltungsvorschläge kritisch zu sichten und vor einer Realisierung zu testen.

In Kapitel 2 wird in konkreten Beispielen auf die Relevanz der formalen Markenkriterien eingegangen. Es wird an positiven und auch negativen Fällen verdeutlicht, dass die formalen Kriterien die Markenidentität kommunizieren und diese ebenfalls entscheidend beeinflussen können. Die Relevanz der formalen Markenkriterien wird häufig von der unternehmerischen Seite als eine rein kreative Angelegenheit unterschätzt. An Beispielen wird deutlich, dass beispielsweise allein ein Bild-Zeichen negative Konsequenzen für eine Marke haben kann.

---

[8] vgl. Joachimsthaler, Aaker 1999, S. 5

2. Die unterschätzten Merkmale der Marke

2.1 Die Funktion der Markierung

Die Markierung ist der wichtigste Fixpunkt der Marke. Dabei hat der Name Vorrang vor dem Bild-Zeichen, denn es gibt keine Marke, die ohne einen Namen existieren kann – aber durchaus ohne ein visuelles Zeichen. Sicherlich verbinden wir inzwischen mit einem bestimmten Stern eine bestimmte Automobilmarke; das visuelle Zeichen kann jedoch die verbale Form nicht ersetzen, sondern nur ergänzen. Denn ein Stern an sich ist noch nicht kennzeichnend; ein Stern steht für vieles.

Abbildung 9: Das Bild-Zeichen von Mercedes-Benz

Erst die Verbindung von einem dreiarmigen Stern in einem Kreis auf der Kühlerhaube eines Mercedes-Benz-Autos bringt uns die Gewissheit, dass es sich bei diesem Stern um eine bestimmte, uns bekannte Marke handelt. Dadurch, dass diese Verbindung inzwischen bekannt und gelernt ist, kann der dreiarmige Stern im Kreis ebenfalls auf einem Hochhausdach stehen. Die Zuordnung zum Namen und somit zur Marke funktioniert in diesem Fall. Ein Ersatz für den Namen Mercedes-Benz kann der Stern nicht sein. Der Name steht nicht nur bei der Marke für Identität, sondern auch beim Menschen: Der Grundbaustein seiner Identität, den er bei der Geburt erhält, ist sein Name. Es gibt also durchaus Parallelen zwischen Mensch und Marke.

Ein interessanter Fall, bei dem versucht wurde, auf einen bereits bekannten Namen zu verzichten, kommt aus dem Musikbereich. Der weltbekannte Musiker Prince verzichtete zwischen den Jahren 1992 und 1996 auf seinen bislang berühmten Namen Prince, weil er mit seinem Lizenzpartner in einem Rechtsstreit lag. Als Ausgleich oder als Ersatz für seinen Namen entwickelte der Musiker ein visuelles Zeichen für sich und verzichtete offiziell auf seinen bewährten Namen „Prince". Er nannte sich während dieser Periode zuerst „The Symbol" und dann später „The Artist Formerly Known As Prince" („der Künstler, der früher als Prince bekannt war") und präsentierte sich unter folgendem Bild-Zeichen:

Abbildung 10: „The Symbol" oder das Zeichen von Prince

Obwohl auch er nicht ohne eine verbalisierte Form auskam – denn auch „The Artist Formerly Known As Prince" ist eine – zugegebenermaßen etwas umständliche – Verbalisierung, wurde das hierfür entwickelte Zeichen konsequent als Identifikationsmerkmal eingesetzt. Und: Trotz des offiziellen Verzichts auf seinen Namen wussten die richtigen Fans, dass es sich um Prince handelte und nannten ihn auch weiterhin so. Dieses Beispiel zeigt jedoch, dass der Name nicht zu ersetzen ist. Auf den Namen kann nicht verzichtet werden, wenn es um den Aufbau einer Identität geht. Er ist Teil der Markierung und gehört zum wichtigsten Faktor der Identifikationsbildung – bei Marken und Menschen. Eine Markierung ist somit die grundlegende Voraussetzung für eine Marke – eine Marke ohne Markierung ist keine Marke.

Welchen Einfluss die Markierung auf die Identität und Strategie einer Marke hat, soll anhand einiger prägnanter Beispiele verdeutlicht werden. Da eine gute Markierung selten eine öffentliche Erwähnung bzw. Würdigung findet (es gibt für Werbung, Design, Internetauftritte und für Mitarbeiterzeitungen eine Vielfalt an Wettbewerben – nur für das Wichtigste an der Marke, den Namen sowie das Bild-Zeichen, existieren bekannte Wettbewerbe ausschließlich im Rahmen von Corporate Design), werden hier neben positiven Beispielen auch einige gezeigt, die zu negativen Konsequenzen geführt haben.

2.2 Die Kraft des Namens

Der Name steht im Zentrum der Markenidentität. Als Anker weckt ein bekannter Name unterschiedlichste Assoziationen bei den Empfängern. Es ist jedoch zu unterscheiden zwischen Name und Markenname. Denn nicht jeder Name ist ein Markenname und nicht jeder Name taugt zum Markennamen. Bevor ein Name für eine Marke stehen und deren Inhalte repräsentieren kann, müssen bestimmte Voraussetzungen erfüllt sein.

Hierbei kommen verschiedene Funktionen eines Markennamens zum Tragen. Die beiden wichtigsten Funktionen eines Markennamens sind die Identifikation sowie die Differenzierung. Bei der Identifikationsfunktion eines Namens wird das Produkt oder die Dienstleistung grundsätzlich bezeichnet und somit identifizierbar gemacht. Da dies jedoch mit allen Produkten bzw. Dienstleistungen geschieht, muss sich der ausgewählte Name von anderen Produktnamen unterscheiden, womit die Differenzierungsfunktion angesprochen ist. Ein Name wie beispielsweise „Zigarette" bezeichnet ein Produkt und erfüllt neutral betrachtet die Identifikationsfunktion. Da „Zigarette" zugleich ein Gattungsbegriff für den gesamten Bereich ist, eignet sich dieser Begriff nicht zur Differenzierung. Wird die Differenzierungsfunktion nicht erfüllt, hat dies ebenfalls negative Auswirkungen auf die Identifikationsfunktion eines Namens. Um welche Zigarette handelt es sich? Es müssen also zusätzlich beschreibende Begriffe herangezogen werden, um eine bestimmte Zigarette eindeutig zu kennzeichnen. Auch hier ist die Analogie zum Menschen gegeben – ein Beispiel soll dies verdeutlichen: Ein Name wie Michael erfüllt sicherlich grundsätzlich eine Identifikationsfunktion, wobei davon auszugehen ist, dass sehr viele Männer in Deutschland ebenfalls diesen Vornamen haben. Somit ist die Differenzierungsfunktion dieses Namens nicht gegeben. In Kombination mit einem Nachnamen ist die Wahrscheinlichkeit für eine höhere Differenzierung gegeben. Aber auch einen Namen wie Michael Schumacher gibt es in Deutschland mehrere Male; das fehlende „h" ist somit ebenfalls kein ausreichendes Differenzierungsmerkmal. Insbesondere, wenn der Name ausgesprochen wird, fällt das fehlende „h" nicht auf. Die Differenzierung ist für einen Markennamen elementar; erst durch eine Unterscheidung im Namen können wir von Marke X oder von der Marke Y sprechen. Und erst durch die Differenzierung können wir Assoziationen einer Marke zuordnen. Reicht die Identifikations- und Differenzierungsfunktion für einen Markennamen aus? Im Prinzip ja. Sind diese beiden Grundfunktionen erfüllt, sind die notwendigen Voraussetzungen für einen Markennamen gegeben.

Auch rein markenrechtlich muss sich ein Name neben anderen Anforderungen ausreichend von anderen Namen unterscheiden. Darüber hinaus kann ein Name die Identität einer Marke kommunizieren. Ein guter Name dient nicht nur der Identifikation und Differenzierung einer Marke; ein guter Name transportiert zugleich Assoziationen, die die Identität einer Marke beinhalten oder sogar verstärken können. Ein Name wie beispielsweise „Algemarin", der sich aus den Begriffen „Meeres*algen*" und lateinisch „*marin*us" (Meeres-) zusammensetzt, lässt auf die Konsistenz eines Duschgels schließen. Ein Name wie „nimm2" für Bonbons mit zehn Vitaminen vermittelt über die reine Identifikation und Differenzierung hinaus gleichzeitig eine Aufforderung. Die Liste der Möglichkeiten bei der Gestaltung von Namen ist lang. Entscheidend ist jedoch, dass neben den genannten Grundfunktionen ein guter Name ebenfalls die Markenidentität kommuniziert. Neben diesen Beispielen gibt es Markennamen, die es geschafft haben, sich über die reine Markenbezeichnung hinwegzusetzen und für eine gesamte

31

Produktgattung zu stehen. Das Beispiel der Marke „Hoover" steht für einen Namen, der in angelsächsischen Ländern die gesamte Produktgattung repräsentiert.

Abbildung 11: Das Wort-Bild-Zeichen von Hoover

Ähnlich wie der Markenname Tempo, der in Deutschland in der Alltagssprache als Gattungsname für Papiertaschentücher verwendet wird[9], steht Hoover in angelsächsischen Ländern für die Gattung Staubsauger. Diese Entwicklung erklärt sich aus der Geschichte und hängt mit der technischen Innovationsleistung zusammen. Der Gründer des Unternehmens, W. H. Hoover, kaufte 1908 das Patent von Murry Spangler und baute die ersten Staubsauger der Welt. In Verbindung mit einer offensiven Vertriebsstrategie führte diese technische Innovation zu einer schnellen Durchsetzung am Markt. Der Markenname Hoover wurde zu einem Gattungsbegriff, der sich bis heute gehalten hat. Insbesondere in den USA stehen einige Markennamen stellvertretend mehr oder weniger für eine ganze Produktkategorie. „In the same way that Kleenex owns tissue, Jell-O owns gelatin dessert, Coca-Cola owns cola, Band-Aid owns adhesive bandage, Saran Wrap owns plastic food films and Rollerblade owns in-line skates."[10] Das Beispiel Hoover geht sogar soweit, dass aus dem Markennamen das Verb „to hoover" für „staubsaugen" entstanden ist.[11]

Die Ausdrucksebene der Marke Hoover wird durch den Namen bestimmt; der Markenname hat erreicht, die Markenidentität zu repräsentieren und darüber hinaus auch für die Gattung zu stehen. Das Phänomen von Markennamen als Gattungsbegriffe hängt von zwei Faktoren ab. Der erste Faktor betrifft die Innovationsleistung. Ein gattungsübergreifender Name kann nur für eine tatsächliche Innovation entstehen – ähnlich dem Beispiel Hoover. Der zweite Aspekt ist, dass Markennamen als Gattungsbegriffe nur dann entstehen können, wenn diese keine oder zu vernachlässigende Wettbewerber haben. Insbesondere Marken, die für eine konkurrenzlose Innovation stehen – wie beispielsweise Polaroid – haben es geschafft, ihren Markennamen auf eine gesamte Kategorie zu übertragen und diese zu prägen. Dass der Name Polaroid nicht nur

---

[9] vgl. Lötscher 1992, S. 281
[10] vgl. Ries, Ries 1998, S. 40
[11] vgl. Illustrated Oxford Dictionary 1998, S. 391

für das Produkt steht, sondern für die einzigartige Technik der Sofort-Entwicklung, hat jedoch die negative Konsequenz, dass, wenn die Technik von der Entwicklung eingeholt wird, die Markenidentität und somit auch das Unternehmen unter der starken Verbindung von Namen und Technik leiden. Unter anderem haben die Folgen der digitalen Fotografie die Polaroid-Technik mehr oder weniger überflüssig gemacht. Das Beispiel zeigt, wie eng Markenname und Markenidentität zusammenhängen.

Als Fazit bleibt festzuhalten, dass Markennamen in jedem Fall eine Identifikations- und Differenzierungsfunktion haben müssen. Dies sind die beiden Grundvoraussetzungen für die Entwicklung einer Markenidentität. Werden diese beiden Minimalfunktionen erfüllt, kann eine Markenidentität aufgebaut werden. Darüber hinaus kann ein guter Name die Markenidentität verstärken. Der Name ist der Anker der Markenidentität und die Konstante unter den formalen Markenkriterien. Ein neuer Name bedeutet auch eine neue Identität. Daher ist die Entwicklung eines neuen Namens für die Marke immer auch der Beginn einer neuen Markenidentität.

2.3 Die Kraft des Zeichens

Neben dem Namen ist ein visualisiertes Zeichen das zweitwichtigste Element der Markierung. Hierbei können drei Kategorien von Zeichen unterschieden werden:

1. Wort-Zeichen,
2. Wort-Bild-Zeichen und
3. Bild-Zeichen.

Zur ersten Kategorie zählen Wort-Zeichen: Dies sind rein typografische Umsetzungen des Markennamens. In diesen Fällen wird der Markenname durch einen besonders gestalteten bzw. modifizierten Schriftzug dargestellt und verfügt über keine weiteren gestalterischen Bild-Elemente. Hierzu zählen beispielsweise Marken wie IBM, Braun oder Esprit.

Abbildung 12: Das Wort-Zeichen von Braun

Zur zweiten Kategorie zählen Wort-Bild-Zeichen, die zusätzlich zum gestalteten Markennamen über ein Bild-Element verfügen. Hierbei kann es eine direkte gestalterische Verbindung mit dem Markennamen oder eine vom Namen losgelöste Visualisierung geben.

Abbildung 13: Das Wort-Bild-Zeichen von Aral

Zur dritten Kategorie zählen reine Bild-Zeichen, die zwar in Kombination mit einem Wort-Zeichen stehen, jedoch auch eigenständig die Marke repräsentieren können. Ein Beispiel sind die Ringe der Marke Audi, dessen Wahrnehmung mit der entsprechenden Marke verbunden wird.

Abbildung 14: Das Bild-Zeichen von Audi

Die wenigsten Bild-Zeichen schaffen es, eine Eigenständigkeit zu entwickeln und die Markenidentität zu repräsentieren. In den häufigsten Fällen werden Wort-Bild-Zeichen für die Markierung von Marken verwendet.

Im Folgenden wird auf die Relevanz von Zeichen für die Marke eingegangen. Hierbei zeigt es sich, dass die Entwicklung eines Zeichens nicht nur ein gestalterischer Prozess ist, der nach ästhetischen Kriterien bemessen wird, sondern das ein Zeichen die Markenidentität repräsentiert. Ein gutes Zeichen sollte die Markenidentität verstärken – ein schlechtes Zeichen kann die Markenidentität so negativ beeinflussen, dass das gesamte Unternehmen darunter leidet.

2.3.1 Ein Bild-Zeichen, das die Existenz bedroht: Procter & Gamble

Das Unternehmen Procter & Gamble (P&G) ist bekannt als weltweit größter Hersteller von Lebensmitteln und Körperpflegeprodukten. Bewährte Marken wie Ariel, Lenor, Always, Pringles, Pampers und Tempo gehören zum Unternehmen, das von William Procter und James Gamble 1837 in Cincinnati, im US-Bundesstaat Ohio gegründet wurde. Allein acht Marken sind nach Auskunft des Unternehmens globale Marktführer in ihren Kategorien. Zehn Procter & Gamble-Marken generieren einen Umsatz von mehr als einer Milliarde Dollar im Jahr.[12] Das Unternehmen setzte frühzeitig auf die Entwicklung von Marken. Im Jahre 1879 entwickelte James Norris Gamble, Sohn des Gründers und Chemiker von Beruf, eine weiße Seife mit allerhöchsten Qualitätsansprüchen. Der Name für diese Marke „Ivory" wurde von Harley Procter, Sohn des zweiten Gründers entdeckt, als er eines Sonntags in der Kirche aus der Bibel „out of ivory palaces" las. Ivory ist ein Produkt, das heute noch existiert.

Eher unbekannt ist die Tatsache, dass das Unternehmen mit seiner Markierung ein Problem hatte. In den Anfangszeiten des Unternehmens, um 1850, setzte Procter & Gamble ein Bild-Zeichen ein, um seine Kerzenprodukte mit dem Namen „Star Candles" zu kennzeichnen. Schnell wurde das hierfür eingesetzte „Mann-im-Mond-Zeichen" zur Markierung des Unternehmens. Nach und nach wurde das Bild-Zeichen auf allen anderen Produkten sowie in der Geschäftsausstattung eingesetzt.

Abbildung 15: Das „Mann-im-Mond-Zeichen" von Procter & Gamble

Anfang der 80er Jahre kamen Gerüchte auf, dass das „Mann-im-Mond-Zeichen" von Procter & Gamble ein satanisches Zeichen sei. Der „Mann-im-Mond" sowie die dreizehn Sterne hatten, so die Gerüchte, einen okkultistischen Hintergrund. Obwohl dies von

---

[12] Procter&Gamble 2000, S. 2

Anfang an vom Unternehmen vehement bestritten wurde, breitete sich das Gerücht konsequent aus. Das Bild-Zeichen, welches das Unternehmen und somit die Marke repräsentieren sollte, wirkte sich negativ auf die Identität aus. Konsumenten waren über die Gerüchte irritiert. Dem Unternehmen blieb nichts anderes übrig, als das Bild-Zeichen zu ändern. Der Name blieb; das „Mann-im-Mond-Zeichen" verschwand und wurde durch ein sachliches P&G ersetzt.

Abbildung 16: Das neue Zeichen von Procter & Gamble

Dieses Beispiel zeigt deutlich, wie ein Bild-Zeichen eine negative Kraft ausüben kann, die das Wohl eines Unternehmens gefährdet. Welche Relevanz dieses Problem für Procter & Gamble noch heute hat, ist daran zu sehen, dass eine Stellungnahme vom Unternehmen zu den das „Mann-im-Mond-Zeichen" betreffenden Gerüchten im Internet zu finden ist.[13] Auch hier zeigt sich die Verbindung zwischen der Ausdrucks- und Inhaltsebene der Markenidentität:

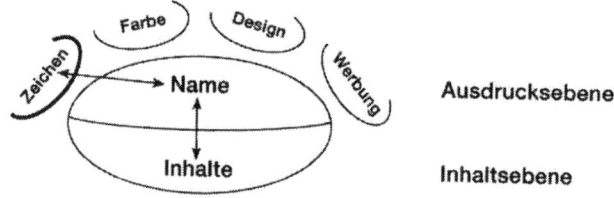

Abbildung 17: Beziehung der Ausdrucks- und Inhaltsebene bei Procter & Gamble

Die Missinterpretation des Bild-Zeichens und seine Beziehung zum Markennamen führen zu einer negativen Rückkopplung auf die gesamte Markenidentität. Um die Markenidentität zu retten, muss das Bild-Zeichen verändert werden.

---

[13] vgl. unter www.pg.com/rumor/general.html

Das Bild-Zeichen kann auch für die Markenidentität stehen und ist eindeutig Träger von – in diesem Fall negativen – Botschaften. Im Umkehrschluss bedeutet dies, dass ein gutes Bild-Zeichen die Markenidentität positiv darstellen kann. Für eine erfolgreiche Marke hat das die Konsequenz, dass das Bild-Zeichen keinen Raum für negative Assoziationen lassen darf. Die Zeichengestaltung muss die Identität und die Botschaft der Marke direkt und uneingeschränkt positiv transportieren.

2.3.2 Die Interpretation von Zeichen: Coca-Cola und das Pentagramm

Dass die negative Interpretation bei Bild-Zeichen kein Einzelfall ist, zeigt das folgende Beispiel: Das Unternehmen Coca-Cola muss nicht vorgestellt werden; es besitzt eine der bekanntesten und wertvollsten Marken der Welt. An dieser Stelle soll ein kommunikatives Problem aufgezeigt werden, das von einem visuellen Zeichen ausgelöst wurde. 1995 brachte das Unternehmen neu gestaltete Coca-Cola-light-Dosen auf den deutschen Markt, die mit verschiedenen künstlerischen Motiven gestaltet waren. Unter anderem war auf einer der Dosen ein kleines Pentagramm abgebildet.

Abbildung 18: Pentagramm

Das Pentagramm, auch Drudenfuß oder Fünfstern genannt, wird für okkultistische Zwecke genutzt. Der evangelische Pressedienst nahm das Pentagramm auf der Dose zum Anlass, eine öffentliche Diskussion in Gang zu setzen. Die negativen Schlagzeilen in der Medienlandschaft sowie die öffentliche Kritik am Unternehmen zwangen Coca-Cola zum Umdenken. Das Pentagramm wurde entfernt. Die Parallele zum Procter & Gamble-Beispiel ist deutlich erkennbar. Ein einzelnes Zeichen auf einer Cola-Dose löste eine negative öffentliche Diskussion aus. Mit Rücksicht auf die öffentliche Meinung zog das Unternehmen alle Cola-Dosen dieser Art aus dem Verkehr. Ein Zeichen, das negative Assoziationen auslösen kann, war der Grund. Ein Bild-Zeichen hat die Kraft, die Glaubwürdigkeit eines globalen Unternehmens in Frage zu stellen.

Beide Beispiele verdeutlichen, dass visuelle Zeichen nicht nur eine Frage der Ästhetik sind. Bild-Zeichen stehen für Botschaften und bieten Raum für Interpretationen. Für die

Entwicklung eines visuellen Zeichens für eine Marke bedeutet dies, dass alle möglichen Assoziationen erfasst und mit der Botschaft der Marke verglichen werden müssen. Negative Interpretationen sind in jedweder Form auszuschließen.

2.3.3 Das Bild-Zeichen als Kulturgut: Der Osborne-Stier

Welche positiven Impulse ein Bild-Zeichen für eine Markenidentität geben kann, lässt sich gut an einem Beispiel aus Spanien verdeutlichen: der Stier als Bild-Zeichen für eine Marke. Die auf 200 m² abgebildete, großflächige und prominente Darstellung eines schwarzen Stierbildes auf Hügeln und Ebenen an spanischen Autobahnen repräsentiert die Marke Osborne – einen bekannten spanischen Branntwein. Dabei ist die Wahl des Bild-Zeichens in jeder Hinsicht gelungen. Traditionell ist der Stier in Spanien ein Zeichen, das für viele positive Assoziationen steht – der Stier ist Bestandteil der spanischen Kultur. Die Marke Osborne hat es durch einen konsequenten Einsatz auf den Etiketten ihrer Branntweinflaschen und erst recht durch die Aufstellung von rund 90 großflächigen Stierabbildungen in der Landschaft geschafft, dass dieses Kulturzeichen für die Markenidentität eines Branntweines steht.

Abbildung 19: Stier-Zeichen in der spanischen Landschaft (Foto: Petr Stastny)

Die Abbildung eines Stieres an sich hat noch keinen Bezug zum eigentlichen Produkt – dem Branntwein. Erst die jahrzehntelange Verbindung des 1954 entwickelten Bild-Zeichens „Stier" mit dem Namen „Osborne" führte zu einem eindrucksvollen Lernprozess (in der Anfangszeit wurde das Stier-Zeichen mit dem Namen „Veterano" verbunden und später mit dem Unternehmensnamen „Osborne"). Dies ging sogar so weit, dass es bei einer landesweit geführten Debatte darum ging, ob Werbung am Straßenrand und somit auch diese Bild-Zeichen aus der Landschaft entfernt werden sollten, oder ob der Stier bereits zu einem Kulturgut geworden und daher unter Schutz stand. Das Ergebnis der Diskussion war ein 1988 erlassenes Gesetz, dass der Stier stehen bleiben durfte, der dazugehörige Namenszug, der anfänglich Teil des Stier-Zeichens war, jedoch entfernt werden musste. Durch die öffentliche Diskussion hat dies der Wirkung des Bild-Zeichens keinen Abbruch getan.

Bild-Zeichen als Elemente der Markierung können für die Markenidentität eine bedeutende Rolle übernehmen. Als Teil der Markierung gehören sie neben dem Namen zum Repräsentanten der Marke. Auch sie übernehmen für die Marke eine Identifikations- und Differenzierungsfunktion. Ein gutes Bild-Zeichen kann die Markenidentität verstärken – ein schlechtes Bild-Zeichen kann einer Marke schaden. Als Teil der Markenidentität ist es daher wichtig, dass die Gestaltung eines Bild-Zeichens mit einer Analyse der Markenidentität verbunden wird.

2.3.4 Gleiches Bild-Zeichen und verschiedene Namen

Ein weiteres Beispiel für die Relevanz eines Bild-Zeichens ist die Eismarke „Langnese", die von dem britisch-niederländischen Unternehmen Unilever hergestellt wird. Der Kernbereich von Unilever ist die Herstellung von Produkten des täglichen Bedarfs – rund die Hälfte des Umsatzes entfällt auf den Nahrungsmittelbereich. Unilever vertreibt sein Eisprodukt auf verschiedenen Märkten in zahlreichen Ländern. Das Besondere daran ist, dass das Produkt überall einen anderen Namen hat, das Bild-Zeichen jedoch immer gleich ist.

Abbildung 20: Das internationale Bild-Zeichen von Unilever für die Eismarke (in Deutschland: Langnese)

So heißt die Marke in Deutschland „Langnese", in Österreich „Eskimo", in Italien „Algida", in der Schweiz „Eldorado", in den Niederlanden und Belgien „Ola", in Spanien „Frigo" und „Wall's" in Großbritannien – darüber hinaus existieren weitere Namen. Das Bild-Zeichen ist in allen Ländern gleich.

Die unterschiedliche Namensgebung ist historisch gewachsen und hat den Grund, dass Unilever bei einer Vielzahl von Übernahmen und Fusionen bereits bestehende und erfolgreiche Markennamen nicht aufgeben wollte. Trotz der Relevanz von nationalen Märkten gab es bei Unilever Überlegungen, einen einheitlichen Markennamen einzuführen. Doch die Liquidation eines Namens, der in einem nationalen Markt über eine stabile Markenidentität verfügt, ist nicht zu empfehlen. Zudem hätte das Unternehmen einen Markennamen finden müssen, der in einer Vielzahl von Sprachen funktioniert. Problematisch war, dass allein in Europa rund zwei Drittel des Eisumsatzes von Unilever unter einem anderen Markennamen sowie unter einem anderen Bild-Zeichen erzielt wurden.

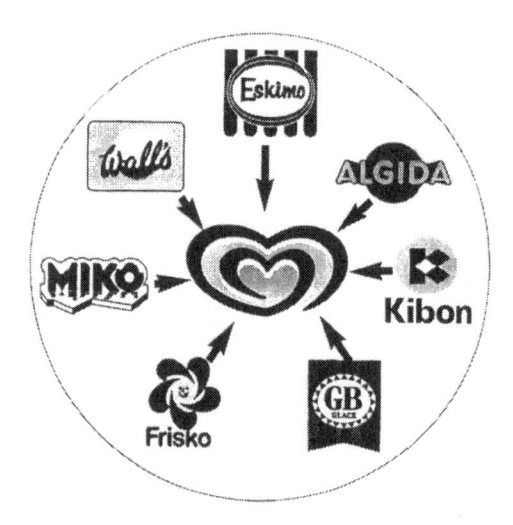

Abbildung 21: Die verschiedenen Eis-Markennamen von Unilever [14]

1998 wurde das Bild-Zeichen verändert – in Deutschland und Österreich von der weiß-roten Markise zum rot-gelben Herz. Das Zeichen sollte insgesamt wärmer erscheinen. Dieses Zeichen wurde weltweit für die Eismarke eingeführt. Ziel von Unilever war es,

---

[14] vgl. Kossuth-Wolkenstein 2000, S. 122

die unterschiedlichen Markenpositionierungen über ein gemeinsames Bild-Zeichen zu einer Gesamt-Positionierung zu vereinheitlichen.

Im Folgenden wird auf ein weiteres wichtiges, formales Markenkriterium, die Farbe, eingegangen.

2.4 Die Kraft der Farbe

Unter den formalen Markenkriterien ist die Farbe ein nicht zu unterschätzendes Merkmal. Die Schwierigkeit ist jedoch, dass Farben zwar ein faszinierendes, aber zugleich ein wenig untersuchtes Thema sind. Zwar gibt es eine Vielzahl von beobachtenden und künstlerischen Beschreibungen zur Farbthematik, die Zahl der wissenschaftlichen Publikationen hält sich jedoch in Grenzen. Dies hängt mit dem hohen Grad der Subjektivität bei der Farbwahrnehmung zusammen sowie damit, dass die Prozesse, die die Reaktionen auf Farbwahrnehmungen bestimmen, komplex sind. Trotz dieser Einschränkung spielen Farben in der gestalterischen Markenpraxis eine entscheidende Rolle. Zwei Aspekte sind hierbei signifikant. Zum einen fällt auf, dass die meisten Marken gern eine oder mehrere Farben für sich nutzen. Markierungen ohne jegliche Farbe sind relativ selten. Zum anderen wird aber bei der Nutzung von Farben wenig experimentiert. In den meisten Fällen werden die bewährten Farben eingesetzt – hierzu gehören Markierungen in den Farben Blau, Rot, Grün und Gelb. Die vorhandenen Möglichkeiten des Farbspektrums werden selten für Markierungen genutzt. Eine Differenzierung kann somit nicht stattfinden. Welche Funktionen hat eine Farbe? Oder anders: Ist eine Farbe für eine Markenidentität überhaupt notwendig?

Die meisten Unternehmen haben im Rahmen ihres Erscheinungsbildes Farben bestimmt, die – ausgehend von der Markierung – in allen kommunikativen Maßnahmen eingesetzt werden. Nur die wenigsten Marken verzichten bei der Markengestaltung auf eine Farbe. Somit hat die Farbe auch einen schmückenden, ästhetischen Charakter.

Zu Bild-Zeichen, die sich ausschließlich mit schwarz oder Grautönen begnügen, gehören unter anderem der kanadische Mischkonzern Bombardier.

Abbildung 22: Das Wort-Bild-Zeichen von Bombardier

Der Verzicht auf Farben kann unterschiedliche Gründe haben. In den meisten Fällen sind die Gründe rein pragmatisch und hängen von Kriterien wie Größe des Unternehmens und Einsatz des Zeichens ab. Ein Unternehmen, das global oder international tätig ist – hierzu gehört auch Bombardier – muss darauf achten, dass die Wiedererkennung des Zeichens durchgehend gewährleistet ist. Da in Ländern oft unterschiedliche Anforderungen an die Druckqualität und somit auch auf die Farbe bestehen, ist ein schwarz-weißes Zeichen immer der sichere Weg. Ein schwarz-weißes Zeichen kann jeder drucken. Ein weiterer Aspekt sind die Kosten – Farbe kostet mehr.

Die Auswahl von Farben für Marken kann aus subjektiv-ästhetischen Gründen geschehen; Farben können jedoch auch – wie Namen und Bild-Zeichen – eine Identifikations- und Differenzierungsfunktion übernehmen. In vielen Fällen helfen sie uns, in der Natur bestimmte Lebewesen und Objekte zu identifizieren und zu unterscheiden. Das gleiche Prinzip gilt für Marken. Farben können zur Identifikation und Differenzierung von Marken beitragen. Hierbei haben Farben primär einen unterstützenden Charakter; es gibt wenige Fälle, bei denen mit einer Farbe eine Marke assoziiert wird. Denn trotz der Farbenvielfalt finden sich immer wieder gleiche oder ähnliche Farben bei der Gestaltung von Markierungen. So kommt es, dass gängige Grundfarben wie Rot, Blau oder Grün kaum noch eine Identifikations- bzw. eine Differenzierungsfunktion ausüben. Unternehmen, die sich für andere Farben entscheiden, können über eine spezifische Farbe die Markenbildung unterstützen. Ein Beispiel für eine Farbe, die inzwischen für eine Markenidentität steht, ist die des Unternehmens Deutsche Telekom. Das Unternehmen hat sich im Zuge einer Neupositionierung für diese Farbe entschieden und sich die Rechte dafür in seinem Bereich schützen lassen. Nach der Entstehung des eigenständigen Telekommunikationsunternehmens wollte sich die Deutsche Telekom vom alten Bild eines Postunternehmens und den damit verbundenen Assoziationen lösen. Die Farbe Magenta ist eine klassische Druckfarbe der Euroskala, dem normalen Vierfarbendruck. Magenta hat dadurch, dass die Farbe kaum alleine genutzt wird, eine hohe Eigenständigkeit und somit eine hohe Differenzierungskraft. Ein weiterer pragmatischer Vorteil ist, dass mit Magenta kaum drucktechnische Farbabweichungen bei Anzeigen, Broschüren und weiteren Kommunikationsmaßnahmen auftauchen, da diese Farbe zum Druckstandard gehört.

Der Schutz einer spezifischen Farbe für eine Marke ist seit dem Inkrafttreten des Markengesetzes zum 1. Januar 1995, das das alte Warenzeichengesetz von 1968 abgelöst hat, möglich geworden.

In einer repräsentativen Untersuchung für die Berliner Stadtreinigungsbetriebe (BSR), die wir im Jahr 2000 für das Unternehmen durchführten, stellten wir fest, dass die Farbe Orange Bestandteil der Markenidentität ist. Nicht nur das Berliner Straßenbild wird durch die orangefarbenen Fahrzeuge des Unternehmens geprägt; die BSR als großes kommunales Unternehmen hatte mit humorvollen, in orange gehaltenen Anzeigenmotiven bereits erfolgreich geworben.

Abbildung 23: Anzeige aus der BSR-Werbekampagne (Agentur: Heymann & Schnell)

Neben der Identifikations- und Differenzierungsfunktion wecken Farben Assoziationen; Farben stehen ebenfalls für bestimmte Inhalte, die die Botschaft der Marke unterstützen oder auch stören können. Ein Bestattungsunternehmen mit grellen Farben würde zum Beispiel als pietätlos assoziiert werden; ein Farbfilmhersteller mit einem schwarz-weißen Bild-Zeichen würde keine große Kompetenz ausstrahlen. Dass die Farbe zur Markenbotschaft werden kann, zeigt das Beispiel eines Stromanbieters, der seinem Produkt mit großem Erfolg eine Farbe zugeordnet hat.

2.4.1 Strom hat eine Farbe: Yello

Nach der Liberalisierung des Strommarktes in Deutschland 1999 standen die Energieunternehmen auf einmal im direkten Wettbewerb. Plötzlich bestimmten Angebot und Nachfrage das Verhalten der Altmonopolisten wie RWE, PreussenElektra, Bayernwerk, VEW und EnBW. Der Markt kam in Bewegung. Strom kam zwar immer noch aus der gleichen Steckdose, aber es gab jetzt Unterschiede. Nicht nur über die Herkunft des Stromes, sondern auch über den Preis hatten die Unternehmen die Chance, einen ähnlichen Wettbewerbsprozess auszulösen, wie die Liberalisierung des Telekommunikationsmarktes in Deutschland es bereits einige Jahre früher vorgemacht hatte.

Besonders ein Stromanbieter baute unter anderem über die Farbe eine Marke auf. Die Yello Strom GmbH, eine Tochter der süddeutschen EnBW Energie-Vertriebsgesellschaft mbH, informierte am 9. August 1999 erstmals auf einer Pressekonferenz die Öffentlichkeit. Sie positionierte sich über einen günstigen Preis sowie – und dies hat den Markt überrascht – über die Farbe. Die Botschaft war klar: Strom hat eine Farbe; Strom ist gelb! Der Markenname Yello steht für die Farbe des Stroms – beides steht für die Markenidentität (zwar steht „yellow" im Englischen ebenfalls für „feige", doch da die Marke nur in Deutschland kommuniziert wurde, kann dieser negative Aspekt beim Markennamen vernachlässigt werden). Die Farbe bestimmte die Markenbotschaft. Gelb war die dominante Farbe des kommunikativen Auftritts.

Nicht nur für das Unternehmen Yello stand fest, auch für die Gattung war klar, dass Strom auf einmal eine Farbe hatte. In bundesweiten Anzeigen, Plakaten und TV-Spots wurde der farbige Strom bekannt gemacht – Yello erreichte über diese Positionierung eine ungestützte Bekanntheit von 53 % und damit beinah doppelt soviel wie der größte Konkurrent RWE Energie.[15] Der Erfolg drückte sich nicht nur in Bekanntheit, sondern auch in Kundenabschlüssen aus. Yello wurde mit rund 400.000 Kunden Marktführer unter den neuen Stromanbietern.[16]

Abbildung 24: Anzeige Yello-Strom (Agentur: Kreutz & Partner)

Die beiden wichtigsten Funktionen der Marke, Identifikation und Differenzierung, wurden durch die Farbaussage erfüllt. Insbesondere die Tatsache, dass es sich bei Strom um ein „Produkt" handelt, das nicht sichtbar ist und sich nicht vom Strom des Wettbewerbs unterscheidet, trägt dazu bei, von einer markentechnischen Leistung zu sprechen. Ein Auszug aus den Grundlagen des Markenauftritts von Yello Strom beschreibt die Kriterien der Markenidentität: „Der Auftritt der Marke Yello Strom ist vor

---

[15] Kreutz 2000, S. 288
[16] Yello; Pressemitteilung 04.11.2000

allen Dingen von einem Merkmal gekennzeichnet: der Farbe Gelb. „Gelb. Gut. Günstig.", heißt das zentrale Motto des Unternehmens. Gut und günstig sind unsichtbare Qualitäten – Gelb dagegen macht uns deutlich sichtbar."[17] Dass die Differenzierung zu anderen Marken und die Etablierung der Markenidentität von Yello in relativ kurzer Zeit gelungen war, lag auch an den hohen Werbeaufwendungen, die mit mehr als 45 Millionen EURO im Jahr 1999 höher lagen als beim größten Energieunternehmen Deutschlands, der RWE, in den Jahren 1997, 1998 und 1999.[18] Mit einem hohen Werbedruck wurden die Markenbotschaften schnell bei den Zielgruppen bekannt gemacht; die Werbung hat in diesem Fall eine verstärkende Funktion übernommen. Die Ausdrucks- und Inhaltsebene der Marke werden durch die direkte Beziehung von Markennamen, Farbe und Werbung mit der Inhaltsebene dargestellt.

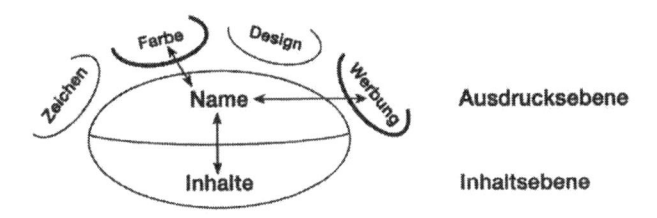

Abbildung 25: Beziehung der Ausdrucks- und Inhaltsebene bei Yello

Die Ausdrucksebene arbeitet hier mit drei formalen Kriterien, die alle die gleiche Aussage haben – der Name (Yello), die Farbe (gelb) und die Werbung (gelbe Darstellung). Durch den konsequenten und parallelen Einsatz aller drei formalen Kriterien kann die Markenidentität erfolgreich aufgebaut werden.

Die Differenzierung über die Farbe gelingt nur wenigen Marken. Insbesondere Branchen mit einer überschaubaren Dichte von Unternehmen, die es mit größeren Zielgruppen zu tun haben sowie massenmediale Kommunikation betreiben, können über einen längeren Zeitrahmen eine Differenzierung über die Farbe aufbauen. Ein Beispiel ist der Bankenbereich. Hier haben sich auf dem bundesdeutschen Markt einige Finanzinstitute mit Hilfe einer klaren Farbdefinition positioniert: die Deutsche Bank verwendet die Farbe blau, die Dresdner Bank grün, die Commerzbank gelb und die Grundfarbe der meisten Sparkassen ist rot (Ausnahmen bilden bei den Sparkassen unter anderem die Frankfurter Sparkasse von 1822, die blau und gelb verwendet, die Stadtsparkasse Köln, die blau präferiert, oder die Sparkasse Essen, die grün und blau benutzt). Ein weiterer Bereich sind Mineralölunternehmen, die mit dem Erscheinungsbild ihrer Tankstellen im

---

[17] vgl. Kreutz 2000, S. 184
[18] vgl. Kreutz 2000, S. 289

Blickpunkt der Öffentlichkeit stehen. So ist beispielsweise das Blau der Aral-Tankstellen einer der wichtigsten Faktoren des Marken-Erscheinungsbildes. Im Zuge von Neupositionierungen von Marken ist es entscheidend, innerhalb der Markierung einige Elemente konstant zu belassen. Wie wichtig die Farbzuordnung in diesem Bereich sein kann, zeigt das Beispiel der Marke BP, das sich aus der Bezeichnung „British Petroleum" entwickelt hat und seit der Fusion zu BP Amoco unter „bp" mit einem neuen Bild-Zeichen firmiert. Das alte BP-Zeichen, ein Schild mit den in versal geschriebenen Buchstaben „BP" vermittelte – wie in einer Markenidentitätsanalyse herausgefunden wurde – viele positive Assoziationen.[19] Insbesondere die Farbkombination grün-gelb war eine der wichtigsten Kriterien für die Markenidentität. Das Unternehmen, das nicht mehr allein mit Öl und Benzin in Verbindung gebracht werden wollte, benutzte die bereits gängige Abkürzung als bleibendes verbales Element der Markierung. Das Bild-Zeichen wurde komplett überarbeitet und im Jahr 2000 eingeführt.

Abbildung 26: Das alte und das neue Bild-Zeichen von BP

Um nicht ganz die Markenidentität zu verlieren, wurde die Farbkombination grün-gelb als konstantes formales Markenkriterium beibehalten. Dies u. a. auch aus rein pragmatischen Gründen. Denn eine Umrüstung von Tankstellen in allen Ländern mit dem neuen Zeichen hätte zu einem enormen, nicht vertretbaren Kostenaufwand geführt. Der Name und die Farbkombination blieben somit als Klammer zwischen altem und neuem Erscheinungsbild erhalten. Die Wiedererkennung der Marke wurde gewährleistet. Eine Veränderung der Farben hätte jedoch zwangsläufig auch zu der Konsequenz geführt, alle Tankstellen gleichzeitig dem neuen Erscheinungsbild anzupassen.

---

[19] vgl. Minale 2000, S. 27

2.4.2 Was ist lila?

Dass es sich lohnt, über die gängigen Farben hinaus zu experimentieren, zeigt das folgende Beispiel. Alle kennen Milka. Und alle verbinden mit der Alpenmilchschokolade eine bestimmte Farbe. Denn Milka ist unzertrennlich mit der Farbe lila verbunden; die Markenidentität wird durch die Farbe geprägt. Dies geht sogar soweit, dass 1995 bei einer Mal-Aktion, bei der 40.000 Bauernhof-Poster an bayerische Kindergärten zum Ausmalen geschickt worden waren, jedes dritte Kind die Kuh lila malte.[20]

Abbildung 27: Milka-Anzeige mit lila Kuh (Agentur: Young & Rubicam)

Bei Strom gibt es eine nachvollziehbare Verbindung zur Farbe gelb – die Assoziation zu einer Farbe wie braun wäre wahrscheinlich schwer gewesen. Wie kann es aber sein, dass eine Schokolade, die von der Konsistenz braun ist, mit einer Farbe wie lila verbunden wird? Es ist das bewusste Prinzip der Verfremdung; der Benutzung einer nicht typischen Farbe für eine Kuh. Kurz zur Geschichte: Es war 1825, als Philippe Suchard in der Schweiz sein Konfiseriegeschäft eröffnete. Seine Nachfolger gründeten 1860 die erste Suchard Schokoladenfabrik. Als die Schokolade mit dem Namen Milka, deren Name eine Zusammensetzung der beiden Zutaten „Milch" und „Kakao" ist, im Jahr 1901 auf den Markt gebracht wurde, hatte sie bereits den typischen lila Umschlag. Das Kuhmotiv war bereits auf dem Vorgängerprodukt, der Suchard-Alpenmilch-Schokolade, zu sehen – jedoch in weißer Farbe. Erst 1972 entwickelte die Werbeagentur des Unternehmens, Young & Rubicam, die lila Kuh. Dieses Motiv wurde in Anzeigen und Plakaten penetriert und erlangte hierdurch eine hohe Bekanntheit. Inzwischen ist aus der ersten 100-Gramm-Packung eine breite Produktpalette und aus Milka eine Dachmarke

---

[20] vgl. Vatsella 1996

geworden. Das verbindende Element aller Milka Produkte ist die Farbe lila. Aus dem Ziel, über die Farbe Aufmerksamkeit zu generieren und sich dadurch vom Wettbewerb zu differenzieren, ist ein Kriterium der Markenidentität geworden.

Interessant ist die Tatsache, dass die Farbe lila keinerlei formale oder inhaltliche Verbindung mit einer braunen Schokolade hat. Trotzdem ist sie zum wichtigsten Erkennungsmerkmal der Marke geworden und darüber hinaus zu einem Botschaftsträger. Dies zeigt, dass eine Farbe mehr Funktionen als Identifikation und Differenzierung übernehmen kann. Eine Farbe kann die Marke repräsentieren.

2.5 Die Kraft des Designs

Auf der dritten Ebene der formalen Markenkriterien ist neben der Farbe das Design zu nennen, wobei hier in erster Linie das Produktdesign gemeint ist. Die Einschränkung des Designkriteriums auf ein Produkt verdeutlich zugleich, dass das Design an sich kein notwendiges Merkmal sein kann, weil z. B. Dienstleistungen nicht in den Genuss dieses Kriteriums kommen können. Auch gibt es Produktbereiche, bei denen das Design definitiv keine Rolle spielt. Hierzu gehören beispielsweise Produkte, die nicht sichtbar sind – u. a. technische Komponenten wie ein Speicherchip der Marke Intel, der in einem Computergehäuse montiert ist, und dem Nutzer somit nicht ersichtlich ist, oder eine Zündkerze der Marke Bosch, deren äußere Form der Funktion folgt. Demgegenüber gibt es eine Vielzahl von Bereichen, insbesondere in der Konsumgüterindustrie, die ohne ein spezifisches Produktdesign nicht auskommen. So ist es beispielsweise unvorstellbar, dass ein hochwertiges Parfum ohne einen speziell gestalteten Flacon auf den Markt kommen könnte. Des Weiteren gibt es viele Produktbereiche, die das Designkriterium für sich nutzen, und damit ebenfalls die Markenidentität unterstützen. Die bereits erwähnte Marke Coca-Cola hat ebenfalls früh auf Design als Gestaltungs- und Unterscheidungskriterium gesetzt; bereits 1916 wurde das unverwechselbare Flaschendesign eingeführt. Die prägnante Form der Coca-Cola-Flasche ist heute einer der berühmtesten Klassiker des Produktdesigns. Auch andere Produktbereiche wie beispielsweise die Marke Braun oder der Stuhlhersteller Vitra haben ihre Markenidentitäten über das formale Kriterium des Designs definiert. Tatsache ist, dass der richtige Einsatz des Produktdesigns ein Teil der Markenidentität werden und somit die Markenbotschaft verstärken kann. Dass das Produktdesign eine tragende Rolle bei der Markenbildung spielen kann, zeigt eine Vielzahl von Beispielen.

2.5.1 Design ist wichtiger als die Uhr: Swatch

Uhren haben ein Produktdesign, das zwangsläufig durch funktionelle Aspekte wie Ziffernblatt und Mechanik bzw. Elektronik bestimmt wird. Bis Anfang der 80er Jahre sahen alle Uhren mehr oder weniger gleich aus – sie unterschieden sich in Details wie runde oder eckige Formen; die Materialien Leder und Metall bestimmten das äußere Bild. Nicht so bei der Swatch-Uhr. Sie war von Anfang mehr ein Designobjekt als eine Uhr und sie revolutionierte den Uhrenmarkt. Die Swatch-Uhr kam erstmals im März 1983 gleichzeitig in der Schweiz, in Deutschland sowie in Großbritannien in zwölf verschiedenen Produktdesigns auf den Markt. Für das erste Jahr war der Verkauf von einer Million Swatch-Uhren geplant. Sie war von Anfang an ein Erfolg; die Millionengrenze wurde erreicht. Worauf gründet sich der Erfolg dieser Uhr?

Der Erfolg der Swatch beruht auf vielen Komponenten – eine der wichtigsten, weil visuell wahrnehmbar, war das ungewöhnliche Design. Die Swatch-Uhr gab es in verschiedenen Gestaltungen – bunt und poppig, sachlich oder sogar ganz durchsichtig. Gleichzeitig war die Uhr ein technisches Wunderwerk zu einem enorm günstigen Preis. Die Anforderung an die Technik war Vereinfachung; dies wurde erreicht, indem die Komponenten der Uhr von 91 auf 51 Teile reduziert wurden – und zwar ohne Beeinträchtigung der Qualität. Ein zusätzlicher, nicht unbedeutender Faktor war der Preis von 50 Schweizer Franken – für die damalige Zeit ein unglaublich günstiges Angebot für eine hochwertige Quartz-Uhr. Der wichtigste Faktor war jedoch das Design.

swatch

Abbildung 28: Das Wort-Bild-Zeichen von Swatch

Die Swatch positionierte sich als ein modisches Accessoire mit einer bunt-provokanten Gestaltung – so Nicolas G. Hayek, der Erfinder der Uhr: „Swatch means provocation, color, throwing conventions overboard."[21] Die Designstrategie wurde konsequent mit anderen identifikationsstiftenden Faktoren verbunden; die Botschaft war eindeutig: Die Swatch ist eine preisgünstige Uhr; sie steht für vertraute Schweizer Qualität und setzt auf Design, Spaß, Jugend und Mode – und dies von Anfang an.[22] Parallel setzte das Unternehmen verstärkt auf Kommunikation; die Maßnahmen von Swatch waren vielfältig. Neben Werbung wurden Events und Veranstaltungen wie Pop-Art-Ausstellun-

---

[21] vgl. Hayek 1998, S. 13
[22] vgl. Joachimsthaler, Aaker 1999, S. 12

gen oder Straßenmaler-Wettbewerbe gesponsert, die unkonventionell waren und aus dem bewährten Rahmen fielen. Durch den konsequenten Einsatz des Designkriteriums wurde die Swatch bei den Zielgruppen zu einem Sammlerstück. Swatch entwickelte auch limitierte Editionen von Uhren, die auf internationalen Auktionen Summen bis zu 40.000 Dollar erreichten. Der Schwerpunkt auf dem Designfaktor ist ein Teil der Swatch-Markenidentität geworden. „Any campaign to increase visibility must have as its beacon the brand's identity."[23] Auch hier kann die Relation des Designkriteriums mit dem Namen innerhalb der Ausdruck- und Inhaltsebene dargestellt werden.

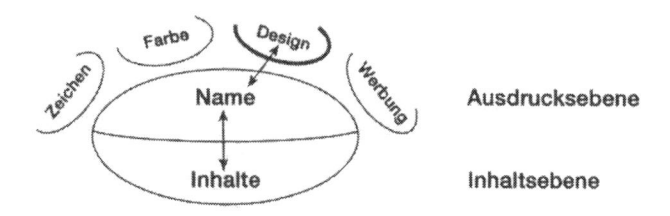

Abbildung 29: Beziehung der Ausdrucks- und Inhaltsebene bei Swatch

Das Design im Zusammenhang mit dem Namen ist das alles bestimmende formale Kriterium. Dass dies allein über die Formgebung möglich ist, verdeutlicht die Relevanz des Designs für den Aufbau einer Markenidentität. Ein gutes Design kann somit zum wichtigsten Faktor bei einer Marke werden.

2.5.2 Keine graue Maus: iMac von Apple

Design ist nicht gleich Design. Lange Zeit waren Computer große, graue Kisten. Bei einigen Computerherstellern ist dies bis heute so geblieben. Ein Vorreiter in Sachen Design ist die Marke Apple; sie ist ein weiteres Beispiel für die Kraft des Designs. Als Steve Paul Jobs und Stephen G. Wozniak Mitte der 70er Jahre in der Garage von Jobs" Eltern im kalifornischen Cupertino ihren ersten Computer entwickelten, konnte noch keiner ahnen, dass eine neue Marke ihre erfolgreiche Entwicklung begann. Im April 1976 wurde schließlich das Unternehmen Apple Computer gegründet. 1977 entwickelte Rob Janoff, Art Director von Regis McKenna, das berühmte Apfel-Zeichen, das sich bewusst von Markierungen anderer Computerhersteller unterscheiden sollte.

---

[23] vgl. Joachimsthaler, Aaker 1999, S. 12

Abbildung 30: Das Bild-Zeichen von Apple

Das Bild-Zeichen ist die direkte visuelle Übersetzung des Markennamens Apple. An der rechten Seite fehlt ein Stück. Die Analogie ist doppeldeutig: Zum einen ist dies der Apfel aus dem Garten Eden, der für die Versuchung steht. Zum anderen ist in den Apfel hineingebissen worden. Der Begriff „Biss" (engl. „bite") klingt im angelsächsichen Sprachraum ähnlich wie „byte" (ein Begriff ebenfalls aus der Computersprache; „bits" und „bytes" stehen für digitale Informationseinheiten).[24] Das Bild-Zeichen repräsentiert die Markenidentität und transportiert eine eindeutige Botschaft: Apple ist nicht grau, Apple ist bunt, vielfältig und kreativ. Die Computer waren anders als die der Konkurrenz – die technische Seite, das Betriebssystem und nicht zuletzt das Produktdesign, das Gehäuse des Rechners, fielen aus dem Rahmen. Dass Apple innovativ dachte, zeigte die Entwicklung der darauf folgenden Jahre. Noch 1977 kam der Apple II auf den Markt, der erste Computer mit einem Farbmonitor und einer Tastatur. 1981 kam der Apple III auf den Markt mit einem neuen Betriebssystem, einem integrierten Diskettenlaufwerk und vier Anschlüssen für Peripheriegeräte. Es war der innovativste Rechner weltweit. Die Entwicklung ging rasant weiter. 1984 wurde der Macintosh mit 128K RAM Arbeitsspeicher präsentiert. Der große Durchbruch gelang mit dem Mac Plus, der 1985 auf den Markt kam und dessen Design bis 1993 fast unverändert blieb.

Das Design hat bei Apple immer eine bedeutende Funktion gehabt. Konzentrierte sich die Konkurrenz auf das Innenleben des Computers, beauftragte Apple renommierte Designagenturen mit der Gestaltung des Rechnergehäuses. Bereits 1982 entwickelte der Designer Hartmut Esslinger von frogdesign den Apple IIc. Mehr als 400.000 Exemplare dieses Modells wurden verkauft. Auch der Designklassiker, der Mac SE, wurde von frogdesign entwickelt. Insbesondere für Architekten, Grafiker, Designer und andere designaffine Zielgruppen war der Macintosh der optimale Rechner. Obwohl Apple sich mit der dominanten Marktstellung der Microsoft-Betriebssysteme, die von allen anderen Computerherstellern genutzt wurde, konfrontiert sah, konnte sich Apple eine kleine, aber treue Marktnische aufbauen und aufrechterhalten – viele sprechen bei einem Apple Computer von einem Kultobjekt.[25] Das Design hat auch in den folgenden Jahren eine

---

[24] vgl. Lötscher 1992, S. 32
[25] vgl. Bürdek 1997, S. 25

tragende Rolle bei Apple gespielt. Eine der erfolgreichsten Apple-Produkteinführungen war der iMac. Ein organisch gestaltetes Gehäuse aus einem fast transparenten Material, das in verschiedenen Farbkombination erhältlich war. Das Design sowie die Wahl von verschiedenen Farben machten das Produkt einzigartig. Der iMac war sofort ein Erfolg und zeigt, dass das Produktdesign nicht nur ein Wettbewerbsvorteil sein kann, sondern auch Teil der Markenbotschaft. Als formales Kriterium der Marke ist das Produktdesign in der Praxis ein unterschätzter Faktor. Zahlreiche Computerhersteller haben nach Apple ebenfalls angefangen, ihre Computergehäuse von Designern entwickeln zu lassen. Aber keiner hat es so konsequent durchgeführt wie die Marke Apple. Um das Design zu einem Kriterium der Markenidentität werden zu lassen, sind Konsequenz und langfristiges Denken eine Voraussetzung.

2.5.3 Ähnlichkeiten im Erscheinungsbild: Beispiel Nivea und Isana

Neben dem Produktdesign spielt die Gestaltung des Erscheinungsbildes eines Unternehmens oder einer Marke eine tragende Rolle. Da bei den formalen Markenkriterien die Identifikations- und die Differenzierungsfunktion angesprochen wurden, kann davon ausgegangen werden, dass im Normalfall durch eine prägnante Gestaltung eine größtmögliche Differenzierung zu Marken des Wettbewerbs erreicht werden soll. Da der Aufbau einer erfolgreichen Markenidentität nicht nur Zeit, sondern auch Kosten verursacht, gibt es bei einigen Marken Bestrebungen, sich an erfolgreichen Marken zu orientieren.

Die Marke Nivea von Beiersdorf ist weltweit die führende Hautpflegemarke. Basierend auf der Nivea Creme in der typischen blauen Dose, die bereits 1911 auf den Markt kam, hat sich das Produktportfolio konsequent weiterentwickelt. Der Name „Nivea" entstammt aus dem lateinischen „niveus/nivea" und steht für „schneeweiß". Neben der klassischen Hautcreme gibt es unter der Marke Nivea eine Vielfalt an unterschiedlichen Produkten – von der Gesichtspflege bis zum Sonnenschutz. Nivea ist eine Marke, die für Erfolg steht. Die marktführende Stellung der Marke wurde konsequent über Jahrzehnte hinweg aufgebaut. Das Erscheinungsbild der Marke besteht aus formalen Konstanten wie das prägnante Nivea-Wort-Zeichen sowie der blauen Farbe. Die Farbe Blau übernimmt bei allen Produkten der Familienmarke Nivea die Rolle einer visuellen Klammer. Um am Erfolg einer marktführenden Marke zu partizipieren, werden oftmals Produkte und damit verbunden auch Erscheinungsbilder entwickelt, die marktführenden, erfolgreichen Marken mehr oder weniger ähnlich sind. Hierbei sind Analogien zwischen den formalen Markenkriterien erkennbar.

Abbildung 31: Pflegedusche Nivea und Cremedusche Isana

Analogien bei beiden Gestaltungen sind deutlich erkennbar. Das dargestellte Wettbewerbsprodukt zu Nivea heißt bei diesem Beispiel „Isana" – der Name hat somit eine ausreichende Differenzierungskraft zum Marktführer. Doch beide Markennamen bestehen aus fünf Buchstaben; beide Namen haben jeweils drei Vokale und zwei Konsonanten. Auch unter visuellen Aspekten betrachtet, sind Parallelen zu erkennen. Zu erwähnen sind das rechteckige Feld, in dem das Wort-Zeichen eingebettet ist. Zu dem der silberne Rahmen, der bei Nivea über drei – bei Isana über zwei Seiten geht. Auch die geschwungene Welle unter beiden Wort-Zeichen ist ähnlich. Zwar ist die Farbgebung bei Isana durch mehr weiße Flächen geprägt, dafür ist das Wort-Zeichen Isana in blauer Farbe.

Da der Markt durch einen starken Wettbewerbsdruck geprägt ist, kann davon ausgegangen werden, dass eine visuelle Nähe durchaus beabsichtigt ist. Dies lässt die Schlussfolgerung zu, dass neue Produkte durch eine bewusst ähnliche Aufmachung dieselbe Botschaft vermitteln wollen, wie eine bereits erfolgreiche Marke. Dies zeigt auch, dass über die ähnliche Gestaltung der Ausdrucksebene, eine Parallele der Inhaltsebene zu bereits erfolgreichen Marken aufgebaut werden soll.

Weitere Beispiele sind inzwischen in der Praxis häufig zu sehen. Besonders Handelsmarken suchen über die Gestaltung von formalen Markenkriterien die Nähe zu bereits erfolgreichen Marken. Dies zeigt auch, wie eng ein Erscheinungsbild mit der Markenidentität zusammenhängt. Am Markt erfolgreiche Markenidentitäten verfügen über ein konsequentes Produktdesign bzw. über ein markantes Erscheinungsbild. Das Design als formales Kriterium wird zum Repräsentanten der Markenidentität.

Die Frage, die sich stellt ist, ob Handelsmarken in erster Linie das operative Ziel verfolgen, bestehenden und erfolgreichen Marken Marktanteile abzunehmen. Oder wird hier ein strategisches Ziel verfolgt, langfristig eine Markenidentität aufzubauen? Da der

Aufbau einer Markenidentität nur über einen längeren Zeitraum geschehen kann, liegen die Interessen des Handels eher in kurz- und mittelfristigen Umsatz- und Gewinnzielen. Des Weiteren bedeutet der Aufbau einer Markenidentität, dass für eine Marke eine „eigene" Identität entwickelt wird. Diese muss sich von anderen Identitäten unterscheiden. Die bewusste Anbindung an bestehende, bereits erfolgreiche Markenidentitäten widerspricht dem Aufbau einer eigenen Marke mit einer klaren Identifikations- und Differenzierungsfunktion.

2.6 Die Kraft der Werbung

Werbung nimmt für die Marke eine Sonderrolle ein, da sie wie Name, Bild-Zeichen, Farbe oder Design kein einzelnes formales Markenkriterium darstellt – sie kombiniert unterschiedliche Gestaltungselemente wie Text und Bild miteinander. Die Werbung ist eine kreative Verbindung aller formalen Markenkriterien – also des Namens, des Bild-Zeichens, der Farben und des Designs; die Werbung nimmt die formalen Markenkriterien auf und bindet diese in ein Umfeld. So hat jede Werbung, ob Anzeige oder Fernsehspot, den Absender der Markenbotschaft in Form des Namens oder des Bild-Zeichens als zentralen Inhalt. Gute Werbung für eine Marke zeichnet sich dadurch aus, dass diese Verbindung vom Betrachter verstanden und angenommen wird. Gelungene Werbung wird somit zu einem Verstärker der Markenbotschaft.

Die Kombination der formalen Markenkriterien mit anderen gestalterischen Elementen kann dazu führen, dass ein neues gestalterisches Element zu einem formalen Markenkriterium wird – und somit ebenfalls zu einem Bestandteil der Markenidentität. Ein Beispiel soll dies verdeutlichen: In einem Werbespot im Kino taucht ein Pferd auf, das von einem Cowboy mit einem Lasso gefangen wird. Den meisten Betrachtern wird bereits an dieser Stelle klar, dass es hier um Zigarettenwerbung der Marke Marlboro geht. Das Pferd ist nicht nur ein Element der Wiedererkennung – es repräsentiert die Markenidentität. Im Folgenden wird auf dieses Prinzip näher eingegangen.

2.6.1 Konstanz über eine Generation: Marlboro

Werbung ist ein Spiegelbild der Gesellschaft. Sie setzt die sich verändernden aktuellen Trends und Moden der Zielgruppen gestalterisch-kreativ um. An der Werbung der letzten Jahrzehnte ist abzulesen, wie sich die Gesellschaft entwickelt hat. Im Normalfall ändert sich die Werbung in kurzfristigen Zyklen. Es gibt nur wenige Marken, die über einen langen Zeitraum immer wieder die gleiche Thematik in verschiedenen Variationen werblich umgesetzt und somit erreicht haben, dass formale Elemente der Werbung zu einem Bestandteil der Markenidentität geworden sind.

Die Marke Marlboro hat es geschafft, dass über die konsequente werbliche Umsetzung eines spezifischen Themas dieses Bestandteil der Markenidentität geworden ist. Marlboro nutzt die Bilderwelt des Wilden Westens seit mehr als dreißig Jahren – immer in verschiedenen gestalterischen Abwandlungen. Bilder, die mit dem Wilden Westen zusammenhängen – wie Pferde, Cowboys, Prärielandschaft und Lagerfeuer – werden konsequent mit den formalen Kriterien der Marke wie Name, Bild-Zeichen, Farbe und Produktverpackung verbunden. Da dies seit mehreren Jahrzehnten in verschiedensten Variationen umgesetzt wird, haben die Zielgruppen die Verbindung verinnerlicht. Mit der Abbildung eines Pferdes in einem Werbespot wird sofort die Marke Marlboro erkannt. Gleichzeitig löst das Pferd Assoziationen aus, die für die Marke Marlboro stehen.

Tatsache ist, dass die Marke bei ihrer Gründung als Frauenzigarette positioniert wurde. 1930 erhielt die Zigarette sogar ein rotes Mundstück, um Lippenstiftspuren zu verdecken. Als Frauenzigarette wurde die Marlboro, die nach der englischen Grafschaft „Marlborough" benannt wurde, jedoch ein Flop. 1954 hatte sie in den USA einen Marktanteil von nur 0,25 %.[26] Erst die Umpositionierung Mitte der 50er Jahre in Richtung Wilder Westen brachte den Erfolg. Inzwischen wird innerhalb der Werbung von Marlboro das eigentliche Produkt, die Zigarettenverpackung bzw. die Zigarette, häufig nur am Rande oder überhaupt nicht gezeigt; die Verbindung zwischen der Bilderwelt des Wilden Westens als Thema und dem Namen bzw. dem Bild-Zeichen reicht aus, um einen Bezug herzustellen und die nötigen Assoziationen entstehen zu lassen. Die Thematik und die Bilderwelt des Wilden Westens sind durch die Werbung zum formalen Kriterium für die Marke Marlboro geworden. Wenn Elemente der Werbung zum Bestandteil der formalen Markenkriterien werden, ist eine Veränderung der werblichen Inhalte nicht unproblematisch. Die Veränderungsmöglichkeiten liegen in diesem Fall in der modifizierten Visualisierung der Inhalte; die Inhalte als Bestandteil der Markenidentität dürfen nicht kurzfristig verändert werden.

2.6.2. *Absolut klassisch: Die Marke Absolut Vodka*

Eine bekannte und in Kreativwettbewerben häufig prämierte Werbekampagne ist die der schwedischen Wodka-Marke „Absolut Vodka".

Die Leitidee der Werbekampagne besteht aus zwei Komponenten. Die erste Komponente nimmt in der Headline den Namen der Marke auf – alle Headlines fangen mit dem

---

[26] vgl. Mayer, Mayer 1987, S. 34

Namen „Absolut" an. Die zweite Komponente nimmt das Design der Wodkaflasche auf. Alle Anzeigenmotive stellen die Form einer Flasche dar.

Abbildung 32: Anzeigenmotive der Marke „Absolut Vodka" (Agentur: TBWA)

Die Kampagne verdeutlicht, wie Werbung die Markenidentität erfolgreich umsetzen kann. Über zwei formale Markenkriterien – den Namen und das Design der Wodkaflasche – wird die Markenidentität dargestellt. Die Botschaft ist immer die gleiche – nur die Darstellung, die Visualisierung ändert sich. Mit dem Namen „Absolut" und der Verbindung zu bestimmten Themen und Situationen wird ein Anspruch vermittelt. „Absolut" steht für das Optimale, für das Besondere, für das Einzigartige. Über die Bildmotive wird die verbale Aussage unterstützt und mit themenbezogenen Darstellungen konkretisiert. Der konsequente Einsatz der Anzeigenmotive über mehrere Jahre dient nicht nur der Wiedererkennung bei den Zielgruppen, sondern darüber hinaus auch dem Aufbau der Markenidentität. Auch hier ist die Relation der einzelnen Kriterien anhand der Ausdrucks- und Inhaltsebene der Marke zu sehen.

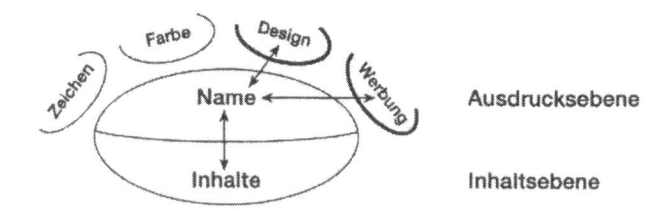

Abbildung 33: Beziehung der Ausdrucks- und Inhaltsebene von Absolut Vodka

Hier ist die Verbindung der Werbung mit dem Designfaktor und dem Markennamen von Bedeutung. Die konsequente Umsetzung dieser drei formalen Kriterien über mehrere Jahre wird zu einer stabilen Bedeutungsrelation. Werbung, die über einen längeren Zeitraum konstante Markenkriterien kreativ umsetzt, unterstützt die Markenidentität. Sie kann sogar zum Bestandteil der Markenidentität werden.

2.6.3 Andere formale Elemente der Werbung: Werbefiguren und Testimonials

Der konsequente Einsatz von bestimmten visuellen Elementen innerhalb der Werbung kann dazu führen, dass sogenannte Werbefiguren oder Personen, die auch Testimonials genannt werden, zu formalen Markenkriterien werden. Ein Beispiel für eine Werbefigur ist das HB-Männchen, das in den 70er Jahren die Werbung der gleichnamigen Zigarette bestimmte.

Abbildung 34: Das bekannte HB-Männchen

Die Werbung kann für die Marke durchaus eine relevante Rolle beim Aufbau einer Markenidentität übernehmen. Im Normalfall ist ihre primäre Aufgabe die Vermittlung und Verstärkung der Markenidentität an die Zielgruppen. Darüber hinaus kann die Werbung durch einen konsequenten und langfristigen Einsatz bestimmter formaler Elemente – dies können Bild-Elemente wie Werbefiguren oder Text-Elemente wie Slogans sein – ein Bestandteil der Markenidentität werden. Dieses Prinzip funktioniert jedoch nur, wenn formale Elemente gefunden werden, die auch langfristig eingesetzt werden können. So wurde beispielsweise auf das HB-Männchen verzichtet; auch die Persil-Frau erscheint nicht mehr in der Werbung, sondern findet sich ab und zu auf nostalgisch aufgemachten Produktverpackungen des Unternehmens Henkel. Dies zeigt, dass Werbefiguren zwar über die Werbung ein Teil der Markenidentität werden können, jedoch die konsequente Umsetzung über einen langen Zeitraum äußerst schwierig ist.

2.6.4 Weitere formale Elemente der Marke

Neben den genannten fünf Markenkriterien gibt es andere, ebenfalls sinnlich wahrnehmbare Elemente, die eine Markenidentität unterstützen können. Hierzu zählen unter anderem Töne und Melodien, die mit einer bestimmten Marke assoziiert werden und diese auch repräsentieren können. Meistens tauchen diese Melodien nicht autark auf, sondern innerhalb werblicher Umsetzungen. Ein Beispiel für den Einsatz einer Tonabfolge bietet die Marke Intel. Innerhalb der Werbespots ist im Abschluss eine bestimmte Tonfolge wahrnehmbar, die sich durch einen konsequenten Einsatz inzwischen eingeprägt hat. Auch bei der Deutschen Telekom wird zusätzlich zu den bestehenden formalen Markenkriterien eine einprägsame Tonfolge abgespielt, die inzwi-schen mit der Marke verbunden wird. Somit betreiben diese Marken eine konsequente und umfassende Markenführung, indem sie auf unterschiedlichen Wahrnehmungsebenen prägnante Kriterien für die Marke schaffen.

Bestimmte Marken aus dem technischen Bereich sind besonders auf auditive Kriterien angewiesen und pflegen diese Wahrnehmungsebene mit größter Sorgfalt. So gilt beispielsweise das Motorengeräusch eines Motorades der Marke Harley-Davidson als markant. Kenner und Liebhaber der Marke meinen, das prägnante Geräusch einer Harley-Davidson wiedererkennen zu können. Ähnlich sieht es bei der Automobilmarke Porsche aus. Insgesamt stehen beim Unternehmen Dr. Ing. h.c.f. F. Porsche AG mehrere Ingenieure zur Verfügung, die dafür sorgen, dass das markante Motorengeräusch immer gleich klingt. Wie bei anderen formalen Markenkriterien ist auch hier die Konstanz und damit auch die Wiedererkennung entscheidend. Fazit: Das Geräusch als formales Markenkriterium kann Teil der Markenidentität sein.

3. Die Marke als selbständiges Phänomen

In klassischen Definitionen und Merkmalsbeschreibungen werden Marken primär mit konkreten Produkten und inzwischen auch mit Dienstleistungen verbunden. Vielfach werden Markenbeschreibungen einfach über die Eigenschaften der jeweiligen Produkte und Dienstleistungen charakterisiert. Dies führt häufig zu der falschen Annahme, dass die Marke auch ausschließlich in Verbindung mit Produkten oder Dienstleistungen analysiert werden kann. Oder anders: Marke gleich Produkt oder Dienstleistungen scheint ein unzertrennliches, kausales Konstrukt zu sein. Dies ist auch naheliegend. Denn: Diese Symbiose Marke gleich Produkt scheint zwangsläufig auch ein logischer Schritt zu sein; in den meisten Fällen ist es ein konkretes Produkt, das mit einer Marke verbunden wird – jedenfalls scheint dies so zu sein. Dass es nicht so ist, zeigt uns die Praxis. Einige Beispiele sollen demonstrieren, dass die Marke nicht zwangsläufig mit einem Produkt verbunden ist, sondern eine eigenständige, produktunabhängige Identität hat. Diese kann mit einem Produkt verbunden werden, es ist aber keine notwendige Voraussetzung. Eine Marke wie beispielsweise Marlboro verdeutlicht das eindrucksvoll. Die direkte Verbindung „Marke gleich Produkt" scheint bei der Marke Marlboro einfach zu sein – sie steht für eine bestimmte Zigarette. Aber: Heute gibt es neben der Zigarette auch Kleidung und Reisen unter der Marke Marlboro. Die Verbindung „Marlboro gleich Zigarette" kann also nicht der Maßstab für die Markenidentität sein. Es sind die übergreifenden Assoziationen, die mit der Marke Marlboro verbunden werden. Diese wurden auf andere Bereiche wie Kleidung und Reisen übertragen. Der Erweiterungsprozess auf andere Produktbereiche unter dem Dach einer gemeinsamen Marke wird Markentransfer genannt. Hierbei werden Assoziationen der Markenidentität von einem Produkt (z. B. Zigarette) auf andere Produkte (z. B. Kleidung) übertragen.

Zusammenfassend ist zu sagen, dass die direkte Verbindung zwischen der Marke Marlboro und anderen Produkten und Dienstleistungen nicht das entscheidende Kriterium für den Erfolg des Markentransfers ist; hierfür sind die Produkte einfach zu unterschiedlich. Beim Beispiel Marlboro kann es durchaus sein, dass ein Nichtraucher die Assoziation „Freiheit und Abenteuer" positiv findet und aus diesem Grund Kleidungsstücke der Marke Marlboro erwirbt. Für den Markentransfer werden somit die Produkte und deren konkrete Eigenschaften nicht direkt genutzt, sondern die übergreifenden und verbindenden Assoziationen. Die Assoziationen, die die Markenidentität beschreiben, können mit dem Produkt direkt zusammenhängen, müssen es aber nicht. Bei der Marke Marlboro ist die Assoziation „Freiheit und Abenteuer" nicht produktbezogen – eine Zigarette kann auch für andere Assoziationen stehen.

Ein weiteres Beispiel ist das Unternehmen Preussag, das – historisch betrachtet – 1923 als Stahlkonzern angefangen und sich in den letzten Jahren zum weltweit größten Touristikunternehmen entwickelt hat. Die Frage, ob die Marke Preussag diesen Umschwung vom Stahlproduzenten zum Touristikunternehmen inhaltlich hätte tragen können, wird dadurch beantwortet, dass die gesamte Touristiksparte des Unternehmens ab Herbst 2001 unter der Marke TUI geführt wird (bzw. „World of TUI"). Festzuhalten bleibt demnach, dass die Assoziationen der Markenidentität zwar nicht direkt vom Produkt entstehen, jedoch im Einklang mit den Produkteigenschaften stehen müssen. Eine unendliche Übertragung von Assoziationen der Markenidentität auf Produkte ist nicht möglich – die Assoziationen der Markenidentität müssen mit den Assoziationen des jeweiligen Produktes übereinstimmen. Erst dann kann ein erfolgreicher Markentransfer stattfinden. Dies bedeutet zugleich, dass die Verbindung Marke gleich Produkt für eine analytische Betrachtung der Identität nicht ausreichend ist. Vielmehr muss die Markenidentität losgelöst vom Produkt und von den produkttechnischen Eigenschaften untersucht werden.

3.1 Die Marke ohne Unternehmen

Die historische Entwicklung von Marken belegt, dass der Hersteller eines bestimmten Produktes mit der Kennzeichnung (oder Markierung) für eine Identifikation und Differenzierung von anderen Produkten gesorgt hat. Der Anfang war immer eine Einzelmarke, die direkt mit dem Hersteller verbunden wurde. Erst mit der erfolgreichen Marktdurchsetzung einer Marke entstanden Überlegungen seitens des Herstellers, zu diversifizieren – also weitere Marken auf den Markt zu bringen. Inzwischen gibt es mehr Marken als Markenhersteller. Damit verbunden gibt es viele Unterscheidungskriterien für Marken – hierbei finden sich verschiedene Unterscheidungsmöglichkeiten wie Produkt-, Dienstleistungs-, Gattungs- und Handels-, Unternehmensmarken etc. Um die Vielfalt einzugrenzen, können die Marken in drei Ebenen eingeteilt werden, die die Möglichkeiten der Markenführung berücksichtigen. Die folgende Abbildung verdeutlicht die Einteilung der verschiedenen Marken:

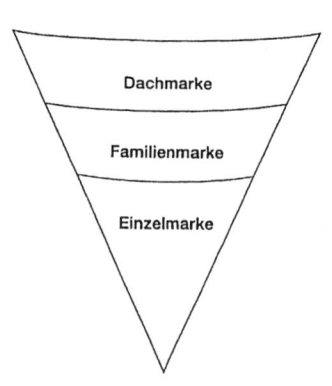

Abbildung 35: Die Zuordnung von Dach-, Familien- und Einzelmarke in der Markenpyramide

a) Einzelmarke

Die erste Ebene sind Einzelmarken; sie bilden die klassische Form der Markenführung, wie sie aus der historischen Entwicklung bekannt ist. In diesem Fall steht eine Marke für ein Produkt, eine Dienstleistung oder ein Unternehmen. Die Einzelmarkenstrategie bildet die Basis für Familien- und Dachmarken, denn erst wenn die Einzelmarke erfolgreich ist, kann daraus eine Familien- und Dachmarke entwickelt werden. In der Regel ist jede Marke – egal ob Familien- oder Dachmarke – zugleich eine Einzelmarke. Beispiele für reine Einzelmarken, die also keine weiteren Produktkategorien unter dem gleichen Markennamen führen, sind Jägermeister oder Tempo-Taschentücher.

b) Familienmarke

Die zweite Ebene betrifft Familienmarken; sie vereinen Produkte bzw. Dienstleistungen aus einer Kategorie unter einem Markennamen (z. B. Zigaretten als light, Menthol, 100er und normal). Entscheidend ist bei Familienmarken, dass die Produkte Weiterentwicklungen darstellen – also miteinander „verwandt" sind. Bei einer Familienmarke haben alle Produkte innerhalb der Familie den gleichen Markennamen, meist in Verbindung mit einem produktkennzeichnenden Zusatz. Beispiele für Familienmarken sind Coca-Cola, Coca-Cola light, Coca-Cola Cherry.

c) Dachmarke

Die dritte Ebene betrifft Dachmarken; sie vereinen Familien- und/oder Einzelmarken unter einem Dach. Hierbei können Dachmarken und Familien-/Einzelmarken aus verschiedenen Produktbereichen kommen – sie müssen nicht miteinander „verwandt" sein. Auch nutzen Dach- und Familien-/Einzelmarken oft unterschiedliche Markennamen. Häufig ist die Dachmarke zugleich auch der Name des Unternehmens. Beispiele für Dachmarken sind u. a. Procter & Gamble und Nestlé. Beide verfügen über ein großes Portfolio an unterschiedlichen Familien- und Einzelmarken, die sich vom Dachmarkennamen unterscheiden. Die Dachmarke findet sich jedoch auf den Verpackungen der Familien- und Einzelmarken wieder.

Die Einteilung in drei Ebenen deckt alle Möglichkeiten der Markenführung ab. Die Praxis zeigt, dass in der Regel Mischformen existieren, die aus der historischen Entwicklung von Marken herrühren. Ein Beispiel für eine Mischform ist Volkswagen. Die Marke Volkswagen übernimmt eine Doppelfunktion: zum einen als Dachmarke für das ganze Unternehmen – hier vereint Volkswagen alle Marken des Konzerns (u. a. Audi, Seat, Skoda, Bentley, Bugatti, Lamborghini und VW). Zum anderen ist Volkswagen zugleich auch eine Familienmarke, die unter sich Einzelmarken vereint – hierzu zählen u. a. VW Golf, VW Passat, VW Bora etc. Zwar wird hier auf Unternehmensseite oft auch von Modellen gesprochen, es kann jedoch davon ausgegangen werden, dass ein Name, wie beispielsweise „Golf" einen eindeutigen Markencharakter hat (auch hier gilt das Prinzip, dass ein Name für eine eigene Identität steht).

Darüber hinaus gibt es den Fall, dass Marke und Hersteller nicht identisch sind, sondern dass die Marke von einem anderen Unternehmen produziert und auch vertrieben wird. In diesem Fall wird die Marke als Lizenz unter bestimmten Bedingungen auf den Markt gebracht. Insbesondere im Modebereich wird dieses Verfahren häufig eingesetzt; so gibt es beispielsweise bei der Marke Boss ein breites Spektrum an unterschiedlichsten Produkten und Accessoires – nicht alle Produkte werden vom ursprünglichen Markenunternehmen selber hergestellt. Aus der Möglichkeit, Lizenzen zu vergeben, ist zu erkennen, dass die Markenidentität nicht direkt mit dem herstellenden Unternehmen verbunden wird. Oder anders: Die Markenidentität entsteht zwar innerhalb eines Prozesses zwischen Unternehmen und Zielgruppen; sie hat jedoch eine Eigenständigkeit. Wie eigenständig eine Markenidentität sein kann, zeigt ein Beispiel, bei dem das originäre Unternehmen nicht mehr existiert. Die Marke existiert jedoch weiter. Insbesondere dieses Markenbeispiel verdeutlicht, dass eine starke Markenidentität ausreicht, um weiter bestehen zu können. Im Folgenden wird auf das Beispiel der Marke AEG eingegangen.

3.1.1 Die Marke AEG gibt es nur als Lizenz

Erfolgreiche Marken überleben ihre Erfinder; bei guter Führung überleben sie auch das herstellende Unternehmen. Die Marke AEG beweist, dass eine starke Markenidentität den eigentlichen Wert einer Marke ausmacht. Das Traditionsunternehmen, das 1883 in Berlin gegründet und 1986 von der damaligen Daimler-Benz AG übernommen wurde, existiert nicht mehr. Eine Lizenzgesellschaft verwaltet die Markenrechte, die von verschiedenen Unternehmen erworben wurden. Die AEG ist ein Beispiel, das zeigt, wie wertvoll eine Markenidentität sein kann.

Abbildung 36: Das AEG-Zeichen von 1908 und das überarbeitete von 1928; beide von Peter Behrens

Das Unternehmen AEG, das für verschiedene technische Innovationen steht, setzte Anfang des 19. Jh. mit der Verpflichtung von Peter Behrens – damals noch Direktor der Düsseldorfer Kunstgewerbeschule – als künstlerischen Beirat ein für die damalige Zeit ungewöhnliches Zeichen. Peter Behrens, der nicht nur das bis heute noch in Grundzügen eingesetzte Wort-Bild-Zeichen entwarf, sondern zugleich das Produktdesign und die Architektur der AEG bestimmte, trug maßgeblich zum Aufbau einer Markenidentität von AEG bei. Getragen von der Idee, „künstlerisch geistige Arbeit in materielle Werte" umzusetzen, wurde die Marke AEG zu einem Pionier der Industrie- und damit der Markengeschichte.[27] Obwohl das Unternehmen nicht mehr existiert, ist eine Vielzahl von Produkten – von Kühlschränken bis zu Staubsaugern der Marke AEG auf dem Markt erhältlich. So kommt es, dass Haushaltsgeräte wie Staubsauger der Marke AEG vom schwedischen Konzern Electrolux produziert und vertrieben werden (die AEG Haushaltsgeräte GmbH gehört zu Electrolux). Dass Marken als Lizenz von anderen Herstellern vertrieben werden, ist durchaus üblich. Untypisch an der Situation bei AEG ist, dass es das eigentliche Unternehmen, den Ursprung der Marke nicht mehr gibt. Die Marke hat das Unternehmen überlebt. Dies zeigt, dass die Marke AEG überlebt hat. Die Marke hat eine eigene Identität, die losgelöst von der Identität des Herstellerunternehmens ist.

3.1.2 Die Kraft einer guten Markenidentität

Die Marke AEG ist kein Einzelfall und somit keine Ausnahme. Das analoge Prinzip zu der Marke AEG sind Marken, die das Unternehmen überlebt haben und über einen längeren Zeitraum nicht zu erwerben waren. Hierzu gehören beispielsweise Automarken, die in den Anfängen der automobilen Geschichte bekannt und erfolgreich waren. Markennamen wie Horch, Bugatti oder Maybach waren und sind heute noch bei Teilen von Zielgruppen präsent. Die Marken existieren weiter – obwohl das ursprüngliche, das herstellende Unternehmen häufig nicht mehr existiert und Produkte unter dem Markennamen nicht zu erwerben sind – außer als Sammlerstücke. Interessant ist, dass einige Unternehmen die Markenrechte für alte Marken erworben haben bzw. alte Marken wieder zum Leben reanimieren wollen. Die Tatsache, dass von Unternehmen wie Volkswagen unter dem Markennamen Bugatti und DaimlerChrysler unter der Bezeichnung Maybach Luxusautos vertrieben werden, verdeutlicht, dass mit Hilfe von bestehenden Markennamen an eventuell noch bestehende Markenidentitäten angeknüpft werden soll.

Welche Kraft eine Markenidentität ausüben kann, ist nicht nur durch Umsatz- und Gewinnzuwächse darstellbar. Eine starke Markenidentität zeigt ihre wahre Kraft gerade in Krisenzeiten. Denn insbesondere in schlechten Zeiten sterben die Produkte aus, die es

---

[27] vgl. Buddensieg 1990, S. 11

nicht geschafft haben, eine Markenidentität aufzubauen. Ein hervorragendes Beispiel für die Kraft einer starken Markenidentität ist Persil; ein innovatives und erfolgreiches Produkt, dass 1907 von Fritz Henkel auf den Markt gebracht wurde. Auch hier lag eine Produktinnovation zugrunde. Persil war das erste selbsttätige Waschmittel, das zugleich eine Bleichwirkung hatte.

Wie stark eine Markenidentität sein kann, zeigt der Erfolg der Marke trotz zweier Weltkriege sowie der Weltwirtschaftskrise zu Beginn der 30er Jahre. Am 5. September 1939 wurde die Produktion von Persil eingestellt. Trotzdem wurde weiterhin Werbung für die Marke betrieben – in Form von bemalten Häuserfronten und Plakaten im Stadtbild. Das Unternehmen unternahm somit bewusst „Erinnerungswerbung", um die Markenidentität trotz des Nichtvorhandenseins des Produkts aufrechterhalten zu können.

Abbildung 37: Erinnerungswerbung für die Marke Persil [28]

Erst nach elf Jahren Produktionsstopp wurde Persil im September 1950 mit einer breiten Werbekampagne wieder auf dem Markt eingeführt – mit großem Erfolg. Mit dem Slogan „Persil bleibt Persil" wurde deutlich gemacht, dass sich am Produkt und an der Marke nichts verändert hatte. Heute ist Persil immer noch eine der erfolgreichsten Waschmittelmarken überhaupt. Fazit: Die Stärke einer Markenidentität zeigt sich in einer Krisensituation. Wenn Marken trotz eines negativen Marktumfelds bestehen können, hat sich der konsequente Aufbau einer Markenidentität gelohnt.

---

[28] vgl. Feiter 1987, S. 68

3.2 Menschen als Marken

Dass die formalen Markenkriterien wie Name, Bild-Zeichen, Farbe und Design mehr sind als ästhetisch-gestalterische Spielereien, haben die Beispiele von Procter & Gamble, Deutsche Telekom und Swatch gezeigt. Dass eine Marke auch ohne das originäre, herstellende Unternehmen existieren kann, verdeutlichen Beispiele wie die Marke AEG. Ebenfalls wurde gezeigt, dass eine Marke nicht direkt mit einem Produkt verbunden sein muss, sondern die mit der Marke verbundenen Assoziationen losgelöst von Produkten betrachtet werden können. Neben diesen Aspekten gibt es eine Vielzahl von Markenbeispielen, die nicht in gängige Erklärungsmuster und Markendefinitionen passen. Aber: Wird davon ausgegangen, dass eine Marke auf der einen Seite durch formale Markenkriterien und auf der anderen Seite durch inhaltliche Assoziationen dargestellt wird, bedeutet dies, dass unter bestimmten Umständen auch Menschen als Marken betrachtet werden können.

Hierzu gehören unter anderem bekannte, exponierte Personen des öffentlichen Lebens, die sich bewusst als Marke positionieren. Als Beispiel sind Popstars wie Madonna anzuführen – aber auch Politiker. Was in angelsächsischen Ländern bereits seit einiger Zeit im Rennen um politische Ämter propagiert wird, findet inzwischen im deutschen Wahlkampf ebenfalls seinen Niederschlag. „Wir sind klar die Nummer eins im Wahlkampf und müssen unsere Marke nicht mehr positionieren", sagt der SPD-Wahlkampfstratege Michael Donnermeyer über den Kanzlerkandidaten Gerhard Schröder.[29] Dass Menschen als Marken positioniert werden können, ist keine Erkenntnis der Gegenwart. Ein frühes Beispiel aus der Politik war der Landtagswahlkampf in Nordrhein-Westfalen aus dem Jahr 1990, bei dem der CDU-Bundestagsabgeordnete Norbert Blüm für das Amt des Ministerpräsidenten kandidierte.

Abbildung 38: Norbert-Blüm-Werbung [30] (Agentur: von Mannstein)

---

[29] vgl. Holl 2001, S. 4
[30] vgl. Mannstein 1991, S. 98

Die betreuende Agentur unternahm den Versuch, die Person Norbert Blüm zu einer Marke zu stilisieren. Hierbei wurde der Name des Kandidaten bewusst als formales Markenkriterium gestaltet und in der Werbung plakativ eingesetzt. Die Markierung „Blüm" wurde somit zum ausdrucksstarken Wort-Bild-Zeichen; das Ausrufezeichen in der Markierung sollte als Botschaft Entschlossenheit und Selbstbewusstsein transportieren. Norbert Blüm hat die Wahl verloren – trotz der strategischen Ausrichtung als Marke. Dieses Beispiel zeigt deutlich, dass es nicht ausreicht, allein eine ausdrucksstarke Markierung zu gestalten. Die formalen Markenkriterien sind zwar eine Grundvoraussetzung für die Markenbildung, trotz allem ist eine inhaltliche Ebene entscheidend, die von der Zielgruppe akzeptiert werden muss.

Tatsache ist, dass Menschen unter bestimmten Umständen Markencharakter bekommen können. Dies ist jedoch weitaus schwieriger als bei Produkten oder Dienstleistungen. Insbesondere berühmte Menschen, die als Testimonials in der Werbung eingesetzt werden, sollen die mit ihnen verbundenen Assoziationen auf eine Marke übertragen. Wenn mit der Marke „Mensch" Assoziationen wie „Erfolg" oder „Schönheit" verbunden werden, sollen diese Inhalte auf eine Produkt-Marke übertragen werden. Schwierig wird es, wenn die mit dem Menschen verbundenen Assoziationen verblassen oder beispielsweise durch Skandale beschädigt werden – dies hat zwangsläufig negative Konsequenzen für die Identität der Marke. Denn: Ist ein Produkt ein passives Element, das von einem Unternehmen sukzessive und konsequent zu einer Marke aufgebaut werden kann, ist dies bei einem Menschen anders. Als aktiver Part hat ein Mensch die Möglichkeit, seine Identität selber zu bestimmen. Dass dies nicht immer einer konsequenten und systematischen Planung unterliegen kann, ist natürlich.

3.3 Konsequenzen für die Praxis: Eine Zusammenfassung

Die Marke wird durch zwei Ebenen charakterisiert. Die erste Ebene betrifft die formalen Markenkriterien – hierzu zählen Name, Bild-Zeichen und Elemente wie Farbe, Design oder auch Werbung. Die zweite Seite der Markenidentität betrifft die inhaltliche Ebene – hierzu zählen alle Assoziationen, die mit einer Marke verbunden werden. Beide Ebenen hängen miteinander zusammen. Formale Markenkriterien und Assoziationen bilden eine Einheit. Dies zeigt sich daran, dass die formalen Markenkriterien in der Regel die Assoziationen zum Ausdruck bringen bzw. eine konkrete Umsetzung der Inhalte sind. Es zeigt sich auch daran, dass schlechte oder inkonsequent umgesetzte formale Markenkriterien die Identität schädigen können. Im Umkehrschluss bedeutet dies, dass gute formale Markenkriterien elementar für eine starke Markenidentität sind.

Der Einfluss des Produkt- und Verpackungsdesigns oder auch der Werbung wird in der Theorie unterschätzt und in der Praxis überschätzt. Zwar können Design und Werbung durchaus zur Markenbildung beitragen, fest steht aber, dass diese beiden Kriterien keine notwendigen Voraussetzungen bilden. Dies wird an Marken deutlich, die auf massenmediale Werbung oder auf ein ausgeklügeltes Design beim Aufbau einer Markenidentität verzichtet haben. Bei Marken wie Body Shop (natur- und tierfreundliches Selbstverständnis) oder Aldi (gute Qualität für wenig Geld) sind andere Kriterien von größerer Relevanz als kommunikative Maßnahmen wie Werbung. Body Shop verzichtet ganz auf Werbung und Aldi schaltet zwar Anzeigen in Massenmedien, die aber primär die Kernbotschaft, also das optimale Preis-/Leistungsverhältnis des aktuellen Wochenangebots wiedergeben und nicht zu den kreativsten Gestaltungen der Werbebranche zählen. Es gibt inzwischen auch eine Vielzahl von Markenbeispielen, die ohne massenmediale Werbung erfolgreich sind – Joachimsthaler und Aaker führen u. a. das Beispiel der Marke Häagen-Dazs an, die sich primär durch eine gute Distributionsstrategie – in Form feiner Eissalons an hochfrequentierten Plätzen sowie als Eislieferant für feine Restaurants – als Premiummarke etabliert haben.[31] Hierzu gehören ebenfalls Marken – wie Starbucks oder Wal-Mart, die außerordentlich wenig in Werbung investieren und trotzdem erfolgreich sind.[32] Aber auch Marken wie Rolls-Royce kennen die meisten eher über andere Kanäle als über werbliche bzw. massenmediale Kommunikation. Dies zeigt, dass die Werbung zwar zur Markenbildung beitragen kann, aber nicht zwingend notwendig ist und daher auch nicht überbewertet werden darf.

In Bezug auf die formalen Markenkriterien ist für den Aufbau einer starken Markenidentität Folgendes festzuhalten:
– Der Name ist das wichtigste formale Kriterium einer Marke. Denn: Ein Name ist der Anker einer Marke. Er repräsentiert die Marke und ist der Auslöser aller mit der Marke verbundenen Assoziationen.

– Ein guter Name muss nicht nur die Identifikation und die Differenzierung sicherstellen, sondern darüber hinaus auch die Identität der Marke widerspiegeln und verstärken.

– Das zweitwichtigste formale Markenkriterium ist das visuelle Zeichen, das als Wort- oder Bild-Zeichen oder als Kombination beider Bestandteil der Markierung ist.

– Ein gutes Zeichen erfüllt die Identifikations- und Differenzierungsfunktion und verstärkt die Markenidentität.

– Zusätzlich zum Namen und zum Zeichen können weitere formale Markenkriterien eingesetzt werden – hierzu zählen in erster Linie der Einsatz einer spezifischen Farbe, eines Designs oder auch anderer sinnlich wahrnehmbarer Elemente wie Melodien.

– Der Einsatz von Farbe, Design, Melodien oder auch der Werbung ist keine notwendige Voraussetzung, um eine Markenidentität aufzubauen.

---

[31] vgl. Joachimsthaler, Aaker 1999, S. 9
[32] vgl. Ries, Ries 1998, S. 26

– Voraussetzung dafür, dass formale Kriterien wie Farbe, Design oder Melodien zum Bestandteil der Markenidentität werden, ist zum einen die Differenzierung gegenüber dem Wettbewerb und zum anderen der konsequente und langfristige Einsatz dieser Elemente in Verbindung mit der Marke.

– Werbung ist unter Umständen wichtig für den Aufbau einer Markenidentität. Die wichtigste Funktion der Werbung ist es, die Inhalte der Markenidentität durch kreative Umsetzungen einer breiten Öffentlichkeit bekannt zu machen. Die Werbung akkumuliert und verstärkt die Markenidentität. Auch kann die Werbung über die konsequente und systematische Verwendung von visuellen oder verbalen Elementen dazu beitragen, dass diese zu einem Bestandteil der Markenidentität werden.

Teil 2: Die Unsicherheit bei der Marke – eine Annäherung

4. Die Marke ist interdisziplinär

Die Vielzahl der Erklärungsansätze und Umschreibungen zur Marke verdeutlicht nicht nur die komplexe Struktur der Marke, sie ist ebenfalls ein Grund für eine gewisse Ratlosigkeit und häufig gespürte Unsicherheit gegenüber diesem Thema. Sind betriebswirtschaftliche Bereiche wie das Marketing längst in der Praxis eingeführt und greifbar gemacht worden, ist dies im Bereich der Marke nicht der Fall. Zahlreiche Unternehmen haben zwar inzwischen eigene Abteilungen – sogenannte „Brand Management Units", die sich mit der Marke beschäftigen, es ist jedoch von Unternehmen zu Unternehmen unterschiedlich, ob diese Teil der Marketingbereiche oder -abteilungen sind oder über der bzw. parallel zur Marketingabteilung stehen. Ebenfalls zeigt sich in der Praxis häufig, dass andere wichtige Bereiche oder Abteilungen wie die Unternehmenskommunikation, die für die Presse- und Öffentlichkeitsarbeit verantwortlich ist, oder der Produkt- bzw. der Vertriebsbereich, häufig losgelöst von der Marketing- oder der Markenabteilung geführt werden. Was schon bei der internen Struktur von Unternehmen auffällt, spiegelt sich auch auf der Ausbildungsseite wider. In Deutschland existiert bislang kein spezifischer Lehrstuhl, der sich interdisziplinär und umfassend mit der Marke beschäftigt. Zwar gibt es innerhalb der Betriebswirtschaftslehre Lehrstuhlinhaber, die das Thema Markenführung oder Markenstrategie vermitteln – aber auch hier zwangsläufig unter dem Schwerpunkt einer betriebswirtschaftlichen bzw. marketingorientierten Sichtweise; dies reicht jedoch nicht aus. Um die Marke umfassend zu verstehen, ist eine interdisziplinäre Betrachtung notwendig.

Die Realität zeigt, dass Marken erfolgreicher sind als Nicht-Marken-Produkte – kein Manager wird dies verleugnen. Aber dies hat Konsequenzen für das Verständnis einer Marke. Es bedeutet, dass es für ein Unternehmen elementar ist, eine prägnante Markenidentität aufzubauen und eine konsequente Markenstrategie zu praktizieren. Daher ist es für ein Unternehmen wichtig, die internen Voraussetzungen für eine erfolgreiche Markenführung zu schaffen. Die Koordination aller Bereiche der Markenführung – von der Analyse der Markenidentität bis zur operativen Umsetzung auf den Märkten – muss das erklärte Ziel eines Unternehmens sein. Dies ist die Basis für den Erfolg einer Marke. Im ersten Schritt gilt es für ein Unternehmen, alle positiven Inhalte in der Marke zu bündeln. Das Unternehmen muss seine eigene Marke verstehen; der Blick muss somit im ersten Schritt nach innen gerichtet sein. Wer ist meine Marke? Was macht meine Marke aus? Welche Inhalte meiner Marke kann ich am besten kommunizieren? Um eine Marke greifbar zu machen, ist es notwendig, sich die entscheidenden Kriterien der Marke anzusehen.

In Teil 1 wurden die wichtigsten formalen Kriterien, die die Marke charakterisieren, anhand von Praxisbeispielen deutlich gemacht. Es wurde festgestellt, dass die Markierung – und insbesondere der Name – die Grundvoraussetzung für eine Marke darstellt. Weitere Kriterien, wie Farbe, Design oder auch die Werbung können, müssen aber nicht notwendige formale Markenkriterien sein. In Teil 2 kommt es nun darauf an, die formalen Markenkriterien mit den inhaltlichen Merkmalen zu verknüpfen und dieses Prinzip der Einheit von Form und Inhalt für die Entwicklung der Markenidentität zu verdeutlichen. Die Frage ist zum einen, wie eine Markenidentität entsteht und zum anderen, welche Botschaften aus der Markenidentität entwickelt werden können. Dabei zeigt sich, dass die Markenidentität sich aus vielen unterschiedlichen Faktoren zusammensetzt und damit interdisziplinär betrachtet werden muss.

Am Anfang steht die Erkenntnis, dass allein eine optimale Zusammenstellung von formalen Kriterien nicht ausreicht, um eine Markenidentität zu entwickeln. Eine prägnante und ästhetische Markengestaltung ist Resultat und Ausdruck der inhaltlichen Ebene. So hat das Unternehmen Deutsche Telekom dafür gesorgt, dass es mit dem Bild-Zeichen „T", der Farbe Magenta und über ihr Gesamterscheinungsbild über ein stringentes Portfolio an formalen Markenkriterien verfügt. Doch reichen diese allein nicht aus, um die Markenidentität aufzubauen. So trägt die Farbe Magenta zur Wiedererkennung der Deutschen Telekom sowie zur Unterscheidung gegenüber dem Wettbewerb bei – die Identifikations- und Differenzierungsfunktion werden voll erfüllt. Die Frage ist, ob darüber hinaus die Farbe Magenta positive inhaltliche Assoziationen auslöst wie beispielsweise „dynamisch", „modern", „professionell" bzw. andere positive Inhalte, für die ein Unternehmen aus der Telekommunikationsbranche zweifellos stehen will. Fest steht also, dass die formalen Kriterien zwar wichtig sind, jedoch nur als Mittel zum Zweck dienen. Sie können keine Markenidentität aus sich heraus aufbauen oder nicht vorhandene Inhalte kaschieren – die formalen müssen mit den inhaltlichen Kriterien verbunden werden. Erst dann kann eine Markenidentität aufgebaut werden. Es geht also darum, die inhaltliche Ebene zu definieren, um daraus die formalen Markenkriterien abzuleiten und zu gestalten. Die Frage ist: Was macht die inhaltliche Ebene einer Marke aus?

Die inhaltliche Ebene der Marke wird durch Assoziationen unterschiedlichster Art beschrieben. Wie bereits aus den Praxisbeispielen ersichtlich, können die mit einer Marke verbundenen Assoziationen unterschiedliche Quellen haben. Marken wie Intel, Disney, Coca-Cola oder Swatch haben jeweils einen eigenen Ursprung, eine eigene Geschichte, ein eigenes Marktumfeld und somit eine eigene Identität. Diese Markenidentitäten stehen für mannigfaltige Assoziationen, die aus den verschiedensten Bereichen kommen können und die nicht nur mit dem Produkt zusammenhängen. Diese Assoziationen können soziologischer, psychologischer oder beispielsweise ethnologischer Natur sein. Aaker hat die verschiedenen Quellen von Assoziationen zu einer Marke dargestellt.

Die folgende Abbildung verdeutlicht die Verschiedenheit von Assoziationen; sie können preisorientiert sein oder Produkteigenschaften wiedergeben; aus dem Konsum entstehen oder geografisch geprägt sein. Alle Merkmale der Marke können durch Assoziationen dargestellt werden. Dass die Assoziationen aus verschiedenen Bereichen kommen, spricht auch für die disziplinübergreifende Sichtweise der Marke. Konkret: Die

Interdisziplinarität der Marke und die unterschiedlichen Arten der Assoziationen zeigen, dass die Marke nur ganzheitlich betrachtet werden darf.

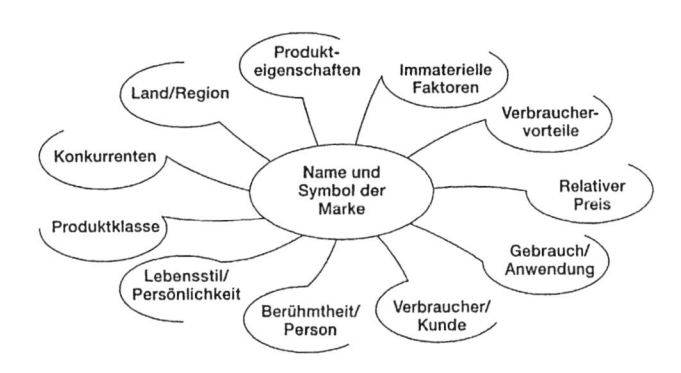

Abbildung 39: Verschiedene Assoziationstypen nach Aaker[33]

4.1 Ein ganzheitlicher Ansatz zur Marke

Wie wichtig ein ganzheitlicher Ansatz ist, verdeutlicht die Praxis. Bereits bei den Markenbeispielen aus dem ersten Teil zeigte sich, dass die formalen Markenkriterien nicht nur produkttechnische Aspekte betonen, sondern gerade auch Assoziationen vermitteln, die nicht direkt mit dem Produkt zusammenhängen. Diese interdisziplinäre Interessenslage bezüglich der Marke zeigt sich ebenso auf der theoretischen Seite. In der Wissenschaft beschäftigen sich bislang hauptsächlich zwei Disziplinen mit der Markenthematik. Klassicherweise beschäftigt sich die Betriebswirtschaftslehre in erster Linie mit der Marke; insbesondere die Rolle der unternehmerischen Einflussmöglichkeiten steht im Fokus der betriebswirtschaftlichen Sicht. Da jedoch das Unternehmen nicht autark das Schicksal einer Marke bestimmt, sondern in erster Linie der Konsument über den Erfolg einer Marke entscheidet, wird als weitere, ergänzende Disziplin die Psychologie hinzugezogen.

Darüber hinaus spielen auch andere Disziplinen eine Rolle. Hier sind die Rechtswissenschaften zu nennen, die aus der juristischen Notwendigkeit heraus Tatsachen zum Markenthema schaffen. Die juristische Rechtssprechung geht konkret von formalen Markenkriterien aus – hier geht es häufig um die Unterscheidungskraft von Marken bzw.

---

[33] vgl. Aaker, David 1992, S. 140

um die Verletzung von Markenrechten; bei rechtlichen Auseinandersetzungen ist jedoch zu erkennen, dass es oft um Fragen wie Assoziationen und Abgrenzungen von Markenidentitäten geht. Andere Sichtweisen zur Marke kommen u. a. sporadisch aus soziologischen, linguistischen, philosophischen, ethnologischen und kommunikationswissenschaftlichen Bereichen. In diesem Zusammenhang sind auch semiotische Schriften zur Marke zu nennen, die die Marke als Zeichen zum Gegenstand haben. Leider sind diese in der Mehrzahl abstrakt geschrieben und finden daher in der praxisorientierten Umsetzung kaum Anwendung. Das liegt in erster Linie daran, dass nicht aufgezeigt wird, wie semiotische Erkenntnisse in die Praxis umzusetzen sind. Dagegen finden sich in der gestalterischen Praxis, insbesondere im Design- und Werbebereich zahlreiche Bücher zur Marke. Diese betonen, dies liegt in der Natur der Sache, die Relevanz des Designs beziehungsweise der Werbung für die Marke. Aber auch hier existieren systematisierende und somit erkenntnisreiche Inhalte, die zum Verständnis der Marke – insbesondere der Anwendung der formalen Markenkriterien – beitragen können.

Fest steht, dass alle Disziplinen für die Marke mehr oder weniger relevant sind und interessante Aspekte betonen. Insbesondere die klassische, wirtschaftsorientierte Marke verfolgt ein klares betriebswirtschaftliches Ziel, das sich in Form von Umsatz und Gewinn niederschlägt. Die Marke hat einen psychologischen Hintergrund, da es auch um Reaktionen beim Konsumenten geht. In der juristischen Praxis zeigt sich die Interdisziplinarität der Marke daran, dass die mit den formalen Markenkriterien verbundenen Assoziationen oftmals unterschiedlich ausgelegt werden können. Des Weiteren hat die Marke eine soziologische Seite, da sie nicht allein als Wirtschaftsgut verstanden wird, sondern in vielen Fällen auch ein Kulturgut darstellt – das Beispiel des Osborne-Stieres in Spanien hat dies verdeutlicht. Wichtig ist aber auch die Erkenntnis, dass die Marke immer auch ein Zeichensystem ist. Der Name als verbales Zeichen reicht aus, um Assoziationen auszulösen. Hinzu kommen jedoch weitere formale Markenkriterien, die ebenfalls zum Zeichensystem der Marke gehören.

Zeichen vermitteln Bedeutungen. Und Bedeutungen stehen für die inhaltliche Ebene der Marke. Daher ist es naheliegend, dass die Marke als Zeichensystem unter semiotischen Aspekten betrachtet werden muss – dies natürlich immer in Bezug auf die anwendungsorientierte Praxis, was jedoch für alle Disziplinen gleichermaßen gilt. Die Frage ist: Wie kann die betriebswirtschaftliche, psychologische und semiotische Sicht unter einem Dach vereint werden? Aus der Betrachtung der Zuordnungen der einzelnen Disziplinen ergibt sich ein prozessorientierter Ansatz, der diese drei Elemente miteinander verbindet. Denn: Die Verbindung zwischen Unternehmen, Marke und Konsument ist ein kommunikativer Prozess, der sich durch das Sender-Empfänger-Modell darstellen lässt.

Sender ——————— Botschaft / Medium ——————— Empfänger

Abbildung 40: Das Sender-Empfänger-Modell der Kommunikation

Das Unternehmen ist der Sender, der Konsument der Empfänger – die Marke ist Botschaft und Medium zugleich. Bevor auf dieses Modell näher eingegangen und seine Relevanz für die Marke verdeutlicht wird, muss der Kommunikationsbegriff und sein Hintergrund im Marken-Kontext beschrieben werden. Denn die Marke vermittelt als Zeichensystem Bedeutungen, transportiert also eine oder mehrere Botschaften. Da der Kommunikationsbegriff ebenso komplex ist wie der Markenbegriff, stellt sich die Frage, wie der Kommunikationsprozess direkt auf die Marke zugeschnitten werden kann, um damit eine praxisorientierte Anwendung zu finden.

Denn Kommunikation ist ein schwammiger Begriff. Allein Merten hat 160 verschiedene Definitionen von Kommunikation aufgezählt, die den Versuch unternehmen, eine allgemeingültige Beschreibung wiederzugeben.[34] Es ist nicht möglich, hier alle Ausprägungen von Kommunikation und die damit verbundenen Implikationen darzustellen; entscheidend ist die Relevanz der Kommunikation unter rein markenorientierten Aspekten. Daher gilt es, den Kommunikationsbegriff auf den prozessorientierten Charakter der Marke einzugrenzen.

Zahlreiche Ansätze gehen bei der Kommunikation von einer Bedeutungsvermittlung zwischen Sender und Empfänger aus. Der Sender entwickelt Zeichen, die Bedeutungen transportieren und von Empfängern wahrgenommen und interpretiert werden. Die Hauptkritik an dieser Betrachtung besteht darin, dass die Bedeutungsvermittlung das Verstehen von gemeinsam bekannten und vorher definierten Zeichen voraussetzt. Besteht kein gemeinsames Zeichenrepertoire, kann keine oder nur eine eingeschränkte Kommunikation stattfinden. Diese Kritik ist für allgemeine Kommunikationsprozesse durchaus berechtigt – so ist die Bedeutungsvermittlung bereits bei Sprachunkenntnis erschwert oder nicht möglich, wobei auch hier zu differenzieren ist. Die Sprache ist bei der zwischenmenschlichen Kommunikation nur ein Aspekt von vielen. Für das Marketing gilt die Einschränkung des gemeinsamen Zeichenrepertoires nicht, da bei marketingorientierten Vorgängen bewusst die „Sprache der Zielgruppen" gesprochen wird bzw. gesprochen werden soll. Daher kann das Verstehen von gemeinsam bekannten und vorher definierten Zeichen vorausgesetzt werden. Oder anders: Der Sender – das Unternehmen – kann auf dem Markt nur dann erfolgreich kommunizieren, wenn seine Botschaft vom Empfänger – der Zielgruppe – verstanden und akzeptiert wird. Fazit: Für die marketingorientierte Kommunikation kann von einer Bedeutungsvermittlung zwischen Unternehmen und Konsumenten bzw. Zielgruppen gesprochen werden. Die

---

[34] vgl. Merten 1977

Marke ist in dieser Beziehung Botschaft und Medium zugleich – sie wird zum Botschafter des Unternehmens. Denn als Zeichensystem steht die Marke zwischen Unternehmen und Zielgruppen als Träger von Bedeutungen.

Dass die Marke Teil eines kommunikativen Prozesses ist, wird inzwischen teilweise anerkannt.[35] Auch dass Produkte bzw. Marken Botschafts-Charakter haben, ist erkannt worden.[36] Aber auch in klassischen Definitionen zu Marken wie beispielsweise bei Mellerowicz[37], dessen Markensicht aus den 60er Jahren sich auch heute noch ansatzweise auf der Internetseite des Markenverbandes[38] und in der gegenwärtigen Literatur wiederfindet[39], gibt es eine Häufung von direkten und indirekten Hinweisen auf Marke als Teil eines Kommunikationsprozesses. Kriterien wie „markierte Fertigware", „gleichbleibende Aufmachung", „starke Verbraucherwerbung" oder „hohe Anerkennung im Markt" verdeutlichen, dass die Marke zugleich Botschaft und Medium ist. Zwar wird in klassischen Definitionen wie bei Mellerowicz nicht direkt von einem Kommunikationsprozess gesprochen, doch indirekt werden formale und inhaltliche Kriterien der Marke genannt, die kommunikative Funktionen übernehmen. Denn bei „markierter Fertigware" ist von der Markierung als formales Kriterium die Rede. Die „gleichbleibende Aufmachung" meint das Erscheinungsbild oder auch, womit die kommunikative Funktion der Identifikation verbunden ist. „Starke Verbraucherwerbung" erklärt sich von selbst. Die „hohe Anerkennung" spricht direkt die Beziehung zur Zielgruppe der Markenbotschaft an, wobei das Adjektiv „hoch" wieder die bereits erwähnte Erfolgskomponente beinhaltet. Der direkte oder indirekte Hinweis, dass die Marke Bestandteil eines Kommunikationsprozesses ist, hat in den letzten Jahren in betriebswirtschaftlichen und psychologischen Auseinandersetzungen weiter zugenommen.[40] Auch einige juristische Schriften sprechen bei der Marke u. a. von einem „suggestiven Werbeelement", womit klar die Marke als Botschaftsträger verstanden wird.[41] Ebenfalls gehen juristische Schriften bei der Marke von einem Kommunikationsprozess aus, indem sie bei der Marke von einem Namen oder Zeichen sprechen, das die Identifikation und Differenzierung einer Marke gewährleistet.[42]

Für die wirtschaftsorientierte Kommunikation kann festgehalten werden, dass Unternehmen und Zielgruppen grundsätzlich in einem stetigen Kommunikationsprozess miteinander stehen. Verkaufen ist demnach nichts anderes als Kommunikation. Oder anders: Ohne Kommunikation kann kein Verkauf stattfinden. Dieser Kommunikationsprozess wird vom Unternehmen initiiert, da es ein Interesse daran hat, dass die Zielgruppen seine Produkte und Dienstleistungen konsumieren. Innerhalb des Kommunikationsprozesses wird die Marke zu einer Botschaft und einem Medium. Die

---

[35] vgl. Zec 2001, S. 231
[36] vgl. Karmasin 1998, S. 189
[37] vgl. Mellerowicz 1963, S. 7
[38] vgl. http://www.markenverband.de/verband/index.html; 2001
[39] vgl. Meffert 2000, S. 847
[40] vgl. Linxweiler 1999, S. 22
[41] vgl. Busse 1990, S. 23
[42] vgl. Cohausz 1999, S. 11

Marke repräsentiert das Unternehmen auf dem Markt und wird somit zu einem wichtigen Bestandteil des Kommunikationsprozesses. Dies bedeutet zugleich, dass alle Handlungen und Leistungen des Unternehmens – von der Preisgestaltung bis zum Vertriebsweg – als Teil des kommunikativen Prozesses anzusehen sind. Das Kommunikationsmodell eignet sich somit als übergreifender Ansatz, um alle entscheidenden Elemente einzubinden. Die Basis für einen ganzheitlichen Ansatz ist gegeben.

```
Unternehmen            Marke              Konsument
 (Sender)        (Botschaft/Medium)       (Empfänger)
```

Abbildung 41: Unternehmen und Konsument im Kommunikationsprozess

Ein weiterer Vorteil des Sender-Empfänger-Modells ist, dass Disziplinen wie die Betriebswirtschaftslehre, die Psychologie sowie andere Bereiche eingebunden werden können. Die verschiedenen Disziplinen lassen sich demnach den einzelnen Teilen des Kommunikationsmodells zuordnen. So ist das Unternehmen primär unter betriebswirtschaftlichen Aspekten zu betrachten; beim Konsumenten geht es um Assoziationen und damit verbundenen Reaktionen – dies ist primär psychologischer Natur. Die Marke als Zeichensystem muss unter semiotischen Aspekten analysiert werden. Das übergreifende Kommunikationsmodell ist ebenfalls ausreichend praxisbezogen, um Anforderungen aus Design und Werbung verständlich und praxisgerecht zu integrieren, da die Marke als Botschaft und Medium zwangsläufig von formalen Kriterien charakterisiert wird. In der Praxis bedeutet dies jedoch, dass das Unternehmen als der aktive Part sich der Marke nicht allein aus betriebswirtschaftlicher Sicht nähern darf. Da das Unternehmen als Initiator der Markenbildung die Grundlagen für die Marke festlegt, muss es die gesamte Kompetenz aus allen Disziplinen einbinden.

Die Marke als Medium wird durch die formalen Kriterien bestimmt – sie bilden die Ausdrucksebene der Marke. Weitaus komplexer als der mediale Aspekt der Marke, die einen starken gestalterisch-formalen Hintergrund hat, ist der Botschafts-Charakter der Marke, der ausschließlich inhaltsbezogen ist. Bei der Gestaltung der formalen Kriterien der Marke ist aufgefallen, dass es relativ einfach ist, eine hohe Prägnanz und Unterscheidungskraft bei Elementen wie Name und Bild-Zeichen zu erreichen. Bei der inhaltlichen Ebene gestaltet sich die Entwicklung einer erfolgreichen Marken-Botschaft weitaus schwieriger. Hier kommt es darauf an, dass das Unternehmen sich als Sender in einem Kommunikationsprozess erkennt und alle Handlungen bezüglich der Marke in einem ganzheitlichen Rahmen gesehen werden.

4.2 Das Unternehmen als Sender

Der Aufbau einer Marke fängt mit der Entwicklung einer Markenidentität an. Der Impuls hierfür kommt vom Unternehmen. Denn innerhalb des Kommunikationsprozesses ist das Unternehmen der aktivere Part; er übernimmt die Initiative und setzt den Prozess der Markenbildung in Gang. Die Markenidentität entsteht im „Spannungsfeld zwischen dem Unternehmen und seiner Umwelt".[43] In den meisten Fällen ist das Unternehmen Erfinder, Entwickler und Hersteller der Marke. Die Idee, die Konzeption sowie die Fertigung einer Marke wird im Unternehmen entschieden. In der wirtschaftlichen Praxis liegt das Bestreben des Unternehmens in Faktoren wie Umsatz und Gewinn; daher ist zwangsläufig eine betriebswirtschaftliche Sicht beim Sender anzunehmen. Aber auch Faktoren wie Gewinn und Umsatz sind keine losgelösten Ziele, sondern hängen von den Reaktionen der Zielgruppen, also des Empfängers ab. Bei nicht wirtschaftsorientierten Institutionen wie beispielsweise „Amnesty International", die ebenfalls Marken sind (sie verfügen auch über formale und inhaltliche Markenkriterien), stehen nicht Umsatz und Gewinn im Vordergrund. Wirtschaftsorientierte Unternehmen und sozial ausgerichtete Institutionen verbindet jedoch das Ziel des Erfolges – beide „Sender" haben Ziele, die von den positiven, erfolgreichen Reaktionen ihrer jeweiligen „Empfänger" abhängen. In diesem Sinn definiert sich das Marketing als eine zielgerichtete und gebündelte Verhaltensweise des Unternehmens gegenüber dem Konsumenten. Dies bedeutet, dass alle Maßnahmen des Senders immer empfängerbezogen definiert sein müssen – jedoch mit einer entscheidenden Einschränkung: Die bisherige Rolle der Kommunikationspolitik innerhalb des klassischen Marketing-Mix hat eine weitaus stärkere Relevanz als bisher anerkannt.

Produktpolitik	Preispolitik
Distributionspolitik	Kommunikationspolitik

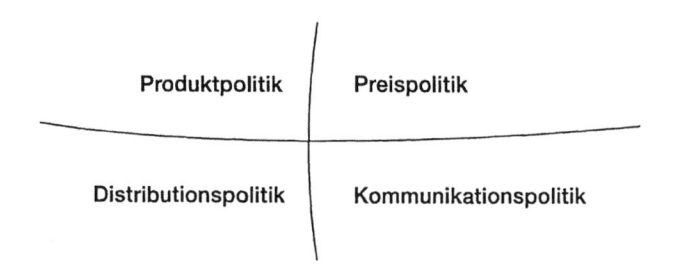

Abbildung 42: Der klassische Marketing-Mix mit der Unterteilung in vier Bereiche

---

[43] vgl. Meffert 2000, S. 879

Die Rolle der Kommunikation erschöpft sich nicht nur in der klassischen Umsetzung von Werbung, Öffentlichkeitsarbeit und Verkaufsförderung – die Kommunikation ist der Produkt-, Vertriebs- und der Preispolitik übergeordnet, da alle diese Maßnahmen die Identität der Marke ausmachen. Sie ist die Metaebene des Marketings bzw. der übergeordnete Prozess, der alle anderen empfängerbezogenen Aktivitäten aus der Produkt-, Preis- und Distributionspolitik einbindet.

Im Gegensatz zum klassischen Marketing-Mix, der unter Kommunikationspolitik Werbung, Verkaufsförderung und Public Relations versteht, geht ein neues Marketingverständnis von einer kommunikativen Funktion bei allen Bereichen aus.

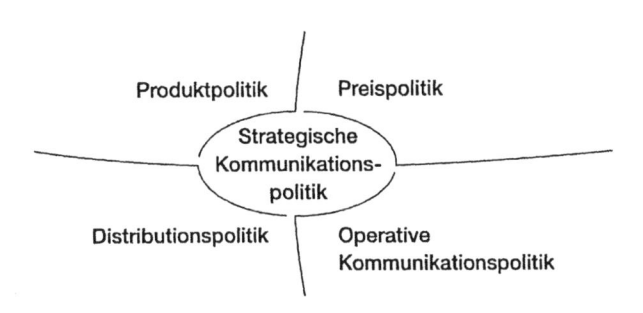

Abbildung 43: Der neue Marketing-Mix/Strategische Kommunikation befindet sich auf der Metaebene

Im Marketing wird die Produktpolitik als das „Herz des Marketings" angesehen.[44] Fest steht jedoch, dass auch das Produkt an sich – über die technisch-stoffliche Zusammensetzung oder auch über immaterielle Werte, wie Anmutung oder Produktdesign – Botschaften vermittelt und somit Bestandteil des gesamten Kommunikationsprozesses zwischen Unternehmen und Zielgruppen ist. Dies bedeutet, dass die Kommunikation das eigentliche Herz des Marketings und somit des gesamten Unternehmens ist. Sie übernimmt hierbei eine strategische Funktion. In den Bereich der operativen Kommunikationspolitik fallen u. a. Maßnahmen wie Werbung, Verkaufsförderung und Public Relations. Wie wirkt sich diese Feststellung in der Praxis aus? Bedeutet dies, dass es nicht darauf ankommt, was man verkauft, sondern wie man es verkauft? Zählen produktorientierte Kriterien wie beispielsweise die technische Qualität eines Autos weniger als andere kommunikative Inhalte? Nein, so einfach ist es nicht. Denn die Antwort hängt von der jeweiligen Markenidentität ab. Oder konkreter:

---

[44] vgl. Meffert 2000, S. 327 / vgl. auch Becker 1988, S. 446

Es ist eine Frage, ob die technische Qualität des Autos für den Empfänger von Bedeutung ist. Davon hängt es ab, ob und insbesondere wie diese Qualität dem Empfänger kommuniziert wird. So kann die Qualität eines Autos zu einem bedeutenden Inhalt der Markenbotschaft werden – aber es können genauso gut auch andere, produktfremde Kriterien sein. Es kommt also darauf an, welche Inhalte der Markenbotschaft eine Bedeutung für den Empfänger haben und welche weniger bedeutend sind. Und dies hängt von der Markenidentität ab.

Als der aktive Part innerhalb des Kommunikationsprozesses ist es das Unternehmen, das vor der Entwicklung einer Markenidentität feststellen muss, welche Inhalte für die Zielgruppen relevant sind. Die Praxis zeigt, dass das Repertoire an Assoziationen für die Marke breit gefächert sein kann. Das Unternehmen als Sender hat hier eine Vielzahl von Möglichkeiten, die Markenidentität zu beeinflussen. Entscheidend ist ebenfalls, dass die Assoziationen einer Markenidentität den einzelnen Bereichen des Marketing-Mix zugeordnet werden können. So ist die Veränderung des Verkaufspreises ein Element der Preispolitik des Unternehmens; sie hat aber zugleich Auswirkungen auf die Markenidentität. Denn Sonderangebote und verkaufsfördernde Preisreduzierungsaktionen wirken sich negativ auf die Markenidentität aus (es sei denn, ein niedriger Preis bzw. die Assoziation „billig" ist ein bewusster, zentraler Bestandteil der Markenidentität). Auch Veränderungen in der Vertriebspolitik haben direkten Einfluss auf die Markenidentität; so kann beispielsweise die Schließung von Filialen die für die Markenidentität zentrale Assoziation „Service" negativ beeinflussen. Daher ist es notwendig, dass das Unternehmen alle Maßnahmen des Marketing-Mix immer in Bezug auf die Markenidentität sieht.

In Teil 1 wurden die formalen Markenkriterien – die Ausdrucksebene – der Marke beschrieben. Hierbei wurde festgestellt, dass der Name einer Marke die wichtigste Voraussetzung für die Entwicklung einer Markenidentität ist. Der Name ist der Anker der Marke. Die inhaltliche Ebene der Marke ist komplexer strukturiert, da diese durch eine Vielzahl von Faktoren unterschiedlichster Art geprägt sein kann. Festgehalten werden kann, dass die inhaltliche Ebene der Marke durch Assoziationen beschrieben werden kann. Konkret bedeutet dies: Die Marke steht für unterschiedliche Assoziationen. Assoziationen lassen sich durch Begriffe ausdrücken. Und: Der Name als Anker einer Marke löst Assoziationen aus. Der Name als Teil der Ausdrucksebene und die Assoziationen als Teil der Inhaltsebene einer Marke sind direkt miteinander verknüpft. Daher wird anhand von Markennamen auf die Bildung von Assoziationen eingegangen. Dies ist die Aufgabe des Unternehmens, da es als Sender den kommunikativen Prozess zwischen sich und den Zielgruppen in Gang setzt. Mit der Entwicklung eines Namens für eine Marke fängt der Markenbildungsprozess an. Er ist der Ursprung der Markenidentität. Daher gebührt ihm eine besondere Betrachtung.

Wie bereits in Kapitel 2 anhand der Beispiele aufgezeigt, gibt es bei der Namensentwicklung eine Vielzahl von Möglichkeiten. Ohne auf alle Möglichkeiten eingehen zu wollen, soll hier das Prinzip der Bildung einer Markenidentität verdeutlicht werden. Bereits bei der Namensentwicklung kann direkt Einfluss auf die inhaltliche Ebene der Marke ausgeübt werden. Das Unternehmen als Sender kann von dieser Möglichkeit

Gebrauch machen. Hierbei kann es sein, dass die wichtigste Botschaft eine direkte Verbindung mit den formalen Kriterien aufweist, der Inhalt der Markenbotschaft beispielsweise im Namen oder in der Markierung enthalten ist. Ein Beispiel aus der Praxis soll dies verdeutlichen.

Abbildung 44: Du-darfst-Produkt

Die Marke „Du darfst" ist eine Erfolgsgeschichte von Unilever und kam bereits 1973 mit einer kalorienreduzierten Margarine auf den Markt. „Du darfst" steht für gesunde, fettbewusste Ernährung und ist Marktführer im Bereich der Low-fat-Produkte. Bei diesem Markenbeispiel wird eine eindeutige Markenbotschaft durch das wichtigste formale Markenkriterium vermittelt. Denn bereits der Markenname „Du darfst" impliziert den Vorteil und somit die wichtigste inhaltliche Ebene des Produktes („Du darfst" dieses Produkt ohne Gewichtszunahme genießen). Die Assoziationen sind hier eindeutig. Die „technische" Zusammensetzung des Produktes wurde zur Kernbotschaft der Marke; ein Aspekt der Produktpolitik wurde zum Bestandteil der Markenidentität und auf die kommunikative Ebene der wichtigsten Markenbotschaft in Form des Namens gehoben.

Ein weiteres Beispiel, bei dem der Geschäftszweck eines Unternehmens und somit die wichtigste Dienstleistungseigenschaft im Namen zum Ausdruck kommt, ist die Marke „Rentokil".

Abbildung 45: Das Wort-Bild-Zeichen von Rentokil

Die Marke Rentokil steht u. a. für effiziente Ungezieferbeseitigung. Ausgesprochen klingt der Name wie „rent-to-kill" (engl. „mieten, um zu töten"). Zwar wollten die Gründer des Unternehmens zuerst den Namen „Ento-Kill" benutzen (der Begriff Ento- bzw. Entomologie steht für Insekten- bzw. für Insektenkunde), doch dies scheiterte an rechtlichen Hürden. Daher entschied man sich 1925 für den Namen Rentokil. Auch hier ist eine direkte Eigenschaft der Dienstleistung mit einem formalen Kriterium verbunden. Die Inhaltsebene der Marke wird in der Ausdrucksebene durch den Markennamen kommuniziert. Durch die Wahl des Namens werden die Assoziationen bereits vorgegeben. Auch aus anderen Bereichen des Marketing-Mix sind direkte Verbindungen der inhaltlichen Ebene mit formalen Markenkriterien zu finden. Ein Beispiel, bei dem die Preispolitik im Vordergrund steht, kommt aus dem Lebensmittelbereich. Insbesondere Supermarktketten, wie „Penny", „Spar" oder „Netto" bringen ihre aggressive Preispolitik über den Namen zum Ausdruck. Ob dies als charakteristische Markenbotschaft ausreicht, sei dahingestellt; an dieser Stelle geht es allein um das Prinzip der Vermittlung der Inhaltsebene durch die Ausdrucksebene.

Die direkte Verbindung von inhaltlicher Ebene und Name hat den Vorteil, dass die Markenidentität konkret kommuniziert wird. Die Assoziationen beim Empfänger werden bereits durch den Namen vorgegeben und eingegrenzt. Der Empfänger kann bereits aus dem Namen ersehen, wofür die Marke steht. Es existieren aber auch Nachteile. Unter anderem kann die direkte Verknüpfung von Inhalts- und Ausdrucksebene die Wachstumspolitik des Unternehmens stark einschränken. So wäre eine Ausweitung der Dienstleistungen von „Rentokil" auf andere Bereiche wie beispielsweise einen „Hunde-Ausführ-Dienst" unter diesem Namen jedenfalls nicht vorstellbar. Auch bei einem Lebensmittelmarkt wie „Penny", „Spar" oder „Netto" wäre es schwierig, das Produktangebot auf hochpreisige Luxusgüter zu erweitern, da über den Namen die wichtigste Botschaft der Identität kommuniziert wird. Bei der Entwicklung einer Marke hat das Unternehmen somit bereits die Möglichkeit, mit dem Namen den Rahmen für die Markenidentität vorzugeben. Da die Entwicklung einer Markenidentität keine einseitige Angelegenheit ist und somit nicht nur vom Unternehmen vorgegeben, sondern maßgeblich vom Empfänger beeinflusst wird, ist es wichtig, vorher die Erwartungen und Bedürfnisse der Zielgruppen zu kennen. Ein weiterer Aspekt ist, dass bereits bei der Namensentwicklung beim Unternehmen – jedenfalls in groben Zügen – feststehen muss, ob und wie die Marke in Zukunft auf andere Bereiche ausgedehnt werden soll. Dies hat direkte Konsequenzen auf die Namensentwicklung und auf die Bildung der Markenidentität.

Über den Namen hinaus hat das Unternehmen als Sender viele Möglichkeiten, die Markenidentität zu beeinflussen. Anhand der Praxisbeispiele konnte festgestellt werden, dass zwar jede Marke individuell betrachtet werden muss, aber auf die gleichen formalen Kriterien angewiesen ist. Bleibt der Name als Anker der Marke konstant, muss dies bei anderen formalen Kriterien nicht der Fall sein. Viele formale Kriterien unterliegen Veränderungen. Angefangen vom Bild-Zeichen bis zur Farbgebung: Formale Kriterien werden vom Unternehmen bewusst der Zeit angepasst. So kann bei fast allen Marken anhand der Bild-Zeichen ein Veränderungsprozess beobachtet werden – oft sind dies minimale Veränderungen, die von den Zielgruppen nicht wahrgenommen werden, um die Identifikationsfunktion nicht zu beeinträchtigen. Oft werden in der Gründungszeit eines Unternehmens die größten Veränderungen beim Bild-Zeichen vorgenommen. Hat sich das Zeichen einmal etabliert, ist der Spielraum nur für Modifikationen kleiner. Hier ein Beispiel, bei dem sich die Veränderung anhand des Bild-Zeichens zeigt:

Abbildung 46: Veränderung des 3M-Zeichens; von oben links: 1926, 1944, 1954, 1961 und heute

Bei 3M ist klar zu erkennen, dass das Bild-Zeichen über Jahre hinweg vom Unternehmen mehr oder weniger stark verändert und der Zeit angepasst wurde. Das Unternehmen hat damit über die gestalterische Anpassung der formalen Markenkriterien bewusst Einfluss auf die Markenidentität genommen. Was in den 50er Jahren als „modern" galt, ist bereits nach einem Jahrzehnt „altmodisch". Dies gilt nicht nur für formale Markenkriterien, sondern ebenfalls für die inhaltliche Ebene. Markenidentitäten sind somit nicht konstant, sondern verändern sich und müssen der Zeit angepasst werden. Das Unternehmen als Sender hat die Aufgabe, die Markenidentität in regelmäßigen Abständen zu überprüfen und gegebenenfalls anzupassen.

4.3 Die Zielgruppen als Empfänger

Die Reaktionen der Zielgruppen bestimmen den Erfolg einer Marke. Doch was genau sind Reaktionen? Ist unter Reaktion ausschließlich das Verhalten der Konsumenten im Sinne der unternehmerischen Ziele zu verstehen? Der Kauf oder gar der Konsum? Wäre dem so, wäre die weitere Vorgehensweise schwierig. Denn die Wahrnehmung einer Marke ist nicht gleichzusetzen mit dem Kauf einer Marke. Der Konsum einer Marke bedeutet nicht, dass der Konsument die Marke immer wieder kauft. Die Psychologie beschäftigt sich mit der Frage nach dem Konsumentenverhalten, jedoch konnte sie bislang das Verhalten von Konsumenten nicht erklären. Es gibt beim Konsumentenverhalten kein kausales Prinzip. Laborsituationen, in denen bei Untersuchungspersonen festgestellt wurde, dass sich bei der Betrachtung von bestimmten Marken die Augenpupillen vergrößern und die Hände feuchter werden, sind nicht zu vergleichen mit der Praxis-Situation, bei der ein Normalverbraucher vor einem Supermarktregal steht und nach der Marke X oder der Marke Y greift. Zu viele Faktoren bestimmen das Verhalten und zu viele individuelle Faktoren bestimmen das psychologische Profil des Konsumenten. Es existieren zwar Erklärungsansätze und Modelle, aus denen aber nur annähernd Schlussfolgerungen auf das Konsumentenverhalten gezogen werden können. Daraus resultiert: Ein allgemeines Prinzip, um das Konsumentenverhalten zu erklären, existiert nicht. Trotz dieser Einschränkung spielt die Psychologie bei der Markenbildung eine wichtige Rolle. Denn bei der Entwicklung der Markenidentität geht es nicht in erster Linie um das Kauf- oder Konsumverhalten der Zielgruppen. Der Kauf bzw. Konsum einer Marke ist in Bezug auf den Aufbau einer Markenidentität ein kurzfristiges unternehmerisches Ziel. Denn der erstmalige Kauf oder Konsum einer Marke beeinflusst die Einstellungen des Konsumenten. Für die Entwicklung einer Markenidentität ist ein mehrmaliger Kontakt mit der jeweiligen Marke notwendig. Bei der Markenidentität geht es darum herauszufinden, welche inhaltlichen Kriterien die Marke ausmachen. Oder anders: Welche Assoziationen verbinden die Zielgruppen mit der Marke? Diese Assoziationen machen unter anderem die inhaltliche Ebene der Marke aus. Zusammen mit den formalen Kriterien bilden sie die Markenidentität. Daher ist die Psychologie von größter Relevanz für die Analyse der Markenidentität, da sie über Verfahren verfügt, mit deren Hilfe die Assoziationen von Zielgruppen erfasst werden können. Assoziationen bilden jedoch die Basis für das Konsumentenverhalten. Welchen Wert Assoziationen haben und was sie bewirken, beschreibt Aaker:

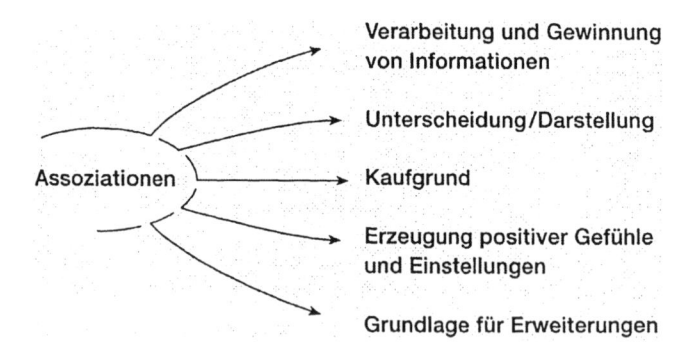

Assoziationen
- Verarbeitung und Gewinnung von Informationen
- Unterscheidung / Darstellung
- Kaufgrund
- Erzeugung positiver Gefühle und Einstellungen
- Grundlage für Erweiterungen

Abbildung 47: Assoziationen als Impulse nach Aaker[45]

---

[45] vgl. Aaker 1992, S. 137

Assoziationen haben nicht nur die Funktion, über Inhalte eine Marke zu differenzieren, sondern bilden auch die Basis für Emotionen, Einstellungen und bieten Gründe für einen Kauf der Marke.

Bevor konkret auf ein psychologisches Verfahren eingegangen wird, ist es notwendig, sich die Kriterien anzusehen, die die Assoziationen der Zielgruppen beeinflussen können. Assoziationen, welche die Botschaft der Marke ausmachen und mit denen die Zielgruppen innerhalb des Kommunikationsprozesses konfrontiert werden. Auch hier zeigt sich der Vorteil des Kommunikationsmodells, da hier die Quellen und Kanäle der direkten und indirekten Botschaften – mit denen die Zielgruppen in Kontakt kommen können – verdeutlicht werden können. Folgende Abbildung gibt einen Überblick:

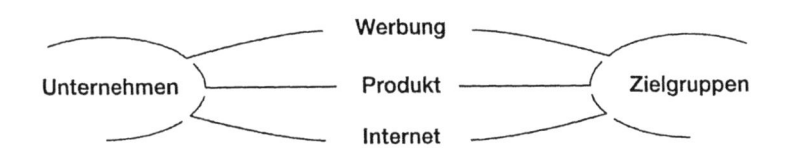

Abbildung 48: Direkte Kommunikationskanäle zwischen Unternehmen und Zielgruppen

Über bestimmte Maßnahmen und Medien hat das Unternehmen direkte Einflussmöglichkeiten auf die Zielgruppen. Eines der wichtigsten Elemente ist das Produkt, da es auf vielen sinnlichen Ebenen wahrnehmbar ist. Zu den verbreiteten Maßnahmen gehören auch operative Kommunikationselemente wie Werbung, Internet und weitere Umsetzungen.

Zu den direkt beeinflussbaren Maßnahmen und Medien kommen die indirekt beeinflussbaren Elemente hinzu. Zu den indirekten Einflussbereichen gehört der Handel, die Medien (Journalisten) sowie das soziale Umfeld der Zielgruppen.

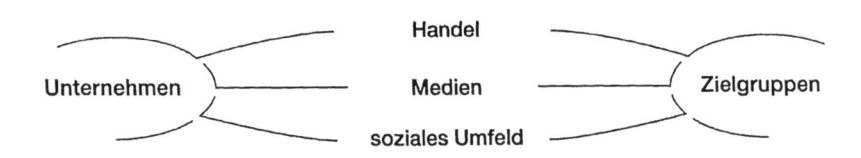

Abbildung 49: Indirekte Kommunikationsmöglichkeiten zwischen Unternehmen und Zielgruppen

Die Darstellungen zeigen, dass es Botschaften und Medien gibt, die direkt vom Unternehmen, dem Sender, gesteuert werden können. Hier hat das Unternehmen die Möglichkeit, die Botschaft zu gestalten und das Medium auszuwählen. Darüber hinaus gibt es Botschaften und Medien, die losgelöst vom Unternehmen zu sehen sind. Hier hat das Unternehmen nur einen indirekten Einfluss auf den Inhalt von Botschaften.

Zu den direkten Botschaften, die vom Unternehmen aktiv initiiert und maßgeblich gesteuert werden können, gehören die Gestaltung aller formalen Markenkriterien sowie alle Maßnahmen aus dem Marketing-Mix. Eine Veränderung der technischen Zusammensetzung des Produktes oder die Senkung des Preises kann positive oder negative Assoziationen bei den Zielgruppen auslösen – ebenso sieht es bei distributionspolitischen oder werblichen Maßnahmen aus. Zusätzlich zu den direkt beeinflussbaren Impulsen existieren die nicht oder die indirekt beeinflussbaren Botschaften. In diesen Bereich fallen beispielsweise Medienberichte oder vergleichende Warentests durch ein Institut. Diese können nur indirekt durch die Pressearbeit des Unternehmens beeinflusst werden. Hierbei werden beispielsweise Presseinformationen an Medienvertreter geschickt, die von diesen eventuell inhaltlich überarbeitet und veröffentlicht werden. Bei der Pressearbeit bilden Journalisten somit eine Art „Filter"; der direkte Einfluss des Unternehmens auf die Gestaltung der Markenbotschaft geht verloren. Zum indirekten Bereich gehört auch das soziale Umfeld der Zielgruppen, zu dem Familie, Freunde, Arbeitskollegen und andere Menschen im Bekanntenkreis der Zielgruppen gehören. Das soziale Umfeld hat einen starken Einfluss auf die Assoziationen und auf das Verhalten der Zielgruppen. Auch die starke Stellung des Handels ist nicht zu unterschätzen. Als zwischengeschaltete Station zwischen Unternehmen und Zielgruppen kann der Handel – beispielsweise über den Preis – die Assoziationen gegenüber der Marke nachhaltig beeinflussen.

Aus der Aufteilung des Kommunikationsprozesses zwischen Unternehmen und Zielgruppen in eine direkte und indirekte Ebene ergibt sich, dass das Spektrum an möglichen Botschaften und Medien, die die Zielgruppen erreichen und deren Assoziationen beeinflussen können, vielfältig ist. Fazit: Das Unternehmen verfügt nur über eine eingeschränkte Auswahl an Möglichkeiten, die Assoziationen der Zielgruppen direkt zu beeinflussen. Eine nicht kontrollierbare Kommunikation ist jedoch für das Unternehmen fatal. Da aber der Inhalt aller Botschaften und Medien – auch der nicht beeinflussbaren – sich in der Marke konzentrieren, muss die Marke über eine starke Identität verfügen, die eigenständig die Ziele des Unternehmens repräsentieren kann. Denn auch in den Medien wird über eine Marke berichtet. Verfügt diese Marke über eine starke Identität, ist das Risiko einer negativen Berichterstattung geringer. Das bedeutet: Nur über den Weg einer starken Markenidentität kann das Unternehmen gewährleisten, dass die Marke auch bei der indirekten Kommunikation positive Assoziationen bei den Zielgruppen auslöst.

Eine weitere Möglichkeit besteht in der Maßnahme, das gesamte Spektrum aller direkten und indirekten Medien – wie Werbung, Pressearbeit, Verkaufsförderung, Internet etc. – auf einer breiten Basis zu nutzen und somit zu versuchen, die Zielgruppe mit einer Bandbreite an Medien zu überzeugen. Die Nutzung vieler Medien und die permanente Präsenz in den medialen Kanälen ist nicht nur kostenintensiv, sondern ist auch mit hohen

Streuverlusten verbunden. Die Nutzung vieler Medien ergibt noch keine Garantie, dass die vom Unternehmen initiierte Botschaft von den Zielgruppen wahrgenommen wird und für die gewünschten Reaktionen sorgt. Diese Erkenntnis ist einfach nachzuvollziehen; sie wird in der Praxis oftmals falsch angewendet. Denn in der Praxis wird häufig über die Vielzahl der medialen Kanäle versucht, mit allen zur Verfügung stehenden Medien die Zielgruppen zu erreichen. Ziel sollte sein, dass bei der Nutzung unterschiedlicher Medien die Markenidentität nicht unterschiedlich dargestellt wird. Es muss gewährleistet sein, dass alle Medien konsequent die gleichen formalen und inhaltlichen Kriterien der Marke kommunizieren – von der Werbung bis zum Internet. Da das Unternehmen nicht nur über direkte Kommunikationswege zu den Zielgruppen verfügt, sondern die indirekten Ebenen weitaus vielfältiger sind, muss die Marke der grundlegende und wichtigste Botschaftsträger werden. Die Marke muss somit eigenständig für eine Botschaft stehen – und zwar losgelöst vom Unternehmen. Die Marke wird zum Botschafter des Unternehmens.

Ist die Marke zu einem Botschafter geworden, kann sie für sich allein bei der Zielgruppe kommunizieren. Auch hier fällt dem formalen Kriterium des Markennamens die wichtigste Rolle zu. Als Anker der Marke steht dieser für die Markenidentität und ist Auslöser für die Assoziationen bei den Zielgruppen. Und: Eine starke Markenidentität erhöht die Wahrscheinlichkeit, dass die Nennung des Markennamens beispielsweise bei einem Gespräch unter Freunden positive Assoziationen auslöst. Das Beispiel der Marke AEG verdeutlicht dieses Prinzip. Nur weil die Marke AEG über eine starke Markenidentität verfügt, kann sie losgelöst vom Unternehmen für sich stehen. Erst durch eine starke Markenidentität kann das erfolgreiche Prinzip der Lizenzvergabe umgesetzt werden. Die Marke AEG, nicht das Unternehmen, ist der Botschafter. Ein weiteres Beispiel für eine starke Markenidentität, die bei Zielgruppen positive Assoziationen auslöst, zeigt sich in sozialen Gruppen, wo es auf die Darstellung der Zugehörigkeit mittels Marken ankommt. Insbesondere trendgerechte Jugendmarken wie beispielsweise „Nike" oder „Adidas" vermitteln in diesen Gruppen positive Assoziationen. Die Identität der Marke wird von der Zielgruppe übernommen und verinnerlicht. Hat ein Unternehmen mit einer Marke erst diese Stellung erreicht, ist die Wahrscheinlichkeit für eine erfolgreiche Kommunikation groß. Doch wie muss die Markenidentität beschaffen sein? Wie drücken sich die Inhalte einer Markenidentität aus? Innerhalb des Kommunikationsprozesses ist es der Markenname, der zum wichtigsten formalen Element der Markenidentität wird. Der Markenname löst bei den Zielgruppen Assoziationen aus. Er ist für das Unternehmen wie auch für die Zielgruppen das entscheidende formale Element, das allein ausreicht, um die Marke zu repräsentieren. Die Aussage „ich trage Nike" oder „ich fahre Audi" reicht aus, um die mit den Marken verbundenen Assoziationen auszulösen. Da unsere Wahrnehmung stark durch visuelle Eindrücke geprägt wird, ist die Kombination des Markennamens mit dem Bild-Zeichen als Markierung die meistgenutzte Variante – so zum Beispiel beim Sponsoring:

Abbildung 50: Das Wort-Zeichen von Coca-Cola wird nur kurz gesehen (z. B. bei einer TV-Übertragung)[46]

Der Betrachter in einem Sportstadion oder beim Fernsehen wird nur für Sekunden mit der Markierung konfrontiert. Diese Zeitspanne reicht aus, um bestimmte Assoziationen bei den Zielgruppen auslösen zu können. Im ersten Schritt muss sichergestellt sein, dass die Markierung die Identifikations- und Differenzierungsfunktion erfüllt. Der Name „Bauhaus" an sich kann für viele Inhalte stehen. Geht es hier um das 1919 von Walter Gropius in Weimar gegründete Bauhaus, geht es um das gegenwärtige Bauhaus-Archiv in Berlin, oder geht es um die Heimwerkerkette mit dem gleichen Namen? Die Wiedererkennung der Markierung ist somit eine notwendige Voraussetzung für die richtige Zuordnung der Assoziationen. Dies sagt jedoch noch nichts über die Qualität der Assoziationen aus. Bei der Betrachtung der Markierung kann weitestgehend vorausgesetzt werden, dass die Heimwerkerkette einen hohen Bekanntheitsgrad hat; die direkte Zuordnung von Assoziationen also gegeben ist. Im zweiten Schritt muss das Unternehmen sicherstellen, dass die Markierung die Markenidentität in Form von positiven Assoziationen vermittelt. Die Markierung steht für sich allein da; sie wird nur kurz wahrgenommen und muss in dieser Zeit die Kommunikation zwischen Unternehmen und Zielgruppen übernehmen. Das ist nur mit einer starken Markenidentität möglich. Wie schwer dies ist, wird hier ebenfalls deutlich. Denn die unterschiedlichen Markierungen stehen im direkten Wettbewerb zueinander – so ist die Quantität der verschiedenen Markierungen bei einem Bundesliga-Fußballspiel groß und reicht von der Darstellung auf Werbebanden bis zu den Trikots der Spieler. Daher reicht es neben der Wiedererkennung, die als erste Hürde gesehen werden kann, nicht nur aus, die inhaltliche Verbindung beispielsweise zwischen der Marke „Bauhaus" und den Assoziationen „Heimwerkermarkt", „qualitativ hochwertig" und „preiswert" herzustellen, weil diese Assoziationen höchstwahrscheinlich auch von der konkurrie-

---

[46] Foto: Athletics Management & Services GmbH

renden Marke „Obi" beansprucht werden, die ebenfalls mit ihrer Markierung in Sportstadien gut vertreten ist. Die Frage, wie eine Markenidentität gestaltet sein muss, damit sie eine größtmögliche Erfolgswahrscheinlichkeit hat, hängt nicht von der direkten Assoziation zum Kerngeschäft wie beispielsweise „Heimwerkermarkt" ab. Dies reicht für eine Markenidentität nicht aus. Die Marke als Botschafter des Unternehmens muss neben prägnanten Inhalten auch über eine differenzierende Aussagekraft gegenüber anderen, konkurrierenden Marken verfügen. Erst dann können die Zielgruppen die Markenbotschaft verstehen, zuordnen und positiv umsetzen. Die Zielgruppen als Empfänger können nur mit einer prägnanten und differenzierenden Markenidentität die richtigen, vom Unternehmen initiierten Inhalte in Form von Assoziationen umsetzen. Die Frage ist, wie eine prägnante und differenzierende Markenidentität entwickelt werden kann. Welche Kriterien spielen eine Rolle und wie sehen Inhalte einer Markenidentität aus? Im Folgenden wird auf die Identität der Marke eingegangen.

5. Die Identität der Marke

Innerhalb des Kommunikationsprozesses wird die Marke selbst zu einem Botschafter; die Marke muss deshalb selbständig und losgelöst vom Unternehmen agieren können, da sie nicht immer unter dem direkten Einfluss des Unternehmens steht. Der Aufbau einer prägnanten Markenidentität ist somit die wichtigste Aufgabe eines Unternehmens; erst dann kann sichergestellt werden, dass der Kommunikationsprozess mit den Zielgruppen erfolgreich verläuft. Doch wie entsteht eine Markenidentität – aus welchen Elementen besteht sie?

Es ist deutlich geworden, dass sich die Markenidentität aus formalen und inhaltlichen Markenkriterien zusammensetzt. Die inhaltlichen Kriterien wurden bislang als Assoziationen der Zielgruppen beschrieben. Dies ist zum einen richtig, da alle Konsumenten grundsätzlich bestimmte Assoziationen mit einer Marke verbinden. Zum anderen reicht dies noch nicht aus – auf die Entstehung, auf die Struktur und auf die Umsetzung der Assoziationen in der Praxis muss näher eingegangen werden. Denn diese bilden die inhaltliche Ebene der Marke ab und sind verantwortlich für den Erfolg oder Misserfolg einer Marke.

5.1 Grundlagen der Markenidentität

Unbestritten ist, dass die Markenidentität das Fundament aller strategischen und operativen Markenentscheidungen bildet. Aus der Markenidentität können weitere Rückschlüsse für die Markenführung gezogen werden. Und aus der Markenidentität können je nach Situation und Zielsetzung Schritte für die Ableitung der Markenstrategie, des Markenwerts, der Markenpositionierung, des Markenimages sowie der Markenbotschaft geplant und umgesetzt werden. Alle diese Einzelmaßnahmen werden unter dem Begriff der Markenführung zusammengefasst.

Der Begriff der Markenpositionierung verdeutlicht die Stellung der Marke in Relation zu Wettbewerbsmarken. Die Markenbotschaft ergibt sich ebenfalls aus der Markenidentität und stellt die nach außen kommunizierten Inhalte der Marke dar. Markenidentität und Markenbotschaft beeinflussen sich gegenseitig, müssen aber nicht zwangsläufig übereinstimmen, da es durchaus sein kann, dass nur Teile der Markenidentität nach außen getragen werden sollen. Auf die Bereiche Markenstrategie und Markenwert wird explizit im vierten Abschnitt eingegangen; der Unterschied zwischen Markenimage und Markenidentität ist für die weitere Betrachtung entscheidend wird unter 5.3 erklärt. Davor werden weitere Grundlagen der Markenidentität erläutert.

Abbildung 51: Markenidentität als Basis von Markenstrategie, Markenpositionierung, Markenbotschaft, Markenwert und Markenimage

Der Begriff der Markenidentität ist nicht neu. Doch ein großes Problem bei der Markenthematik im Allgemeinen und beim Thema der Markenidentität im Speziellen ist die Verwendung von verschiedenen Umschreibungen. Diese reichen von sachlich-definitorischen Umschreibungen bis zu mehr oder weniger kreativen bzw. metaphorischen Schlagworten. Ein Blick in die Literatur verdeutlicht die Vielfalt.

Oft findet sich der Vergleich mit dem Menschen. Angefangen von Domizlaffs Äußerung „die Marke hat ein Gesicht wie ein Mensch"[47] bis zu Brandmeyers „genetischer Code"[48] existieren eine Vielzahl von Analogien zum Individuum, zur Persönlichkeit des Menschen. Positiv an dieser Analogie ist, dass sie verdeutlicht, dass die Marke eine eigene Identität hat. Negativ ist, dass der Mensch bereits komplex genug ist und somit nicht zur Vereinfachung oder zur Erklärung der Marke beitragen kann. Eine gute Analogie sollte ein Thema veranschaulichen und vereinfachen. Die Frage nach der Identität der Marke kommt beim Vergleich „Mensch gleich Marke" der Frage nach dem Sinn des Lebens gleich. Fazit: Die Analogie hat zwar ihren Reiz, trägt aber nicht zur Entflechtung bzw. zur Vereinfachung bei der Erklärung der Markenidentität bei. Bei den meisten Betrachtungen geht es um die Bestimmung der Eigenschaften, die eine Marke kennzeichnen. Bevor auf die Identitätsbildung eingegangen wird, sollten bisherige Sichtweisen zur Sprache kommen. Vielfach gibt es bereits direkte Untersuchungen zur Markenidentität, aber auch indirekte Umschreibungen, die auf eine Identitätsbildung zielen. Hierfür eignet sich eine Betrachtung von Beschreibungen der einer Marke zugeordneten charakteristischen Merkmale.

---

[47] vgl. Domizlaff 1982, S. 141
[48] vgl. Brandmeyer 2000/2001, S. 271

Klassische Definitionen, wie bereits bei Mellerowicz gesehen, gehen von Merkmalsbeschreibungen wie gleichbleibender Qualität oder Menge aus. Diese Form der Merkmalsbeschreibung ist zu einseitig und zu unflexibel, da sie zwar für viele Marken zutrifft, aber keine Notwendigkeit darstellt. Insbesondere bei Dienstleistungsmarken ist diese Merkmalsbeschreibung nicht zu gebrauchen. Vielfach wird bei einer Marke von einem Qualitätsversprechen ausgegangen. Die Frage, die sich stellt ist, was ein Versprechen ist und ob dies ein ausreichendes Merkmal für die Beschreibung einer Markenidentität sein kann. Interessant an dieser Aussage ist, dass ein Versprechen einen kommunikativen Hintergrund hat – ein Versprechen wird von jemandem an jemanden geleistet; dies setzt einen kommunikativen Prozess zwischen Sender und Empfänger voraus.

Abgeleitet von Merkmalsbeschreibungen, die die Qualität einer Marke ansprechen, finden sich darauf aufbauend Funktionen, die die Markenidentität ausmachen. Insbesondere mit der bereits angesprochenen und in der Literatur anerkannten Identifikationsfunktion ist konkret die Markenidentität gemeint. Die Identifikationsfunktion sagt jedoch nur aus, dass eine Marke eine Identität benötigt; sie sagt nichts über die Inhalte der Identität aus. Auch die bereits erwähnte Differenzierungsfunktion macht keine Aussage, welche Inhalte die Identität einer Marke prägen. Zu den weiteren Funktionen, die in der Literatur genannt werden, gehören u. a. die Garantie- bzw. die Sicherheitsfunktion, die eine Marke hat, und die das Vertrauen des Konsumenten in die Marke rechtfertigen und vor Enttäuschungen schützen soll. Auch diese Funktionen implizieren, dass die Markenidentität eine „funktionsorientierte" Botschaft vermittelt. Doch allein die Erkennung von Funktionen sagt noch nichts über die inhaltliche Ebene der Marke aus. Der Begriff des „Zusatznutzens" oder des „Mehrnutzens", den eine Marke erfüllen muss, ist eine vielgebrauchte Erklärung. So wird bei einem Produkt häufig zwischen Grund- und Zusatznutzen unterschieden. Der Grundnutzen betrifft die eigentliche, also die primäre Funktion des Produktes – beispielsweise bei einer Zahncreme das Säubern der Zähne. Der Zusatznutzen beschreibt alle anderen Nutzen, die über den Primärnutzen hinausgehen. Dies kann ein mit dem Produktkonsum verbundenes, einzigartiges Erlebnis sein. Hier stellt sich die Frage: Was ist ein „Erlebnis"? Lässt sich ein „Erlebnis" garantieren oder gar standardisieren, damit es immer im Zusammenhang mit der Marke funktioniert? Wohl kaum.

Die Markenidentität wird häufig über die Merkmale und Eigenschaften beschrieben. Zum einen ist es die Qualität des Produktes; zum anderen ist es das ästhetische Design, das die Identität einer Marke ausmacht. Diese Merkmale und Eigenschaften lassen sich in zwei Gruppen – nach marketingorientierten und nach psychologisch orientierten Eigenschaften – einteilen.

a) Marketingorientierte Merkmale einer Marke

Hierzu zählen alle Merkmale, die ihren Ursprung in der Produkt-, der Distributions- oder der Preis-Politik – also im Marketing-Mix – haben. Dies können technische Qualitäten eines Produktes sein wie eine spezielle Zusammensetzung in Form einer kalorienreduzierten Margarine (siehe „Du darfst"). Es können vertriebsrelevante Faktoren sein, die beispielsweise garantieren, dass die bestellte Ware innerhalb von 24 Stunden geliefert wird (z. B. „Otto-Versand"). Es können preisrelevante Faktoren sein. Entscheidend ist, dass bestimmte Eigenschaften der Leistung (Produkt- bzw. Dienstleistung) wichtiger sind als andere und sich von alltäglichen Eigenschaften abheben. Diese besonderen Eigenschaften müssen sich zudem von den Eigenschaften konkurrierender Produkte unterscheiden. Sind diese Voraussetzung gegeben, steht dem Aufbau einer Markenidentität nichts entgegen.

b) Psychologisch orientierte Merkmale einer Marke

Zu den marketingrelevanten Merkmalen, die technisch nachvollziehbar und objektiv wahrnehmbar sind, kommen die psychologisch orientierten Eigenschaften, die subjektiver Natur sind. Diese subjektiven Eigenschaften treten dann in Kraft, wenn das Produkt über keine differenzierenden Eigenschaften verfügt – insbesondere bei sogenannten „me-too-Produkten" – also Produkten, die sich produkttechnisch nicht vom Wettbewerb unterscheiden wie beispielsweise Schokoladenriegel oder Zigaretten. Diese Produkte ähneln sich mehr oder weniger in der qualitativen Zusammensetzung, im Vertriebsweg sowie in der Preisgestaltung – eine Differenzierung gegenüber dem Wettbewerb ist über objektiv wahrnehmbare Faktoren nicht möglich. Trotz dieses scheinbaren Mankos kann über Kriterien, wie Design oder Werbung eine eigene und differenzierende Botschaft übermittelt werden. Die Marke „Marlboro" hat dies über eine konsequente und langfristige Werbung geschafft.

Für die Identität einer Marke werden häufig Kombinationen von marketingrelevanten und psychologisch orientierten Merkmalen verwendet. Ebenso können – wie in Teil 1 festgestellt – auch formale Kriterien zur Identität beitragen. Doch wie kann die Vielfalt der Eigenschaften – von der technischen Qualität bis zur charakteristischen Farbe – zusammengefasst werden? Um die Identitätsbildung einer Marke zu beschreiben, ist es nicht ausreichend, alle möglichen Merkmale der Marke aufzuzählen – die Quantität aller möglichen Eigenschaften lässt keine übergreifende und damit befriedigende Strukturierung zu. Wie bereits festgestellt, ist die Marke zu heterogen; jede Marke muss daher individuell betrachtet werden. Trotz des individuellen Charakters der Marke muss ein übergreifendes Prinzip gefunden werden, das die Identitätsbildung der Marke zum einen allgemein umfasst und gleichzeitig konkret und praxisgerecht umschreibt.

Hier hilft das Kommunikationsmodell als ganzheitlicher Ansatz weiter. Innerhalb des Kommunikationsprozesses ist die Marke zwischen Unternehmen und Zielgruppen Botschaft und Medium. Die Botschaft besteht aus Zeichen. Zeichen vermitteln Bedeutungen. Wirtschaftsorientierte Kommunikation wurde hier als Bedeutungsvermittlung zwischen Sender und Empfänger definiert. In diesem Sinne geht es um Bedeutungen. Da die Markenbotschaft aus der Markenidentität entsteht, wird die Markenidentität durch Bedeutungen charakterisiert. Bislang wurde bei der Betrachtung der inhaltlichen Ebene der Marke von Assoziationen gesprochen. Tatsache ist zwar, dass bei den Zielgruppen mit der Marke Assoziationen verbunden werden; Assoziationen sind jedoch nur eine Sammlung von möglichen Inhalten. Was fehlt, ist eine qualitative Einschätzung der Assoziationen. So kommt es nicht nur darauf an, Assoziationen zu einer Marke zu erfassen, sondern sie zu werten und auch in Relation zueinander zu betrachten. Es gilt also herauszufinden, welche Assoziationen mehr von „Bedeutung" sind als andere.

Der Bedeutungsbegriff hat den Vorteil, dass er alle Assoziation zu einer Marke – egal ob objektiver oder subjektiver Natur – zusammenfasst und verdeutlicht, dass eine bestimmte Eigenschaft der Marke eine bestimmte Bedeutung hat bzw. „bedeutend" ist. Eigenschaften einer Marke wie Zusammensetzung, Qualität, Preis, Vertriebsweg, Name, Bild-Zeichen, Farbe, Design oder andere Faktoren können allesamt für die Marke relevant sein. Eine Erfassung von Assoziationen und die daraus abgeleitete Bedeutungsanalyse haben den Vorteil, dass alle diese Eigenschaften gleichberechtigt betrachtet werden können. Für die Identität einer Marke ist es unerheblich, ob eine objektive Eigenschaft, wie die Zusammensetzung eines Produktes oder eine subjektive Eigenschaft wie eine charakteristische Farbe „bedeutend" ist. Alles kann somit eine Bedeutung für die Marke erhalten. Tatsache ist ebenfalls, dass der Bedeutungsbegriff den Prozesscharakter der Marke verdeutlicht; Bedeutung kann nur im Zusammenhang mit jemandem entstehen, der die Bedeutung erkennt und akzeptiert – in diesem Fall der Empfänger. Der Bedeutungsbegriff ist somit für die Bestimmung der Markenidentität prädestiniert.[49] Die Markenidentität ist die Summe aller wichtigen Bedeutungen, die mit der Marke verbunden werden. In der neueren Literatur finden sich inzwischen auch einige Hinweise auf die Rolle der Bedeutung für die Marke. Insbesondere der Zusammenhang, dass die Marke ein Zeichen ist und diese Bedeutungen vermitteln, hat an Relevanz gewonnen.[50]

Da in Bezug auf die Markenidentität häufig auch der Imagebegriff fällt, ist es wichtig, auf diesen Aspekt einzugehen und diesen Irrtum aufzuklären. Denn das Image einer Marke ist nicht mit der Identität einer Marke zu verwechseln.

5.2 Marke und Image

Die am häufigsten verwendeten Verfahren zur Analyse von Marken sind Imageuntersuchungen. Marktforschungsinstitute sowie auf Markenentwicklungen spezialisierte Beratungs- und Designunternehmen – wie beispielsweise Unternehmensberatungen und Werbeagenturen – untersuchen primär die Images von Marken. Aus Imageunter-

---

[49] vgl. Adjouri 1993, S. 226
[50] vgl. Mollerup 1999, S. 88

suchungen werden teilweise Rückschlüsse auf Markenidentitäten abgeleitet oder sogar Markenidentitäten definiert. Dies ist falsch. Das Image einer Marke ist nicht gleichzusetzen mit der Identität einer Marke. Sie hängen miteinander zusammen, sind aber nicht identisch. Wo ist der Unterschied, und welche Konsequenzen sind für die Analysen von Marken zu ziehen?

Der Begriff „Image" erfährt in der Praxis eine inflationäre Verwendung; kein Kommunikationskonzept oder keine Markenstrategie scheint ohne den Imagebegriff auszukommen. Er wird für alles verwendet, was mit der Marke zusammenhängt und eine Reaktion beim Konsumenten hervorruft. Egal, ob Motivationen, Emotionen, Einstellungen oder Aspekte der Wahrnehmung, der Begriff Image scheint für alles zu stehen und vieles zu subsumieren. Eine kritische Auseinandersetzung mit dem Imagebegriff ist daher notwendig – insbesondere, wenn dieser von erfahrenen Markenpraktikern kritisiert wird. „Zukunftsfähige Marken brauchen kein Image, sondern eine Botschaft. Der Grund: Ein Image ist passiv und bewegt sich nicht. Obendrein vermittelt es verschiedenen Leuten verschiedene Signale," so Nicolas G. Hayek, der Erfinder der Swatch-Uhr und des Mini-Autos Smart, sowie verantwortlich für 17 Uhrenmarken.[51] Ist das Image wirklich die einzig richtige Möglichkeit, die Marke ganzheitlich zu beschreiben? Die Antwort ist nein.

In der Praxis finden sich zwei folgenschwere Irrtümer: Zum einen wird mit dem Imagebegriff alles verbunden, was mit der Marke zusammenhängt – von Vorstellungsbildern über affektive bis zu kognitiven Kriterien. Auch werden die Begriffe „Markenimage" und „Markenpersönlichkeit" oft synonym verwendet.[52] Der Einsatz des Imagebegriffs ist zu vielfältig; seine Omnipräsenz verhindert zudem eine sachliche Auseinandersetzung mit dem Thema. Eine differenzierte Sicht ist daher notwendig; es gilt, den Imageansatz zu hinterfragen. Zum anderen wird vom Markenimage gesprochen, was bedeutet, dass die Marke ein Image hat. Dies ist ebenfalls falsch. Denn nicht die Marke hat ein Image, sondern der Konsument hat ein Image von der Marke. „Images sind passiv", schreibt Hayek und meint, dass Images nicht von der Marke ausgehen, sondern durch die Botschaft der Marke beim Konsumenten entstehen. In diesem Sinn spricht Dingler beim Image auch von einem „Akzeptanzkonzept des Verbrauchers", womit gemeint ist, dass Konsumenten die Impulse der Marke dekodieren müssen und sich erst daraus ein Image bildet.[53] Das Image ist somit bereits eine individuelle und subjektive Reaktion des Konsumenten. „Images sind die Folge eines Bewertungsprozesses aufgrund von gespeicherten Gedächtnisinhalten."[54] Die Markenidentität ist aktiv – das Image ist passiv. Dieser Unterschied ist für das Verständnis der Marke elementar. Festzuhalten bleibt, dass das Image nicht marken-, sondern konsumentenbezogen und damit subjektiv ist. Auf diesen Aspekt wird noch näher eingegangen. Wie wird das Image in der theoretischen Auseinandersetzung beschrieben?

---

[51] vgl. Hayek 2001, S. 24
[52] vgl. Kossuth-Wolkenstein 2000, S. 21
[53] vgl. Dingler 1997, S. 46
[54] vgl. Sommer 1998, S. 149

Auch hier zeigt sich, dass nicht die Marke ein Image hat, sondern der Konsument hat ein Image von der Marke. Das Image einer Marke ist auf das Individuum zurückzuführen – so die Theorie.[55] Jedes Individuum hat bestimmte Einstellungen zu einer Marke. Die Zurückverfolgung eines Images auf ein Individuum bedeutet aber, dass erst die Summe von individuellen, also persönlichen Images die Marke ganzheitlich beschreiben könnten. Dies kann jedoch nur dann erfüllt werden, wenn die Zielgruppen homogen, also einheitlich sind. Dies ist in der Praxis selten der Fall; eine Marke wie Marlboro wird von Frauen und Männern, von Jungen und Alten, von verschiedenen sozialen Gruppen und von Menschen mit verschiedenen Einstellungen konsumiert. Unterschiedlichste, subjektive Einstellungen sind somit nicht geeignet, zu einer gemeinsamen Identität zu finden. Um hier zu einer einheitlichen Aussage, also zu einem Konsens über die Markenidentität zu kommen, würde hierfür ausschließlich das entsprechende Zielgruppensegment der Marke in Betracht gezogen werden können – also die Summe der Images dieser Zielgruppe. Die Frage, die sich stellt ist, ob Zielgruppen sich überhaupt über analoge Images charakterisieren lassen bzw. ob dies sinnvoll ist? Dies würde bedeuten, dass ein anderes Zielgruppensegment eventuell ein anderes Image hätte. Die Konsequenz wäre, dass jedes Zielgruppensegment ein eigenes Image über die Marke hätte – die Marke also durch verschiedene Images charakterisiert werden würde. Dies wäre für die Bestimmung einer Markenidentität unlogisch und daher nicht richtig. Die Marke hat eine Identität: Daraus kann sie für verschiedene Zielgruppensegmente unterschiedliche Schwerpunkte der Markenidentität kommunizieren. Aus einer Identität entstehen unterschiedliche, charakteristische Images der jeweiligen Zielgruppe.

Daher muss die Analyse der Markenidentität weg von der Subjektivität eines Zielgruppensegments, weg vom Individuum und hin zu einer objektiveren, neutralen Sichtweise – also hin zur Marke als eigenständigem Element zwischen Unternehmen und Sender. Das Fazit: Die Identität der Marke ist ein selbstständiger Faktor und begründet sich nicht allein auf subjektive Images von Zielgruppensegmenten. Trotzdem haben Images für die Betrachtung einer Marke eine Relevanz, da sie die Einstellungen von Zielgruppensegmenten wiedergeben. Bevor auf die Frage eingegangen wird, wie „Bedeutung" und „Image" zusammenhängen, wird der Ursprung des Imageansatzes verdeutlicht. Daraus sind entscheidende Erkenntnisse für die weitere Betrachtung sowie für den Bedeutungsansatz zu erfahren.

Der Ursprung für den Imageansatz liegt im Jahr 1922 und zwar nicht im Bereich der Verbraucherverhaltensforschung, sondern in einer Veröffentlichung des Journalisten W. Lippmann auf dem Gebiet der politischen Einstellungen. „Lippmann weist darauf hin, dass das menschliche Verhalten nicht zu verstehen sei, so lange man nicht das Denken und Wissen der betreffenden Personen kenne."[56] Dichter meint, den Imagebegriff 1939 als erster in Zusammenhang mit einem Produkt, der Marke „Ivory" von Procter & Gamble, verwendet zu haben.[57]

---

[55] vgl. Johannsen 1971, S. 35
[56] vgl. Ruppel 1965, S. 8
[57] vgl. Dichter 1961, S. 36

Der Image-Gedanke wurde von Gardner und Levy auf dem Forschungsstag des Social Research, Inc., Chicago aufgenommen und auf das Konsumentenverhalten übertragen. Nicht die objektiven Eigenschaften eines Produktes standen im Mittelpunkt des Interesses, sondern die gesamten Vorstellungen, Empfindungen und Einstellungen gegenüber einem Produkt. Dieses Gesamtbild wurde von Gardner und Levy als Image bezeichnet.[58] David Ogilvy, legendärer Gründer der Werbeagentur Ogilvy & Mather, soll den von Gardner und Levy entwickelten Imagebegriff aufgegriffen haben, um während eines Arbeitsessens der Vereinigung der amerikanischen Werbeagenturen (AAAA) 1955 in Chicago auf dessen Relevanz hinzuweisen.

Sowohl in der Vergangenheit als auch in der Gegenwart wird der Imagebegriff als heterogene Einstellung bzw. als „Gesamtheit der Einstellungen" verstanden.[59] Einstellungen können jedoch nicht direkt beobachtet oder gemessen werden. Erst über die Reaktionen eines Individuums, so nimmt die Wissenschaft an, kann auf deren Einstellungen ein Rückschluss gezogen werden. „Weil der Zugang zu Einstellungen nur indirekt – über „theoretische Brücken" – möglich ist, ist die Messung von Einstellungen schwierig."[60] Einstellungsmessungen werden entweder auf psychobiologischer Ebene, durch Verhaltensbeobachtung oder durch subjektive Erfahrungen vorgenommen. Bei den subjektiven Erfahrungsuntersuchungen werden in erster Linie Befragungen und Interviews durchgeführt. Insbesondere Rating-Skalen, auf denen offen nach einer Produkt-Einschätzung – sehr schlecht bis sehr gut – gefragt wird, werden hierbei herangezogen. Images sind somit Bewertungen des Konsumenten, die gegenüber einem Objekt gezeigt werden. Image und Konsument bilden eine Einheit. So schreibt Ruppel: „Auf die subjektive Beziehung zwischen dem Konsumenten und der Ware kommt es an. Das Warenbild setzt sich aus der Gesamtheit der Vorstellungen, Gefühle, Einstellungen und Werte zusammen."[61] Auch der moderne Imageansatz betrachtet das Image eines Gegenstandes als „mehrdimensionale und ganzheitliche Grundlage der Einstellung einer Zielgruppe."[62] Hierbei besteht das Image aus mehr oder weniger wertenden Eindrücken zu einer Marke, die ein Bild der jeweiligen Zielgruppe ergeben.

Im Gegensatz zu Stereotypen ist das Image individueller Natur. Stereotypen sind gesellschaftlich relevant; Images können Einzelpersonen zugemessen werden; sie sind somit subjektiv.[63] Images sind gleichzeitig Reflektionen gegenüber einem Objekt wie auch gegenüber einer Marke. Sie geben Auskunft darüber, wie die Zielgruppe die Marke empfindet und sind damit ein wichtiger Indikator für die Markenforschung. „Jener Informationskomplex nun, den er seinen Kaufentscheidungen zugrunde legt und in dem die Subjektivität der individuellen Erfahrungen und Erwartungen zum Ausdruck kommt, soll Image genannt werden."[64] Entscheidend ist hierbei die Subjektivität der individu-

---

[58] vgl. Gardner, Levy 1955, S. 33
[59] vgl. Ruppel 1965, S. 13
[60] vgl. Kirchler 1999, S. 176
[61] vgl. Ruppel 1965, S. 10
[62] vgl. Trommsdorff 1998, S. 152
[63] vgl. Trommsdorff 1998, S. 152
[64] vgl. Heidemann 1969, S. 4

ellen Erfahrungen und Erwartungen. Da der Imageansatz seinen größten Schub in den 50er und 60er Jahren erfahren hat, kann die Relevanz des Ansatzes durchaus nachvollzogen werden.[65] Märkte und Zielgruppen waren zwanzig Jahre nach der Gründung der Bundesrepublik und damit der sozialen Marktwirtschaft noch relativ homogen. Es konnte angenommen werden, dass subjektive Einstellungen gegenüber Marken dem zur Folge ebenfalls homogen waren. Heute ist die Situation anders; kein ernstzunehmender Praktiker spricht heute von homogenen Zielgruppen. Seit den 70er Jahren hat sich die Diversifikation von Zielgruppen beschleunigt. Kaum eine Konsumgütermarke kann heutzutage von einer homogenen Zielgruppe sprechen. Im Gegenteil: Heterogenität und die Aufteilung in Zielgruppensegmente erschweren die konkrete, zielgruppengerichtete Hinführung der Marke zum Konsumenten. Konsumenten leben heutzutage verschiedene Lebensstile – Bruhn spricht hierbei vom „hybriden Konsumenten".[66] Das Marketing hat diese Problematik in Bezug auf die Zielgruppe erkannt. „Da ist vom gespaltenen Konsumenten die Rede, vom hybriden, multioptionalen, situativen, ja sogar fraktalen, schizophrenen, konfusen oder multiphrenen Konsum."[67] Dies bedeutet gleichzeitig, dass von keinem homogenen Image gesprochen werden kann, wenn unterschiedliche Zielgruppensegmente befragt werden, sondern von verschiedenen Images der jeweiligen Zielgruppensegmente. Dies bedeutet: Wenn das Image einer Marke mit der Subjektivität des Individuums zusammenhängt, kann das Image die Identität einer Marke nicht wiedergeben. Dies widerspricht dem Identitätsbegriff, der davon ausgeht, dass erst durch eine konsequente formale und inhaltliche Erscheinung, also eine Kongruenz zwischen Aussage und Verhalten, eine Identität aufgebaut wird. Ein Beispiel soll dies konkretisieren.

Eine Marke, wie die des Luxus-Uhrenherstellers „Rolex" wird von verschiedenen Personenkreisen unterschiedlich gesehen; die Einstellungen zu der Marke sind verschieden. So gibt es neben vielen positiven Einstellungen auch negative Einstellungen. Wenn eine Marke wie Rolex bei verschiedenen Zielgruppensegmenten jedoch über unterschiedliche oder sogar gegensätzliche Images verfügt, bedeutet dies nicht, dass die Markenidentität bei den Zielgruppensegmenten verschieden bzw. gegensätzlich ist.

Nun wäre zu behaupten, dass die Empfänger, die negative Einstellungen zu der jeweiligen Marke haben, gar nicht zur Zielgruppe gehören – also dementsprechend für die Markenführung nicht beachtet werden müssen. Dieser Gedanke scheint nur auf den ersten Blick richtig zu sein, denn wie Zielgruppenuntersuchungen zeigen sind die Grenzen der einzelnen Zielgruppensegmente fließend. Konsumenten und Zielgruppen verändern sich, weil sich die Einstellungen der Verbraucher verändern. Ein Mensch, der als Student gegen die Globalisierung demonstriert, kann zehn Jahre später durchaus einen Mercedes-Benz fahren. Nicht seine Identität hat sich radikal verändert, sondern seine Einstellungen (zwar hat sich auch die Identität weiterentwickelt, also auch verändert, jedoch nicht in dem Maße wie die Einstellungen, wo „negativ" zu „positiv"

---

[65] vgl. Ruppel 1965, S. 1
[66] vgl. Bruhn 2001, S. 26
[67] vgl. Christoph 1999, S. 63

wurde). Es kann also geschehen, dass Konsumenten aus einem Zielgruppensegment mit einem eher negativen Image sich dazu entschließen, nach einer gewissen Zeit eine luxuriöse Uhr der Marke „Rolex" zu erwerben. Dies bedeutet: Einstellungen lassen sich ändern. Dies bedeutet aber gleichzeitig, dass um eine Imageänderung herbeizuführen, es eine Art „positiven Grundkonsens" in Bezug auf die Marke gegeben haben muss. In dem Fall der Marke „Rolex" bedeutet dies, dass der potentielle Konsument trotz des eher negativen Images gegenüber der Uhr, von vornherein bewusst oder unbewusst von einigen Inhalten der Marke Rolex überzeugt gewesen sein muss. Dieses Prinzip lässt sich auf alle Marken mit einer starken und prägnanten Identität übertragen.

Images sind modifizierbar; sie sind dynamisch. Images und Bedeutungen hängen zusammen. So können aus zielgruppenübergreifenden Images, die über einen größeren Zeitraum konstant sind, Bedeutungen für die Markenidentität stehen. So schreibt Johannsen, dass das Image „ein komplexes, anfänglich mehr dynamisches, im Laufe seiner Entwicklung sich (stereotyp) verfestigendes und mehr und mehr zur Stabilität neigendes, aber immer beeinflussbares mehrdimensionales System" ist.[68] Wenn sich das Image über einen Zeitraum verändern kann bzw. dynamisch ist, ist klar, dass der Imageansatz für die langfristige Ausrichtung der Marke nicht der richtige Erklärungsansatz ist. Subjektivität der Einstellungen, die auf ein Individuum zurückzuführen sind, können nicht für eine homogene Markenidentität stehen.

Es wird ersichtlich, dass sich der Imagebegriff im Laufe seiner Entwicklung gewandelt hat. In den 20er Jahren des letzten Jahrhunderts entwickelt, erhielt er Mitte der 50er Jahre einen gewaltigen Schub und damit eine globale Prominenz. Seit mehr als vierzig Jahren dient er nunmehr als Synonym für alle wirkungsauslösenden Merkmale der Marke. Die Märkte und damit die Konsumenten haben sich in dieser Zeit ebenfalls verändert. Konsumententypologien der 60er Jahre sind mit heutigen nicht mehr vergleichbar. Natürlich hat sich auch die Imageforschung weiterentwickelt. Das Grundprinzip der subjektiven, heterogenen Einstellungen, die auf ein Individuum zurückgeführt werden können, ist geblieben. Bei Konsumenten, die sich schwer in Zielgruppen typologisieren lassen, ist es nicht möglich, über ihre Einstellungen direkt auf die Marke zu schließen. Daraus lässt sich ableiten, dass der Imageansatz durchaus seine Relevanz hat; aber nur wenn es darum geht, die Einstellungen zur Marke zu erfassen. Die Abhängigkeit von der Subjektivität des Konsumenten bedeutet gleichzeitig, dass dies nicht der entscheidende Faktor für die Analyse der Markenidentität sein kann. Die Markenidentität wird zwar von den Reaktionen der Zielgruppen stark beeinflusst, jedoch hat das Unternehmen hier ebenfalls einen entscheidenden Einfluss. Das Unternehmen kann – wie wir in Teil 1 gesehen haben – allein über die formalen Markenkriterien entscheidend die Markenidentität beeinflussen. Die Initiative, ob Strom „gelb" (wie bei der Marke „Yello") oder ob eine Kuh „lila" ist (wie bei der Marke „Milka"), kommt vom Unternehmen. Natürlich müssen die Zielgruppen dies akzeptieren und positiv aufnehmen. Daher entsteht die Markenidentität aus dem Wechselspiel zwischen Unternehmen und Zielgruppen – zwischen Sender und Empfänger.

---

[68] vgl. Johannsen 1971, S. 35

In diesem Sinn muss die Markenidentität innerhalb des ganzheitlichen Kommunikationsprozesses wertfrei analysiert werden; sie kann und darf nicht nur über ein bestimmtes Zielgruppensegment erfasst werden. Um die Markenidentität festzustellen, müssen nicht nur alle Konsumenten einbezogen werden, sondern auch das Unternehmen, da beide zusammen maßgebliche Kriterien der Identität festlegen und bestimmen. Für die Markenidentität bleibt bezüglich des Images Folgendes festzuhalten:

– Images sind komplexe subjektive Einstellungen des Konsumenten. Aus der Subjektivität lassen sich keine objektiven Rückschlüsse auf die Identität der Marke ableiten.

– Images sind von der Zusammensetzung der Zielgruppe abhängig. Je heterogener eine Zielgruppe ist, desto weniger aussagefähig sind die gewonnenen Images. Die Identität einer Marke ist zielgruppenübergreifend. Sie spricht sogar Bevölkerungskreise an, die nicht zur Zielgruppe gerechnet werden.

– Einstellungen lassen sich schwer messen. Daher eignen sich Images weniger für Aussagen über die Markenidentität.

– Images unterliegen Wandlungen; sie sind nicht stabil. Die Markenidentität ist naturgemäß stabiler und langfristiger. Marken überdauern u. a. aus diesem Grund Krisen.

– Images sind für die Identität der Marke nicht elementar; sie entstehen beim Konsumenten und sind daher für die Identität der Marke nicht entscheidend. Trotz der Kritik haben Images einen hohen Aussagewert über die Einstellungen der einzelnen Zielgruppensegmente. Die Markenidentität wird von anderen Faktoren bestimmt, die objektiv, wertneutraler und stabiler sind. Die Markenidentität besteht aus Bedeutungen.

Im Folgenden wird auf den Bedeutungsbegriff eingegangen und somit die Basis für die Bestimmung der Markenidentität gelegt. Da Bedeutungen und Images miteinander zusammenhängen können, wird diese Beziehung ebenfalls konkreter verdeutlicht.

5.3 Marke und Bedeutung

Nichts ist für die Ewigkeit – auch eine Marke nicht. Wenn hier der Anspruch einer stabilen Markenidentität erhoben wird, ist damit eine formale und inhaltliche Konstanz bei der Marke über einen längeren Zeitraum gemeint. Im Gegensatz zu Images sind Bedeutungen stabil; sie stellen die Konstanten der Markenidentität dar. „Entscheidend für die Wahrnehmung der Marke durch den Verbraucher ist der Bedeutungsinhalt."[69] Doch wie entstehen Bedeutungen, und wie können diese ermittelt werden?

Bedeutungen entstehen immer durch eine Relation von Zeichen. Dies ist die semiotische Erklärung. In der Marken-Praxis bedeutet das, dass sich diese Bedeutungsrelation zwischen verschiedenen Kriterien abspielen kann – so beispielsweise zwischen „Produkt und Markenname", zwischen „Name und Farbe", zwischen „Preis und Qualitätsanmutung" oder auch zwischen zwei oder mehreren Assoziationen zu einer Marke. Es spielt keine Rolle, ob diese Kriterien formaler oder inhaltlicher Art sind. Es spielt keine Rolle, ob diese mehr marketing- oder psychologisch orientiert sind. Die Bedeutungsrelation muss also immer mindestens zwei Kriterien berücksichtigen, die in eine Beziehung zueinander gebracht werden, aus der eine Bedeutung interpretiert werden kann. Zur Verdeutlichung wird kurz auf die Herkunft des Bedeutungsbegriffs eingegangen.

Der Bedeutungsbegriff weist unterschiedliche Ursprünge und damit verschiedene Erklärungsansätze auf. Die Wichtigsten sind u. a. die Psychologie, die Linguistik, die Philosophie und die Semiotik. Dass die Frage nach der „Bedeutung" seit jeher wichtig war, zeigt die Tatsache, dass bereits in der Antike über dieses Phänomen nachgedacht wurde.[70] Da die Marke Teil eines Kommunikationsprozesses ist, eignet sich für die Betrachtung des Bedeutungsbegriffes eine interdisziplinäre semiotisch-psychologische Analyse. Beide Disziplinen, Semiotik und Psychologie – insbesondere die Kognitionspsychologie, ergänzen sich bei der Betrachtung des Bedeutungsbegriffs. Da zum einen die Einbindung in einen ganzheitlichen Erklärungsansatz gegeben und zum anderen ein direkter Praxisbezug gewährleistet ist – Bedeutungsbildung für die Marke basiert auf der Verwendung von Zeichen beispielsweise in Form von Worten – sind beide Disziplinen für die Markenführung prädestiniert. Und: Die praxisorientierte Semiotik bildet die Grundlage von allen formalen Markenkriterien. Aus semiotischer Sicht betrachtet, ist festzustellen, dass Bedeutungen immer aus einer Relation von mindestens zwei Ebenen entstehen. Die bipolare Relation geht von einer Ausdrucks- und einer Inhaltsebene aus, die eine Einheit bilden. Auf die Marke übertragen bedeutet dies, dass die Ausdrucksebene über alle wahrnehmbaren Elemente – also u. a. über die formalen Markenkriterien beschrieben wird; die Inhaltsebene besteht aus allen Assoziationen, die zur Marke auftauchen. Die Marke kann somit als bipolare Relation dargestellt werden – jedoch eingebunden in den Kommunikationsprozess zwischen Unternehmen und Zielgruppen. Die Relation zwischen inhaltlicher Ebene und formalen Kriterien wird von der Zielgruppe wahrgenommen und interpretiert – daraus entsteht die Bedeutung. Ist diese Bedeutung prägnant, für die Zielgruppe nachvollziehbar und gegenüber dem Wettbewerb ausreichend differenzierend, bildet sie die Grundlage für die Markenidentität. Die Bedeutungsrelation der Marke entsteht nicht aus dem Nichts, sondern wird vom Unternehmen aktiv gestaltet. Die folgende Abbildung zeigt, dass die inhaltliche Ebene und die formalen Kriterien innerhalb dieser Bedeutungsrelation vom

---

[69] vgl. Sommer 1998, S. 47
[70] vgl. Smith 1997, S. 15

Unternehmen gestaltet und im Wechselspiel mit den Zielgruppen entwickelt werden – also Teil eines aktiven und zielorientierten Kommunikationsprozesses sind.

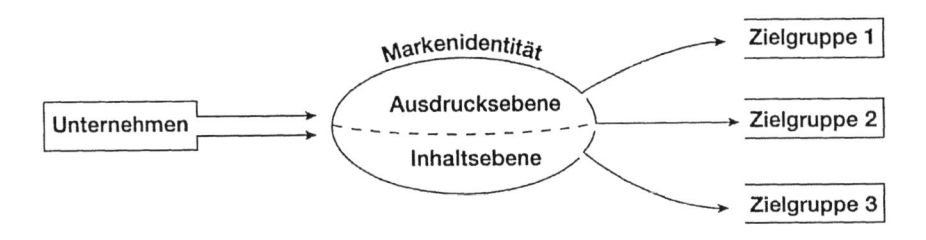

Abbildung 52: Die Markenidentität im Kommunikationsprozess mit verschiedenen Zielgruppen

Bei einer generellen Betrachtung ist für die Bedeutungsbildung unerheblich, was die inhaltliche Ebene konkret ausmacht bzw. welche Kriterien eines Produktes oder einer Dienstleistung kommuniziert werden. Es müssen also nicht unbedingt marketingorientierte Faktoren wie die technische Zusammensetzung, die Preisgestaltung oder eine distributionspolitische Besonderheit bedeutungsbildende Kriterien sein. Entscheidend ist, dass die inhaltliche Ebene in eine für die Zielgruppen nachvollziehbare Relation zu den formalen Kriterien gebracht wird.

Aus den Praxisbeispielen im ersten Teil ist zu ersehen, dass die meisten formalen Kriterien visueller Natur sind. Obwohl visuelle Kriterien für die Wahrnehmung wichtig sind, haben verbale Kriterien eine grundlegendere Relevanz. Denn: Die Voraussetzung für eine Markierung ist der Name. Und Namen bestehen aus Worten. Kein Bild, keine Farbe, kein Design kann den Namen ersetzen. Jedoch kann aber eine Farbe oder ein Bild-Zeichen durch Worte beschrieben werden. So kann beispielsweise die Markenfarbe der Telekom spezifisch und korrekt mit „Magenta" beschrieben werden, aber auch mit Umschreibungen wie „pink", oder „rosa". Auch ein Bild-Zeichen kann mit Worten beschrieben werden – so beispielsweise die „Vier Ringe" der Marke Audi. Worte stellen demnach auf der einen Seite die Basis für alle formalen Kriterien der Marke dar. Auf der anderen Seite können alle inhaltlichen Kriterien der Markenidentität ebenfalls mit Worten beschrieben werden. Fazit: Worte sind nicht nur das wichtigste formale und inhaltliche Kriterium der Marke – Worte stellen auch rein technisch die Verbindung zwischen der formalen und der inhaltlichen Ebene der Marke dar. Worte sind das optimale Mittel, um Assoziationen zu erfassen und damit die Bedeutungsbildung sowie die Markenidentität einer Marke zu beschreiben.

Nachdem die semiotische Seite der Bedeutungsbildung verdeutlicht wurde, bleibt festzustellen, wie die Zielgruppen in diesen Prozess eingebunden werden können. Da es nicht um die Erfassung von subjektiven Einstellungen geht, ist es für die Markenidentität entscheidend zu sehen, welche Inhalte mit der Marke verbunden werden. Auf der unternehmerischen Seite ist der Rahmen des direkten Einflusses klar begrenzt. Das Unternehmen formuliert Ziele, definiert Zielgruppen, entwickelt Strategien und operative Maßnahmen – sowie auch die formalen Markenkriterien. Bei den Empfängern existiert eine unendliche Vielfalt an möglichen Reaktionen – von der Nicht-Wahrnehmung bis zum Konsum. Alle Empfänger innerhalb dieses Kommunikationsprozesses verfügen jedoch über Assoziationen zur Marke – vorausgesetzt die Marke ist bekannt. Mit Hilfe von Assoziationen können Marken beschrieben werden. Assoziationen bilden somit den ersten Schritt, um die Inhalte der Markenidentität zu erfassen. Der zweite Schritt betrifft die Frage, wie aus Assoziationen Bedeutungen entstehen. Im Folgenden wird kurz auf die psychologische Seite des Bedeutungsbegriffs eingegangen.

Der Fokus bei vielen, insbesondere älteren psychologischen Ansätzen liegt auf dem Verhalten des Konsumenten. Zwischen der Wahrnehmung und dem Konsum einer Marke liegt jedoch ein langer Weg, für den die Psychologie keinen eindeutigen und zufriedenstellenden Erklärungsansatz hat. Für die Erfassung der Markenidentität ist dieser auch nicht nötig. Wie bei der Untersuchung des Imagebegriffs deutlich wurde, ist die Einstellung von Individuen oder von einzelnen Zielgruppensegmenten nicht ausschlaggebend für die Markenidentität. Dies gilt auch für das Konsumentenverhalten, das ebenfalls individuell und subjektiv betrachtet werden muss. Die Markenidentität setzt sich aus zielgruppenübergreifenden Inhalten zusammen; daher ist eine Erfassung von zielgruppenübergreifenden Assoziationen der richtige Weg. Zwangsläufig hängen Markenidentität und das Konsumverhalten eines Individuums zusammen. Es kann angenommen werden, dass eine starke, prägnante und nachvollziehbare Markenidentität das Konsumentenverhalten positiv beeinflusst. Es kommt darauf an, dass die Marke als Botschafter in jedem Zustand – als Produkt, als Name, als Farbe etc. – in jeder Situation – innerhalb eines TV-Spots aber auch in einem Gespräch unter Freunden – die gleiche Identität ausstrahlt und somit positiv auf das Konsumentenverhalten wirkt. Ohne auf die verschiedenen psychologischen Ansätze eingehen zu wollen, soll hier ein kognitiver Ansatz vorgestellt werden, da dieser für die Feststellung der Markenidentität eine zentrale Rolle spielt.

Die Kognitionspsychologie beschäftigt sich schwerpunktmäßig mit dem menschlichen Denken und Fragen der menschlichen Intelligenz. Kriterien wie Wahrnehmung, Aufmerksamkeit, Gedächtnis und Denken gehören zum angestammten Gebiet der Kognitionspsychologie. Obwohl kognitive Vorgänge bereits vor mehr als zweitausend Jahren beschrieben wurden, kann von einer wissenschaftlichen Beschäftigung mit dem Thema erst seit rund hundert Jahren gesprochen werden. In den letzten vierzig Jahren hat sich, unter anderem ausgelöst durch die rasante Entwicklung der Computertechnik bzw. der künstlichen Intelligenz, das Wissen über menschliche Kognition enorm erweitert. Hierbei ist die Sprache ein wichtiger Forschungsgegenstand der Kognitionspsychologie, was zwangsläufig eine starke Verbindung zur Linguistik und zur Semiotik nach sich zieht.

Innerhalb der Kognitionspsychologie wird der Bedeutungsbegriff oftmals mit einem Konzept in Form mentaler Repräsentationen in Verbindung gebracht.[71] Hierbei spielt die Gedächtnisleistung eine große Rolle. Experimente zeigen, dass das Gedächtnis bei Worten weniger deren genauen Wortlaut behält, als die Bedeutung der Botschaft.[72] Insbesondere für die Analyse der Bedeutungen von Marken gilt es auch hier, ein besonderes Augenmerk auf die Zeichenform der Worte zu legen. Worte bilden mentale Einheiten, die nicht durch die Definition einer bestimmten „Bedeutung" erreicht werden. Aus der Semiotik wissen wir, dass die Bedeutung durch eine Relation entsteht; der Bedeutungsbegriff der kognitiven Psychologie geht konkreter auf die Interpretation ein. Unter Konzept wird nicht nur der direkte Inhalt des Wortes verstanden, sondern vielmehr alle seine Verknüpfungen und Relationen, die wir durch unsere Sozialisation erfahren. Keller spricht in diesem Zusammenhang von der „Gebrauchsregel", die Konventionen unterliegt.[73] Als Beispiel führt er die Schachfigur Turm an: Die Bedeutung des Turms liegt in seiner Zugregel. Die Bedeutung zu kennen heißt, zu wissen, dass man mit dem Turm beliebig viele Felder parallel zu den Außenlinien ziehen darf, ohne eine Figur zu überspringen. Den Sinn eines Zuges mit einem Turm zu verstehen heißt, die Absicht, die „hinter" dem Zug steht, zu durchschauen. Für die Marke bedeutet dies, dass erst dann von einer erfolgreichen Bildung der Markenidentität ausgegangen werden kann, wenn die Zielgruppen die Relationen, die diese in Verbindung mit der Marke erfahren, kennen.

Bedeutungen entstehen somit nicht nur durch das Erlernen von Definitionen, sondern durch die Erfahrung der gesamten sozialen Welt. „Kinder lernen im Zuge ihrer Sozialisation die Sprache ihrer Umgebung, und mit dieser Sprache erwerben sie die Klassifikation der Welt, die in der Sprache tradiert ist. Was ein Haus ist, haben wir nicht durch eine Definition gelernt, sondern durch erfolgreiche Referenz- und Prädikationsakte im Zuge des Spracherwerbs, das heißt im Zuge des Erwerbs der Gebrauchsregeln des Wortes „Haus". ... Mit unserer Muttersprache erwerben wir eine Klassifikation der Welt, deren Alltagstauglichkeit millionenfach getestet ist."[74] Dieses gleiche Prinzip gilt auch für die Marke.

Zusammenfassend ist festzustellen, dass die Semiotik sowie die Kognitionspsychologie von einer Relation und Verknüpfung von Kriterien ausgehen. Beschreibt die Semiotik mehr die technische Seite dieser Relation, bringt die Kognitionspsychologie diese Relation in Verbindung mit der Interpretation. Zentrales Element für die Bedeutungsbildung ist in der Semiotik und in der Kognitionspsychologie das Wort. Worte und ihre Relationen zueinander bilden die Basis für die Markenidentität. Dies aus drei Gründen: Zum einen ist die Verbalisierung bei der Marke unter semiotischen Aspekten die Grundvoraussetzung der Markenbildung; zum anderen können Worte durch die Linguistik und die Kognitionspsychologie besser als andere Zeichensysteme

---

[71] vgl. Strauß 1996, S. 37
[72] vgl. Anderson 1989, S. 103
[73] vgl. Keller 1996, S. 50
[74] vgl. Keller 1996, S. 54

untersucht werden. Ein dritter, entscheidender Aspekt ist der direkte Praxisbezug. Worte sind notwendiger Bestandteil der Marke; von der Markierung bis zu TV-Spots – ausgehend von allen formalen Kriterien bis zur inhaltlichen Ebene, sind Worte und Begriffe für die Marke prägend.

Worte an sich stellen sozusagen ein Grundsystem der Bedeutungen einer Markenidentität sowie ihrer kommunikativen Umsetzungen wie beispielsweise der Werbung dar. Angefangen vom Markennamen als Kernelement bis hin zu werblichen Texten – es sind primär die Begriffe, die die Inhalte und Intentionen des Unternehmens transportieren. „Auch wenn die affektmobilisierende, suggestive Wirkung des visuellen Signalsystems höher zu veranschlagen wäre als das der Sprache – eine These, der etliche Werbepraktiker anhängen (...) – ist die sprachliche Verschlüsselung der Aussage fast immer eine unabdingbare Voraussetzung werblicher Informationsübermittlung. Nur mit Sprache kann das Produkt benannt werden, nur mit Sprache können wesentliche Eigenschaften des Produktes, des Produzenten und des Konsumenten in eindeutiger Weise beschrieben werden, da das Bedeutungssystem der Sprache im Gegensatz zu demjenigen des Bildes hinreichend konventionalisiert ist."[75] Mit dem Grundelement der Worte sind die Werkzeuge für die Beschreibung der Markenidentität definiert. In diesem Zusammenhang wird noch einmal auf den Unterschied zwischen Images und Bedeutungen eingegangen.

Zwischen Images und Bedeutungen kann keine klare Trennlinie gezogen werden – da Images und Bedeutungen zusammenhängen und hier eine Wechselbeziehung bestehen kann. Diese Wechselbeziehung kann folgendermaßen charakterisiert werden: Eine Markenidentität besteht aus Bedeutungen. Bedeutungen lassen Images bei den verschiedenen Zielgruppensegmenten entstehen. Somit sind Bedeutungen maßgebend für Images, was in der folgenden Abbildung veranschaulicht wird.

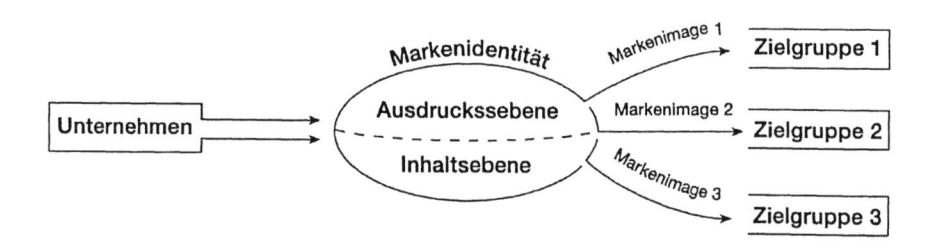

Abbildung 53: Eine Markenidentität entwickelt bei verschiedenen Zielgruppen verschiedene Images

---

[75] vgl. Krüger 1977, S. 73

Ebenso kann ein Image, das übergreifend bei vielen Zielgruppensegmenten entsteht und langfristig Bestand hat, zu einer stabilen Bedeutung und zu einem Teil der Markenidentität werden. Wann ein Image zu einer Bedeutung wird, ist bei jeder Marke unterschiedlich. Doch zwischen Image und Bedeutung existieren sensible Differenzierungen, die zu beachten sind.

Images werden wie Bedeutungen jeweils durch Begriffe beschrieben, wobei hier zu differenzieren ist. Ein erster Unterschied zwischen Image- und Bedeutungsbegriffen liegt in der Art der Worte. Da Images Einstellungen der Zielgruppen sind und diese einen beschreibenden bzw. wertenden Charakter haben, werden bei der Analyse und Messung von Images häufig adjektivische Begriffe genutzt. So werden u. a. gegensätzliche Eigenschaftswörter im Zusammenhang mit Polaritätsprofilen – also semantischen Differentialen – verwendet, bei denen die interviewte Person auf einer Skala angeben muss, ob eine Marke beispielsweise „jung" oder „alt" ist.[76]

Bedeutungsbegriffe geben keine subjektiven Einstellungen wieder, sondern beschreiben zielgruppenübergreifende Eigenschaften der Markenidentität; sie sind so weit wie möglich objektiver Natur und demnach wertneutral. Bedeutungsbegriffe werden am ehesten durch Substantive dargestellt; als semantische Einheit sind sie weniger wertend als Adjektive. Insbesondere in der werblichen Sprache finden diese beiden Worttypen eine starke Verwendung. Hierbei werden Adjektive für beschreibende Zwecke eingesetzt, wobei „die häufige Verwendung von Adjektiven sich zwangsläufig aus der Tatsache ergibt, dass die Produktbeschreibung eine wesentliche Aufgabe der Werbesprache ist."[77] Die Differenzierung zwischen adjektivischen und substantivischen Begriffen ist ein erstes, hilfreiches formales Merkmal. Dieses reicht jedoch noch nicht aus. Images und Bedeutungen lassen sich auch bezüglich ihrer inhaltlichen Seite unterscheiden. Ein Beispiel bezüglich des häufig genannten Markenkriteriums „Qualität" soll den inhaltlichen Unterschied zwischen Image und Bedeutung verdeutlichen. In der Theorie und auch in der Praxis wird der Qualitätsbegriff immer wieder als Kernkriterium für eine Marke beschrieben. Auch in der Markenliteratur findet sich, wie bereits erwähnt, das Qualitätsmerkmal als zentraler, klassischer Erfolgsfaktor.[78]

Die Qualität als zentrales Element ist problematisch. In zahlreichen von uns durchgeführten leitfadengestützten Interviews mit Markenverantwortlichen aus der ersten und zweiten Unternehmensebene wurde bei der Frage, was das wichtigste Kriterium der jeweils eigenen Marke darstellt, der Qualitätsbegriff mit Abstand am häufigsten an erster Stelle genannt. Qualität ist anscheinend branchenübergreifend – von Telekommunikationsdienstleistungen bis Benzin – ein entscheidender Faktor. Bei den von uns durchgeführten repräsentativen Marktuntersuchungen bezüglich der Eigenschaften und Assoziationen von Marken tauchte auch hier der Qualitätsbegriff in unterschiedlichsten Formen immer wieder auf. In der Tat werden viele Marken mit der Assoziation „Qualität" verbunden. Im Idealfall ist dieses Kriterium Teil der

---

[76] vgl. Kirchler 1999, S. 178
[77] vgl. Krüger 1977, S. 62
[78] vgl. Rüschen 1994, S. 132

Markenidentität und wirkt auf alle Zielgruppensegmente mehr oder weniger gleich. Ob nun eine Marke mehr imageorientiert – in Form eines Adjektivs – als „qualitätsvoll" bezeichnet wird, oder eher in Form eines Substantivs mit „Qualität" umschrieben wird, macht auf den ersten Blick keinen Unterschied. Beide Begriffe geben mehr oder weniger die gleiche Information weiter. Der Unterschied zwischen Images und Bedeutungen liegt also nicht unbedingt in der formalen Unterscheidung, ob der Begriff als Adjektiv oder Substantiv dargestellt wird.

Während ein Image durch einen Begriff wie „qualitätsvoll" ausgedrückt werden kann, ist dies bei der Bedeutung nicht der Fall. Wie aus der semiotischen sowie psychologischen Betrachtung des Bedeutungsbegriffs festzustellen ist, entsteht eine Bedeutung erst aus einer Relation – zum Beispiel zwischen zwei oder mehreren Assoziationen bzw. Begriffen. Dies bedeutet, dass nicht die Begriffe an sich bedeutungsbildend sind, sondern deren Beziehung zueinander. Bei einer reinen Imageuntersuchung würde bei der Frage nach Eigenschaften der Marke beispielsweise der Begriff „qualitätsvoll" erscheinen bzw. ähnliche Formulierungen („mit der Marke XY verbinde ich Qualität"). Für die Markenidentität ist jedoch neben der Feststellung, dass eine Marke für qualitätsvoll gehalten wird, weitaus wichtiger, woraus sich die Qualität begründet. Denn Qualität hat viele Facetten und kann verschieden interpretiert werden. So kann Qualität aus der produkttechnischen Zusammensetzung, aber auch in Verbindung mit dem Service oder der Aufmachung hergeleitet werden. Hier kommt es also auf die Beziehung des Qualitätsbegriffs zu anderen Begriffen an. Bei einer Bedeutungsanalyse wird nicht nur der Begriff „Qualität" erhoben, sondern ebenfalls andere Begriffe. Diese werden durch ein noch zu beschreibendes Verfahren in eine direkte bedeutungsbildende Beziehung zueinander gebracht. Das bedeutet: Der Qualitätsbegriff muss in einer Relation zu anderen Eigenschaften der Marke stehen – erst dann kann eine Bedeutungsbildung stattfinden. Das Kriterium „Qualität" ist zwar Teil der Markenidentität, dieses steht jedoch nicht autark da, sondern in einer Relation zu anderen markencharakteristischen Begriffen. Oder anders: Es sind die bedeutungsbildenden Relationen zwischen den erhobenen Begriffen, auf die es ankommt.

Bei einer Imageanalyse werden zwar auch einzelne Aussagen oder Begriffe erhoben; die Verbindung dieser Begriffe zueinander wird jedoch nicht ersichtlich. Zwar könnte bei einer Imageuntersuchung ebenfalls nach dem Hintergrund für die Aussage „qualitätsvoll" gefragt werden. Aber auch dann würden nur Einzelaussagen von Individuen erfasst werden, die kein ganzheitliches Bild der Markenidentität wiedergeben. Mit anderen Worten bedeutet dies, dass Imageuntersuchungen einzelne Einstellungen zur Marke erfassen und auch den dazugehörigen Hintergrund ermitteln können; eine ganzheitliche Sicht der Marke wird nur durch die Verbindung und Relation aller Assoziationsbegriffe zueinander wiedergegeben.

Es geht also nicht um die Erhebung von Assoziationen in Form von Begriffen, sondern die Darstellung von Relationen zwischen verschiedenen Begriffen. Erst wenn dies dargestellt werden kann, können prägnante und stabile Bedeutungen für die Markenbotschaft ermittelt werden. Und: Aus diesen Relationen kann ebenfalls festgestellt werden, woraus der Qualitätsbegriff sich zusammensetzt, d. h. aus welchen Begriffen er sich entwickelt.

5.4 Analyse der Markenidentität

Nachdem verdeutlicht wurde, wie Bedeutungen im Allgemeinen und für die Marke im Besonderen entstehen, wird auf die Möglichkeiten der Analyse von Markenidentitäten eingegangen. Für die Erfassung und Untersuchung der Markenidentität wurde eine eigene, neue methodische Anwendung entwickelt. Da es um die Identität der Marke geht und sich daraus die Marke als Botschafter entwickelt, lag es nahe, die neue Markenanwendung „Brand Ambassador" zu nennen.[79]

Die Entwicklungszeit für diese Markenanwendung lag bei rund drei Jahren. Ziel war es, eine ganzheitliche und praxisbezogene Anwendung zu entwickeln, die zum einen für die Markenführung auf der unternehmensstrategischen Ebene zum Tragen kommt, aber auch für die kreative Gestaltung und Umsetzung von massenkommunikativen Anwendungen wie Werbung und Internet eingesetzt werden kann. Dabei stand der Praxis-Bezug im Vordergrund. So wurde die Markenanwendung 1997 zum ersten Mal in der Praxis eingesetzt. Entscheidend für die konzeptionelle Weiterentwicklung der Bedeutungsermittlung sowie bei der praktischen Umsetzung war die Forschungskooperation mit dem Institut für Psychologie der Universität Göttingen, die 1999 mit einer Testphase begann und im Jahr 2000 in ein zweijähriges Forschungsprojekt mündete. Bevor auf Einzelheiten der Markenanwendung eingegangen wird, ist ein Blick auf vorhandene Untersuchungsmethoden wichtig, um daraus Vergleiche ableiten zu können.

5.4.1 Untersuchungsmethoden zur Markenidentität

Um die Marke als Phänomen zu erfassen, werden in der Praxis unterschiedliche Methoden nicht nur von Marktforschungsunternehmen, sondern zunehmend auch von Unternehmensberatungen und Werbeagenturen angewendet. Dies zeigt, dass die Relevanz der Marke zugenommen hat. Die am häufigsten angewendeten Methoden entstammen primär dem Bereich der Imageanalyse und mit zunehmender Relevanz auch der morphologischen Forschung, die ihre Wurzeln in der Tiefenpsychologie hat. Ohne auf die anbietenden Unternehmen und deren Ansätze einzugehen, werden die Stärken und Schwächen der Verfahren im Allgemeinen betrachtet.

---

[79] Der Name Brand Ambassador ist seit Mai 2001 in den EU-Ländern geschützt.

a) Imageorientierte Markenuntersuchungen

Zu den Stärken von imageorientierten Markenuntersuchungen gehört, dass positive und negative Einstellungen zur Marke erfasst werden können. Insbesondere die Erfassung von Einstellungen zu verschiedenen, konkurrierenden Marken gibt ein Stärken- bzw. Schwächenpotenzial wieder, das für die eigene Markenpositionierung und für die Markenführung allgemein wichtig ist. Der Vergleich der Einstellungen bei den Zielgruppensegmenten zum unmittelbaren Wettbewerb ist für die Markenpraxis entscheidend, da festgestellt werden kann, welchen Eindruck eine konkurrierende Marke beim jeweiligen Zielgruppensegment hinterlässt. Eine Möglichkeit, um Einstellungen zu erfassen, sind Polaritätsprofile, bei denen die Zielgruppen zwischen gegensätzlichen Wortpaaren ihre Einstellungen zur Marke angeben müssen. Die Vorgabe von Wortpaaren bzw. von Items hat jedoch den Nachteil, dass die Auswahl und Bestimmung der richtigen Wortpaare schwierig ist. Die Frage, wer diese Wortpaare nach welchen Kriterien festlegt, ist entscheidend für das Ergebnis. Denn wer sagt, dass beispielsweise eine Automobilmarke sich zwischen Begriffspaaren wie „jung/alt", „modern/dynamisch" oder „angenehm/unangenehm" wiederfindet? Die Vorgabe von Begriffen stellt bereits eine nicht akzeptable Beeinflussung dar. Außerdem stellt sich die Frage, wie viele Wortpaare oder Fragen zu einer Marke gestellt werden müssen, um die Marke überhaupt erfassen zu können. Auch hier besteht die Gefahr, dass nicht alle relevanten Aspekte der Marke berücksichtigt werden.

Neben imageorientierten Untersuchungen werden häufig morphologische bzw. tiefenpsychologische Analysen zur Marke durchgeführt.

b) Tiefenpsychologisch orientierte Markenuntersuchungen

Tiefenpsychologische – oder auch morphologische – Untersuchungen gehen von Interviews bei den Zielgruppen aus. Bei diesem Ansatz werden intensive, oftmals mehrstündige Gruppendiskussionen oder Einzelinterviews durchgeführt; das Ergebnis sind eingehende und tiefgreifende Ergebnisse über Motive von Konsumenten. Der Vorteil bei diesem Verfahren ist, dass sehr viele und genaue, zum Teil auch unbewusste Erkenntnisse über das Denken und Handeln von Konsumenten gewonnen werden. Die Ergebnisse geben ein differenziertes Bild über die Sicht und Motivationen von Zielgruppen bezüglich der Marke. Ein Nachteil bei morphologischen Verfahren ist, dass diese Form der Interviews ausgesprochen zeitaufwändig ist und sich daher eine Anwendung bei einer größeren Stichprobe schwierig gestaltet. Eine statistisch-quantitative Repräsentativität ist somit nicht gegeben.

Aus beiden Richtungen können je nach Zielsetzung vielfältige Erkenntnisse für die Marke gewonnen werden. Für die Feststellung der Markenidentität reichen diese Verfahren nicht aus. Die Identität einer Marke wird nicht – wie bereits dargestellt – durch Einstellungen von Zielgruppensegmenten wiedergegeben. Auch das formale Vorgehen in Form von vorgegebenen Wortpaaren oder Items birgt die Gefahr, wichtige

Aspekte der Marke zu vernachlässigen bzw. nicht zu berücksichtigen. Auch die bei morphologischen Verfahren angewendete Erkenntnisgewinnung kann zwar einen tiefen, aber bereits aus Gründen der quantitativen Einschränkung keinen ganzheitlichen Blick auf die Markenidentität geben. Wenn beispielsweise für eine Konsumgütermarke, die quer durch alle Altersgruppen, sozialen Schichten und Menschen mit unterschiedlichen Einstellungen konsumiert wird, 40 tiefenpsychologische Interviews geführt werden, ist die Auswahl der Personen ein kritisches Unterfangen und ein nicht zu unterschätzender Risikofaktor. Fazit: Um die Markenidentität feststellen zu können, geben imageorientierte und tiefenpsychologische Verfahren keinen ganzheitlichen Einblick in die Identität der Marke.

5.4.2 Anforderungen an ein Verfahren zur Analyse der Markenidentität

Das Prinzip der Interviews von Einzelpersonen oder von Gruppen kann tiefgreifende Informationen zur Marke geben – problematisch ist die quantitative Einschränkung. Daher scheint es angebracht, qualitative Methoden mit quantitativen Verfahren zu kombinieren. Neben diesem Aspekt können aus der Sichtung gegenwärtiger Untersuchungsansätze und der Tatsache, dass die Marke Teil eines Kommunikationsprozesses ist und demnach interdisziplinär betrachtet werden muss, folgende Rückschlüsse für eine ganzheitliche Sichtweise der Marke gezogen werden:

– Die Zielgruppen sind und bleiben zwangsläufig ein entscheidender Faktor für die Entwicklung der Markenidentität. Die Assoziationen der Zielgruppen entscheiden, ob die Marke akzeptiert wird und erfolgreich ist. Diese Assoziationen können jedoch vom Unternehmen beeinflusst werden. Da die Marke Teil eines Kommunikationsprozesses ist und das Unternehmen der aktive Part, der Initiator der Markenidentität ist, müssen auch die Markenverantwortlichen aus dem Unternehmen in die Analyse der Markenidentität eingebunden werden.

– Da die Marke interdisziplinär ist, muss eine ganzheitliche Sichtweise zumindest das marketingorientierte, psychologische und semiotische Wissen berücksichtigen.

– Da die Markenidentität zum großen Teil mit den formalen Kriterien zusammenhängt, müssen Kenntnisse aus der Praxis – insbesondere aber gestalterisches Praxiswissen – eingebunden werden.

– Bei der Untersuchung der Zielgruppen muss das dabei angewendete psychologische Verfahren so weit wie möglich modellfrei sein, d. h. dass die Vorgaben, die die

Assoziationen der Zielgruppen beeinflussen können, auf ein Minimum reduziert werden müssen.

– Das methodische Verfahren sollte zum einen statistisch repräsentativ sein und zum anderen tiefgreifende Erkenntnisse liefern. Daher ist eine Kombination aus quantitativen und qualitativen Verfahren die Maßgabe.

– Entscheidend ist die praktische Umsetzung – für strategische Vorgaben wie auch für operative Maßnahmen. Die Ergebnisse einer Identitätsanalyse müssen direkt in die Praxis umzusetzen sein.

Auf die hier genannten Forderungen an ein Verfahren soll näher eingegangen werden. Zum ersten Aspekt kann festgestellt werden, dass eine ganzheitliche Analyse die beiden entscheidenden Pole innerhalb des Kommunikationsprozesses einbinden muss. Dies bedeutet, dass nicht nur die Zielgruppen untersucht werden müssen; auch die Markenverantwortlichen im Unternehmen, die die grundlegenden Entscheidungen zur Marke treffen und formale und inhaltliche Markenkriterien aktiv beeinflussen, sind in den Prozess der Markenidentitätsanalyse einzubinden. Insbesondere die Vorgaben, die die inhaltliche und formale Ebene der Marke betreffen, müssen überprüft werden. Sind diese Vorgaben einheitlich? Stellt der Name einen Anker für die Marke dar? Ist das Bild-Zeichen prägnant? Vermittelt die Werbung die richtige Markenbotschaft? Diese Aspekte bilden die Basis für die formalen und inhaltlichen Markenkriterien. Die Erfassung der unternehmerischen Sicht ist für die Entwicklung der Markenidentität wichtig, da diese mit den Erwartungen der Zielgruppen übereinstimmen müssen. Nicht selten haben wir in unseren Untersuchungen festgestellt, dass die unternehmerische Sicht der Marke nicht viel mit der Realität des Marktes zu tun hat. Ein Beispiel soll dies verdeutlichen: Bei von uns durchgeführten leitfadengestützten Interviews mit Markenverantwortlichen eines Mineralölunternehmens wurde bei der Frage nach den wichtigsten Kriterien der eigenen Marke das Qualitätskriterium mit Abstand am häufigsten genannt. Bei der Frage, was die Qualität der Marke ausmacht, wurde auf die Zusammensetzung des Benzins hingewiesen. Wie bereits erwähnt, ist die Betonung der Qualität als Kriterium der Marke ein häufig auftretendes Phänomen. Die reine Feststellung der Qualität als Markenkriterium ist jedoch nicht hilfreich, da die Ursachen und Hintergründe für Qualität unterschiedlich sein können. Qualität kann von Markenverantwortlichen im Unternehmen und von den Zielgruppen unterschiedlich gesehen werden. Denn gerade bei einem Produkt wie Benzin stellt sich die Frage, ob die qualitative Zusammensetzung des Benzins den Zielgruppen bewusst ist oder ob hier eher ein Wunschdenken der Markenverantwortlichen vorliegt. Des Weiteren ist die produkttechnische Qualität des Benzins kein ausreichendes Differenzierungsmerkmal unter den großen, etablierten Mineralölmarken. Das Benzin von BP, Shell, Aral, DEA, Esso und Elf unterscheidet sich kaum, und wenn, ist dies den Zielgruppen nicht bewusst. Ein weiterer Aspekt ist, dass ein Großteil der

Umsätze in einer Tankstelle mit Produkten des täglichen Lebensbedarfes wie Zigaretten, Süßigkeiten und Zeitschriften getätigt wird – also zu dem ursprünglichen Produkt Benzin in keinem direkten Zusammenhang steht. Aus diesem Grund ist der Versuch, das produkttechnische Markenkriterium Qualität des Benzins auf Schokoriegel und Zigaretten zu übertragen, nicht erfolgversprechend.

Die zweite Voraussetzung für eine ganzheitliche Sichtweise ist die interdisziplinäre Grundlage der Marke. Eine rein psychologisch orientierte Sicht ist in erster Linie auf die Zielgruppen fokussiert. Eine rein marketingorientierte Betrachtung ist zwar konsumentenbezogen und bezieht die Zielgruppen über die Hinzuziehung von psychologischen Verfahren in die Betrachtungen ein, hat jedoch einen zu starken produktpolitischen Hintergrund und vernachlässigt ebenfalls den praxisbezogenen Bereich der Gestaltung von formalen Markenkriterien wie Name, Bild-Zeichen, Farbgebung und Design – also die konkrete Umsetzung dieser für die Markenidentität wichtigen Elemente. Da die Marke als Zeichen gesehen werden kann, ist eine semiotische Analyse – also die Untersuchung der Beziehungen zwischen der formalen und inhaltlichen Ebene der Marke – ebenso entscheidend. In der Praxis kommen je nach individueller Situation und Aufgabenstellung auch juristische Aspekte hinzu – u. a. bei der Neuentwicklung bzw. Anmeldung einer Marke. Die Einbindung verschiedener Kulturen betrifft den ethnologischen Aspekt. Denn Markenidentitäten lösen Assoziationen aus; Assoziationen sind kulturell bedingt und unterscheiden sich von Land zu Land. Dies gilt ebenfalls für formale Kriterien wie beispielsweise für Bild-Zeichen oder Farben. Insbesondere, wenn zwei Unternehmen aus verschiedenen Ländern mit ihrem Markenportfolio fusionieren bzw. eine Übernahme stattfindet, wird der kulturelle Unterschied zwischen den Markenverantwortlichen und bei den Zielgruppen oftmals unterschätzt.

Der dritte Aspekt für eine ganzheitliche Markenbetrachtung ist einer der Wichtigsten: das Praxiswissen. Denn nichts ersetzt Erfahrung. Eines der am meisten unterschätzten Gebiete ist das praktische Wissen über die Handhabung der formalen Kriterien – der Entwicklung und Gestaltung von Namen, Bild-Zeichen, Farben, Designs und auch der Werbung. In der Praxis ist häufig festzustellen, dass dieser Bereich in der Planung – beispielsweise bei der Gründung eines Markenunternehmen oder der Entwicklung einer Marke – nicht den Stellenwert hat wie betriebswirtschaftliche und juristische Überlegungen und daher oftmals unter Zeitnot entwickelt und umgesetzt wird. Vielen Unternehmen fällt zu spät ein, dass sie unter anderem Briefbögen und Visitenkarten brauchen und damit verbunden zwangsläufig die Gestaltung des Bild-Zeichens sowie die Festlegung von Farben – also ein einheitliches Erscheinungsbild. Formale Markenkriterien sind die für die Zielgruppen wahrnehmbaren Identitätsträger der Marke und immer langfristig angelegt; da sie nicht kurzfristig verändert werden können, sollte für formale Markenkriterien Zeit und auch praktische Kompetenz eingeplant werden.

Der vierte Aspekt für eine ganzheitliche Betrachtung ist, dass es bei der methodischen Erhebung von Inhalten der Markenidentität so wenig Vorgaben wie möglich geben sollte. Semantische Differentiale und Multiattributmodelle geben zu viele Vorgaben und sind zu komplex. Da es bei der Markenidentität um frei und spontan assoziierbare

Inhalte geht, ist ein freies Assoziationsverfahren zu bevorzugen. Um Bedeutungen erfassen zu können, muss die Methodik daher modellfrei sein, d. h. von vornherein jedwede Interpretation und somit eine Ergebnisverzerrung ausschließen. Dies bedeutet, dass keine festgelegten Begriffe oder Items vorgegeben werden dürfen, die die interviewten Personen in ihren Assoziationen beeinflussen. Eine Marke muss über den Horizont von Begriffspaaren wie „jung/alt", „modern/unmodern" und „dynamisch/statisch" hinaus betrachtet werden. Den Zielgruppen muss die Möglichkeit gegeben werden, individuell in eigenen Worten in Bezug auf die Marke zu antworten.

Ein weiterer Aspekt ist, dass jede Marke für sich betrachtet und untersucht werden muss. Diese Flexibilität in der methodischen Umsetzung bedeutet, dass auf keinen Fall schematisch vorgegangen werden darf. Jede Marke ist individuell zu betrachten; jede Marke hat ihre ureigene Identität. Dies hat zur Folge, dass für jede Marke nicht nur ein individueller Analyseplan entwickelt werden, sondern auch während des Prozesses – nach Eingang neuer Erkenntnisse – eine flexible Vorgehensweise gewährleistet sein muss.

Der fünfte Aspekt ist, dass neben tiefergehenden, qualitativen Ergebnissen auch eine statistische Repräsentativität gegeben sein muss. Markenidentitäten – insbesondere bei denen, die ein breites Spektrum an Konsumenten ansprechen und somit heterogene Zielgruppen betreffen – sind nicht über kleine Stichprobengrößen zu erfassen; hier ist die Gefahr groß, dass ein wichtiges Zielgruppensegment übersehen wird. Daher muss eine ganzheitliche Markenbetrachtung quantitative und qualitative Verfahren kombinieren, um neben tiefergehenden Erkenntnissen auch eine statistische Basis zu bieten.

Zu guter Letzt gilt, dass alle Ergebnisse einen direkten Praxisbezug haben müssen. Die gewonnenen Resultate dürfen nicht abstrakt sein, sondern müssen direkt in formale Markenkriterien umgesetzt werden können. Erst dann kann gewährleistet werden, dass die Assoziationen der Zielgruppen und die Ziele der Markenverantwortlichen direkt in die Markenidentität einfließen können.

Alle diese Vorgaben sind bei der Entwicklung eines methodischen Verfahrens zur Analyse einer Markenidentität elementar. Sie geben den Rahmen und den Anspruch vor, wie eine Markenidentität in Bezug auf ihre zwei Ebenen – der Ausdrucks- und Inhaltsebene – untersucht werden muss. Bevor im nächsten Kapitel auf die Markenidentität eingegangen wird, richtet sich der Blick zunächst auf die Entwicklung einer Marke, um ein besseres Verständnis der Struktur einer Marke zu gewinnen.

5.5 Die zwei Stufen der Markenbildung

Marken entstehen nicht aus sich heraus; sie sind das Resultat eines langfristigen kommunikativen Prozesses. Um eine Vergleichbarkeit der jeweiligen Vorstellungen beider Marktteilnehmer innerhalb dieses Kommunikationsprozesses zu erhalten – also zwischen dem Unternehmen mit seinen unternehmerischen Zielen und den Zielgruppen mit ihren Erwartungen sowie Bedürfnissen – eignen sich Bedeutungen, die – wie festgestellt wurde – sich durch assoziative Begriffe beschreiben lassen. Unter Bedeutungen lässt sich alles subsumieren, was die Marke an Assoziationen hervorruft. Es stellt sich die Frage, wie diese Bedeutungen charakterisiert werden können. Bedeutungen müssen zum einen die primären Markenfunktionen, also die Identifikation und Differenzierung der Marke, gewährleisten. Sie müssen darüber hinaus in der Lage sein, eine eindeutige und prägnante Identität für eine Marke aufzubauen und sich gegenüber anderen Bedeutungen von Wettbewerbsmarken durchsetzen können – also über die reine Differenzierungsfunktion hinaus auch inhaltlich einen bedeutenden Vorteil gegenüber Wettbewerbsmarken haben.

Für die Entwicklung einer Marke sind zwei Phasen zu unterscheiden. In der ersten Phase erhält ein Produkt eine Markierung – bestehend aus Namen und beispielsweise einem farbigen Bild-Zeichen; dies ist der Fall, wenn ein Produkt oder eine Dienstleistung in Planung ist oder auf den Markt gebracht wird. Die Markierung in Form der Namensgebung ist die Minimalvoraussetzung für die Entwicklung einer Markenidentität. Das Produkt bzw. die Dienstleistung verfügt in dieser Phase noch über keine Markenidentität, da die Markierung für sich allein keine ausreichenden Inhalte vermittelt. In der zweiten Phase wird die markierte Leistung mit Bedeutungen versehen, die sich dann über einen längeren Zeitraum zu einer Markenidentität festigen.

Die erste Phase der Markenbildung ist der einfachere Part. Die Entwicklung eines Namens und eines Bild-Zeichens ist ein gestalterischer, kreativer Schritt. In dieser Phase ist es jedoch entscheidend zu beachten, dass der Name, das Bild-Zeichen sowie andere formale Kriterien bereits Assoziationen vermitteln. Denn bereits ein Name, eine Farbe oder ein Design sind Zeichensysteme, aus denen Bedeutungen entstehen können. So kann beispielsweise der Namenszusatz „de luxe" in Kombination mit einer dezenten goldenen Farbgebung sowie einem hochwertigen Produktdesign die Assoziationen „Luxus", und „teuer" vermitteln. Die Gestaltung der formalen Kriterien muss in Verbindung mit der Entwicklung der inhaltlichen Ebene geschehen. Die Einbindung der inhaltlichen Ebene kann in dieser Phase nur projektiv vorgenommen werden. Sie setzt sich zusammen aus den Erwartungen und Bedürfnissen der Zielgruppen sowie aus den Zielsetzungen des Unternehmens. Daher ist es notwendig, nicht nur Zielgruppenerhebungen durchzuführen, sondern auch die Markenverantwortlichen im Unternehmen einzubinden, da diese durch ihre Maßnahmen die Entwicklung der Markenidentität aktiv beeinflussen.

1. Stufe:

Leistung + Markierung = Markierte Leistung

2. Stufe:

Markierte Leistung + Bedeutung = Marke

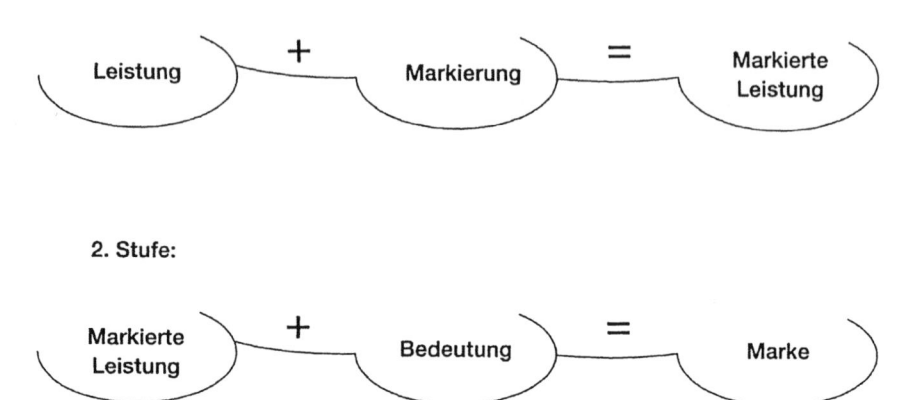

Abbildung 54: Die zwei Stufen der Markenbildung[80]

In der zweiten Phase wird die Markierung durch die Kommunikation zwischen Unternehmen und Zielgruppen in eine inhaltliche Ebene eingebunden; aus dieser Relation entstehen Bedeutungen, die die Identität der Marke ausmachen. Erst wenn die formale und inhaltliche Ebene von den Zielgruppen als Einheit gesehen werden, d. h. die Markierung die Bedeutungen repräsentiert, kann eine Markenidentität entstehen. Die Markierung wird mit den Bedeutungen „aufgeladen". Die Verbindung zwischen formalen Kriterien und inhaltlicher Ebene kann auf verschiedenen Ebenen laufen und muss daher strukturiert betrachtet werden. Im folgenden Kapitel wird auf die Struktur der Markenidentität eingegangen.

---

[80] vgl. Adjouri 1993, S. 225

6. Der Aufbau einer Marke

Marken sind keine Produkte; sie sind ein Komplex von Bedeutungen. Eine Marke wie Marlboro ist nicht die Zigarette an sich; die Marke besteht aus Bedeutungen wie „Freiheit" und „Abenteuer". Diese Bedeutungen lassen sich auf andere Produktbereiche wie Kleidung oder Reisen übertragen. Sind Marken Produkte, so ist der materielle, der sichtbare und anfassbare Teil nur ein Aspekt von vielen. Der Geschmack eines Markengetränkes, das Design einer Automarke oder das fühlbare Material einer Markenkleidung ist nur ein Markenkriterium, das sich verändern kann. Diese produkttechnischen Kriterien lassen sich auch über Assoziationen beschreiben. Die Marke ist mehr als ein Produkt. Sie ist die Summe aller Kriterien, die die Marke charakterisieren. Daher ist die Marke ein immaterielles Objekt, das sich in einem Kommunikationsprozess befindet. Dies macht die Analyse der Markenidentität nicht einfacher, da der Prozesscharakter der Marke schwer darzustellen ist.

6.1 Struktur der Markenidentität

Wenn es um eine plausible Darstellung der Markenidentität geht, stellt sich gleichzeitig die Frage, mit welchen formalen Mitteln dies bewerkstelligt werden kann. Bei der Ausdrucksebene der Marke, die aus formalen Kriterien wie Name und Bild-Zeichen besteht, ist eine Analyse einfacher nachzuvollziehen. Denn sie sind wahrnehmbar. Wie lässt sich die die Inhaltsebene darstellen? Wie können nicht sichtbare Kriterien dargestellt werden?

Formale und inhaltliche Kriterien der Marke lösen Assoziationen aus. Assoziationen lassen sich durch Begriffe beschreiben. Soweit ist dies nachvollziehbar – es ist jedoch nicht ausreichend. Begriffe beschreiben nur Assoziationen, aber noch keine Bedeutungen. Des Weiteren kann davon ausgegangen werden, dass bestimmte Inhalte bzw. Begriffe für die Markenidentität wichtiger sind als andere. Diese Gewichtung von Begriffen muss daher bei einer Darstellung der Markenidentität berücksichtigt werden. Ebenfalls wurde festgestellt, dass Bedeutungen immer aus einer Relation von Begriffen entstehen. Dies heißt, dass beispielsweise der Begriff „Qualität" nur bedingt etwas über die Marke aussagt. Für die Markenidentität kommt es darauf an, worin sich die Qualität begründet. Daher muss die Darstellung der Markenidentität ebenfalls die Beziehung der Begriffe zueinander berücksichtigen – also beispielsweise zeigen, mit welchen Begriffen Qualität in einer direkten Relation steht und welche Bedeutungen sich daraus entwickeln. Das methodische Verfahren, um begriffliche Assoziationen zu erfassen, muss offen sein; d. h. bei der Erhebung dürfen keine Begriffe vorgegeben werden. Zu beachten ist, dass bei der Untersuchung alle Begriffe berücksichtigt werden. Erst in der weiteren Vorgehensweise kann eine Gewichtung und Zuordnung der Begriffe vorgenommen werden. Für die Darstellung der Markenidentität stellt sich die Frage, wie viele Assoziationen notwendig sind, um diese widerzuspiegeln.

Die Markenidentität muss prägnant sein, d. h. sie muss kurz und bündig die wichtigsten Inhalte vermitteln. Eine prägnante Markenidentität transportiert Bedeutungen, die für die Zielgruppen wichtig sind. Hierbei können die erhobenen Assoziationen, aus denen die Bedeutungen entstehen, klassifiziert werden. Die Klassifizierung erfolgt zum einen nach der Häufigkeit der von den Zielgruppen genannten Assoziationen, zum anderen nach der inhaltlichen Wichtigkeit. Auf das genaue Verfahren, wie die assoziativen Begriffe nach Häufigkeit und Wichtigkeit erfasst werden können, wird im nächsten Kapitel eingegangen. Für die Markenidentität können nicht alle frei assoziierten Begriffe gleichrangig sein. Die bedeutungsbildenden Begriffe, die die Markenidentität eindeutig und prägnant widerspiegeln, gehören zu den Kernbegriffen und bilden den Markenkern. Konkret bedeutet dies, dass Begriffe die aus der Analyse als grundlegend bestimmt wurden, langfristigen Charakter haben und den Markenkern definieren. Alle anderen Begriffe, die sich regional oder soziodemografisch einzelnen Zielgruppensegmenten zuordnen lassen und Einstellungen wiedergeben, sind imageorientiert. Diese gehören in die Markenperipherie. Welcher Unterschied zwischen Images und Bedeutungen besteht, erklärt sich aus der unterschiedlichen Zuordnung der einzelnen Begriffe. In Kapitel 5.2 wurde gezeigt, dass Images mit der Struktur von Zielgruppen stehen und fallen. Je heterogener die Zielgruppe ist, desto unterschiedlicher sind auch die Images. Diese stehen für komplexe Einstellungen von Individuen. Wird davon ausgegangen, dass Images unser Konsumverhalten prägen, sind diese durchaus wichtig für die Markenanalyse. Aber es gilt zu unterscheiden, ob es um mögliche Einstellungen geht, oder ob die ganzheitliche und zielgruppensegmentübergreifende Struktur der Markenidentität festzustellen ist. Unterschiedliche Wertungen einer Marke haben den Nachteil, dass sie immer nur einen Ausschnitt der Sichtweise bieten. Löst man sich von subjektiven Wertungen und fragt nach tiefergehenden Assoziationen, wird eine ganzheitliche Sicht der Marke gewonnen. Images können individuellen Konsumenten zugeordnet werden; Bedeutungen liegen „in der Marke", sind also markenimmanent und werden von beiden Polen des Kommunikationsprozesses – also gleichermaßen vom Unternehmen und den Zielgruppen – geprägt. In der weiteren Vorgehensweise wird verdeutlicht, wie Bedeutungen für die Marke erhoben werden können. Es wird gezeigt, dass Bedeutungen und Images zusammenhängen – oder besser: einander bedingen. Bedeutungen beinhalten Images und sind die Auslöser von Einstellungen zu einer Marke. Der Zusammenhang zwischen Bedeutungen und Images ist die Darstellung der Inhaltsebene der Marke.

6.2 Struktur der Inhaltsebene

Bevor auf das Verfahren zur Analyse der Markenidentität im Einzelnen eingegangen wird, soll die Struktur der Assoziationen visualisiert werden. Aus dem Zusammenspiel von formalen Markenkriterien wie Name und Bild-Zeichen mit Inhalten entsteht die Markenidentität. In Teil 1 wurde deutlich, dass eine Vernachlässigung der formalen Markenkriterien die Markenidentität negativ beeinflussen kann. Im zweiten Teil geht es um die Assoziationen, die inhaltliche Ebene; die durch Bedeutungen dargestellt wird. Die Struktur der Assoziationen zu einer Marke wird im Folgenden dargestellt.

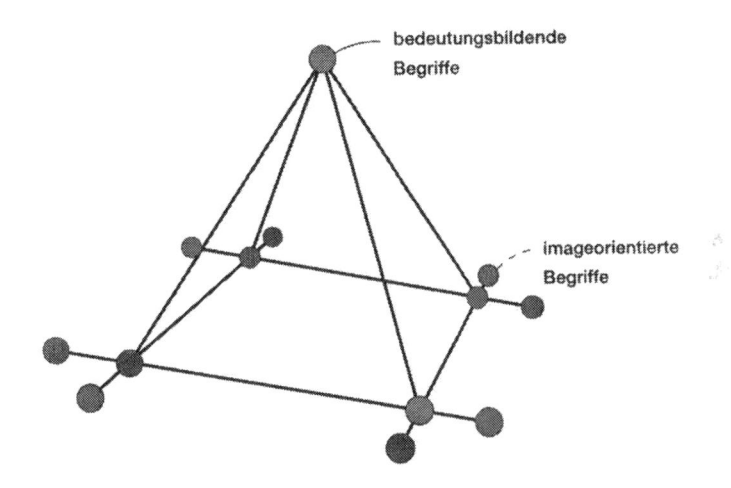

Abbildung 55: Stabile Assoziationen bilden den Markenkern; nicht stabile Assoziationen die Markenperipherie

Assoziationen können in zwei Ebenen gegliedert werden. Die erste Ebene betrifft alle Assoziationen, die langfristig und stabil sind. Es sind die Assoziationen, die die wichtigsten Bedeutungen der Marke ausmachen. Sie sind zielgruppenübergreifend und prägen die Markenidentität. Sie bilden den Kern – das zentrale Element der Markenidentität. Der Markenkern bildet die Grundlage aller Assoziationen zur Marke und ist langfristig geprägt.

Die zweite Ebene betrifft die Assoziationen, die nicht stabil sind. Diese Assoziationen sind kurzfristig; sie sind veränderbar und bilden die Hülle bzw. die Peripherie der Markenidentität. Die Markenperipherie richtet sich nach den jeweiligen Zielgruppensegmenten. Diese Assoziationen können einzelnen Zielgruppen zugeordnet werden und sich mit den Zielgruppen verändern. Die Markenperipherie ist mit dem Kern direkt verbunden; beide Ebenen bilden eine Einheit und sind nicht voneinander zu trennen.

Die Darstellung zeigt exemplarisch die Inhaltsebene der Markenidentität und verdeutlicht das Prinzip von Bedeutungen und Images. Die erhobenen Assoziationen in Form von Begriffen werden in dieser Darstellung mit Punkten dargestellt. Die Begriffe an sich sind noch nicht mit Bedeutungen zu verwechseln. Erst durch die Relation mit anderen Begriffen entsteht die Bedeutung – die Relation wird hier durch die Verbindungslinien visualisiert. Die Kernbegriffe sind langfristig geprägt und werden mehr oder weniger von allen Zielgruppen mit der Marke verbunden. An den Kernbegriffen hängen weitere Assoziationen, die nicht mit allen Kernbegriffen in Relation stehen. Diese Peripheriebegriffe sind den verschiedenen Zielgruppensegmenten zugeordnet; sie sind kurzfristig veränderbar und geben die Einstellungen der jeweiligen Zielgruppen wieder. Konkret bedeutet dies, dass die Identität einer Marke ein Konstrukt aus Begriffen (Punkten) und Relationen (Verbindungslinien) ist. Alle Punkte und Linien stellen eine Einheit in Form einer dreidimensionalen Kugel dar. Die Identität einer Marke gleicht somit dem Bild eines Atoms, das aus einem Nukleus, dem Kern, sowie einer Elektronenhülle besteht. Diese „Atomkugel" ist von Marke zu Marke verschieden, da sie die jeweilige Identität widerspiegelt und für jede Marke einzeln auf statistischem Weg erhoben werden kann. Die Kugel als feststehendes, zentrales Element beinhaltet die Bedeutungen. Die Images bewegen sich in der Markenperipherie. Analog der atomaren Elektronenhülle sind Images flüchtig, modifizierbar, beweglich, kurz- und mittelfristig angelegt.

In der Praxis ist diese Darstellung das Resultat unserer Markenanwendung, die eine Zuordnungen von Assoziationen nach verschiedenen Kriterien erlaubt. Entscheidend an dieser modellhaften Darstellung, die in den nächsten Kapiteln anhand eines Beispiels verdeutlicht wird, ist, dass damit die Identität einer Marke zu einem darstellbaren und nachvollziehbaren Untersuchungsgegenstand wird.

6.2.1 Das zentrale Element: Der Markenkern

Zentrales Element der Marke und ihrer Identität ist der Markenkern. Der Begriff des Markenkerns beschreibt den inneren, zusammenhängenden Teil einer Marke, dem Teil, der Bestand hat und die Grundkriterien einer Marke ausmacht. Der Markenkern besteht aus einem Netzwerk von Begriffen; aus den Beziehungen dieser Begriffe zueinander entstehen die Bedeutungen. Hierbei sind zwei Kriterien entscheidend: Zum einen werden nicht alle Bedeutungen, die mit einer Marke verbunden sind, automatisch zum Bestandteil des Markenkerns. Es werden ausschließlich ausgewählte, für die Marke wichtige Bedeutungen zum Bestandteil des Kerns. Zum anderen stehen die Bedeutungen nicht zusammenhanglos im Raum, die erhobenen Begriffe bilden ein Netzwerk.

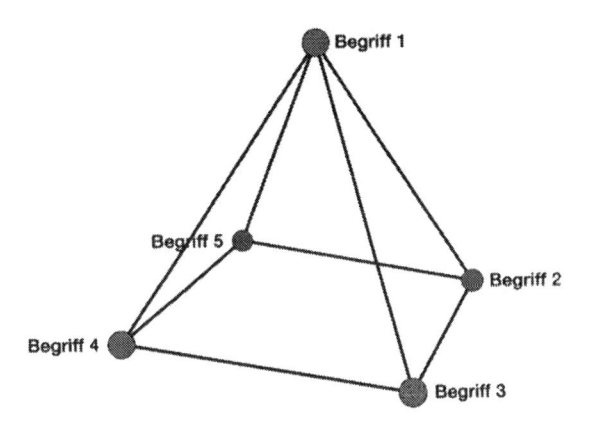

Abbildung 56: Beispielhafte Darstellung eines Markenkerns, bestehend aus fünf Begriffen

Alle Begriffe hängen miteinander zusammen. Die Länge der Verbindungen, also die räumliche Nähe bzw. Entfernung der Begriffe voneinander, geben eine Aussage darüber, wie diese assoziativen Begriffe zusammenhängen und ob diese Relation stark oder schwach bedeutungsbildend ist. Dies heißt, dass die Bedeutungen erst aus der Relation zwischen den erhobenen Begriffen ermittelt werden. Dies bedeutet aber auch, dass in diesem Modell eine Methodik entwickelt wurde, die es erlaubt, Bedeutungszusammenhänge über ein Netzwerk zu interpretieren. Wie dies konkret aussieht und praktiziert wird, wird im dritten Teil erläutert.

6.2.2 Die Markenperipherie

Die Peripherie der Marke wird durch Images gekennzeichnet. Das bedeutet, dass Image- und Bedeutungsbegriffe innerhalb der Markenstruktur sich direkt bedingen. Die Images sind den Bedeutungen zugeordnet. Somit bilden Markenhülle und Markenkern eine sich gegenseitig beeinflussende Einheit.

Der Unterschied zwischen Image und Bedeutung wurde in den vorherigen Kapiteln eingehend beschrieben. Wie aber sieht dies innerhalb der Markenstruktur aus? Wie werden Markenkern und Markenperipherie auseinandergehalten? Bei beiden Bereichen werden Begriffe genutzt, um die jeweiligen Inhalte zu beschreiben. Wie also können die jeweiligen Begriffskategorien unterschieden werden? Beide Begriffstypen – Kern- und Peripheriebegriffe – werden durch unterschiedliche Verfahren erhoben. Während Images die Einstellungen zu einer Marke erfassen, müssen Kernbegriffe nicht nur erhoben, sondern auch in Beziehung zueinander gebracht werden. Kernbegriffe hängen somit voneinander ab und bilden zusammen ein Begriffsnetzwerk. Imagebegriffe können für sich stehen bzw. direkt an einen Bedeutungsbegriff gebunden sein. Folgende Darstellung gibt die Verbindung von Markenkern und Markenperipherie exemplarisch wieder; der Markenkern ist untereinander vernetzt – periphere Begriffe hängen jeweils an einem Kernbegriff:

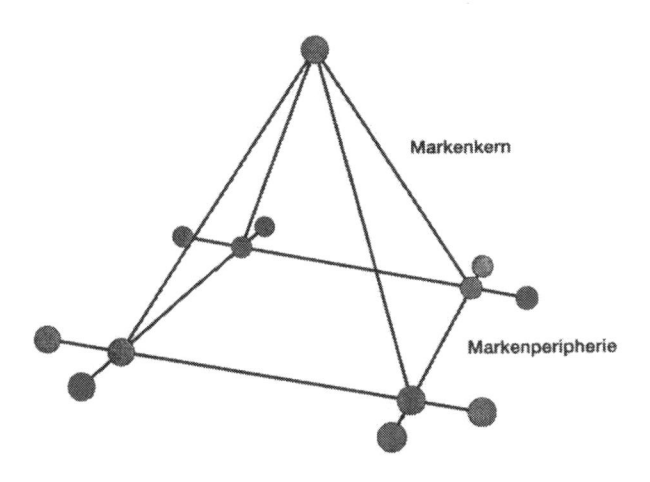

Abbildung 57: Beispielhafte Darstellung von Markenkern und Markenperipherie

Bei der Brand-Ambassador-Anwendung werden nicht nur die bedeutungsbildenden Begriffe erfasst, sondern auch alle anderen Begriffe, die Einstellungen wiedergeben. Diese müssen in die Gesamtbetrachtung einer Marke einbezogen werden. Darüber hinaus existieren in vielen Fällen bereits Imageuntersuchungen im Unternehmen, aus denen ebenfalls Erkenntnisse in die Brand-Ambassador-Anwendung einfließen können.

Um die Struktur der Markenidentität und damit zusammenhängend das bedeutungsbildende Begriffsnetzwerk analysieren und darstellen zu können, wurde der Brand-Ambassador-Ansatz entwickelt.

6.3 Aufbau der Marke

Nachdem die Inhaltsebene der Marke durch den Markenkern und die -peripherie beschrieben wurde, gilt es, die Inhalts- im Zusammenhang mit der Ausdrucksebene zu betrachten. Doch wie hängen formale Markenkriterien mit Inhalten der Marke zusammen? In welcher Beziehung stehen Name und Bild-Zeichen zu den Assoziationen einer Marke?

Bei der Ausdrucksebene ist der Name das wichtigste Element. Er hat die Funktion eines Ankers – an ihm verbinden sich alle Assoziationen zur Marke. Er ist vergleichbar mit einem Trojanischen Pferd, das im Bewusstsein der Zielgruppen die Assoziationen auslöst. Dies bedeutet, dass der Name die gesamte Inhaltsebene der Marke repräsentiert. Alle Bedeutungen sowie alle Images der Marke fokussieren sich im Namen. Wie sieht es mit den anderen formalen Markenkriterien wie Bild-Zeichen, Farbe, Design oder Werbung aus?

Wie aus den Praxisbeispielen ersichtlich wurde, können diese formalen Markenkriterien zum Bestandteil der Markenidentität werden. Im Gegensatz zum Namen ist dies jedoch keine Voraussetzung. Fest steht, dass alle formalen Markenkriterien mehr oder weniger die Inhaltsebene beeinflussen. Denn: Alle wahrnehmbaren Kriterien, die mit der Marke wahrgenommen werden, lösen Assoziationen aus. Erst wenn diese Assoziationen über einen längeren Zeitraum in Verbindung mit anderen Kriterien der Marke wahrgenommen werden, kann daraus eine Bedeutung entstehen, die Bestandteil der Markenidentität wird. Da die Ausdrucks- und Inhaltsebene der Marke eine Einheit sind, ist es für die Markenführung wichtig, dass formale und inhaltliche Markenkriterien zusammenwachsen. Konkret bedeutet dies, dass in der Inhaltsebene auch formale Markenkriterien assoziiert werden. Wenn bei einer Marke wie beispielsweise Deutsche Telekom oder Milka mehrheitlich die Assoziation zur Farbe, bei Apple oder Braun zum Design, bei Mercedes-Benz und Nike zum Bild-Zeichen entstehen, sind diese formalen Markenkriterien ein Bestandteil der Inhaltsebene und damit der Markenidentität geworden. Fazit: Die Gesamtheit aller Elemente stellt die Markenidentität dar. Sie kann unterteilt werden in eine Ausdrucksebene, die aus formalen Markenkriterien, und eine Inhaltsebene, die aus Bedeutungen besteht. Ausdrucks- und Inhaltsebene können nicht getrennt voneinander betrachtet werden – sie vermischen sich.

Maßgebend für die Feststellung, ob formale und inhaltliche Kriterien eine Einheit bilden, ist eine Erhebung von Assoziationen bei den Zielgruppen. Darüber hinaus muss festgestellt werden, wie die Assoziationen mit einander zusammenhängen, um die Bedeutungen zu analysieren. Erst wenn bei diesem Schritt auch formale Markenkriterien übrig bleiben, ist davon auszugehen, dass diese Bestandteil der Markenidentität sind. Für den Erfolg einer Marke ist dies wichtig. Denn der Sinn und Zweck der Gestaltung von formalen Markenkriterien ist es, die Marke zu repräsentieren und die damit verbundenen

Assoziationen zu verstärken. Ein Bild-Zeichen oder eine Farbe für eine Marke hat nicht nur den Zweck der Identifikation oder der Differenzierung. Ein gutes Bild-Zeichen und eine gute Farbe unterstützen die Markenidentität. Dies ist bei allen erfolgreichen Marken zu beobachten. Das Ziel der Markenführung muss es daher sein, formale und inhaltliche Markenkriterien in Einklang zu bringen.

6.4 Konsequenzen für die Praxis: Eine Zusammenfassung

Nach dem Praxisbeispielen aus Teil 1 wurde in diesem Teil auf den inhaltlichen Hintergrund der Marke eingegangen. Dies ist notwendig, um die Marke in einen ganzheitlichen Ansatz einzubinden und daraus ein Analyseverfahren für die Feststellung der Markenidentität zu entwickeln. Folgende Aspekte können zusammenfassend festgehalten werden:

– Die Marke ist interdisziplinär. Ihr theoretischer und praktischer Hintergrund besteht aus vielen unterschiedlichen Disziplinen, die in einen ganzheitlichen Ansatz integriert werden müssen.

– Die Beziehung zwischen Unternehmen und Zielgruppen ist ein kommunikativer Prozess. Dieser Kommunikationsprozess bildet die Grundlage für einen ganzheitlichen Markenansatz und bindet die verschiedenen Disziplinen der Marke – von der Betriebswirtschaftslehre über die Psychologie zur Semiotik – ein.

– Innerhalb des Kommunikationsprozesses ist die Marke Botschaft und Medium. Ihre Botschaft wird durch die Markenidentität geprägt. Um eine Markenbotschaft zu entwickeln, ist es notwendig, die Markenidentität zu analysieren.

– Bisherige Verfahren zur Feststellung der Markenidentität sind primär Imageanalysen. Des Weiteren werden ebenfalls morphologische Untersuchungen für die Bestimmung der Markenidentität durchgeführt.

– Für die Untersuchung der Markenidentität ist der Imageansatz falsch. Images bilden die Einstellungen der Konsumenten ab. Sie sind subjektiv und entstehen als Reaktion auf Impulse. Die Markenidentität ist der Auslöser für Images.

- Morphologische Untersuchungsmethoden geben zwar einen tiefen Einblick in die Marke, haben jedoch den Nachteil, dass sie nur mit einer kleinen Stichprobe arbeiten können. Die Ergebnisse lassen sich dadurch nicht auf eine große Zielgruppe generalisieren.

- Die Markenidentität wird durch Bedeutungen dargestellt. Bedeutungen sind stabiler und langfristiger als Images. Bedeutungen sind nicht subjektiv auf das Individuum zurückzuführen, sondern zielgruppenübergreifend.

- Um Bedeutungen festzustellen, werden Assoziationen in Form von Begriffen erhoben. Worte stellen somit das Grundinstrument dar, um die Markenidentität zu beschreiben. Die Worte müssen jedoch miteinander in ein Beziehungsnetz gebracht werden – erst dann entstehen daraus Bedeutungen.

- Die Markenidentität wird durch die Ausdrucks- und Inhaltsebene beschrieben. Die Ausdrucksebene besteht aus den formalen Markenkriterien wie Name und Bild-Zeichen. Die Inhaltsebene aus den Assoziationen, die in Wechselbeziehung zueinander bedeutungsbildend sind.

- Die wichtigsten Assoziationen bilden den Markenkern. Aus dem Markenkern entstehen die stabilen Bedeutungen der Markenidentität. Alle anderen Assoziationen, die im Zusammenhang mit den Kernbedeutungen stehen, befinden sich in der Markenperipherie.

- Eine erfolgreiche Markenidentität bildet eine harmonische Einheit der Ausdrucks- und Inhaltsebene. Dies bedeutet, dass die formalen Markenkriterien zum Bestandteil der Inhaltsebene geworden sind.

Teil 3: Eine neue Methode der Markenidentitätsanalyse: Brand Ambassador

7. Die Fokussierung auf den Markenkern

Der Unterschied zwischen Markenidentität und Markenimage hat direkte Konsequenzen für das methodische Vorgehen. Zielsetzung einer erfolgreichen Markenidentität muss es sein, bei allen Zielgruppensegmenten ein positives Markenimage aufzubauen. Dies bedeutet zugleich, dass die Untersuchung einer Markenidentität anders angelegt sein muss als bisherige Imageuntersuchungen. Da die Marke aus einem langfristig geprägten Markenkern sowie einer kurz- und mittelfristig modifizierbaren Markenperipherie besteht, ist es wichtig, dass zwischen strategischen und operativen Zielen unterschieden wird. Die Marke darf also nicht wahllos mit Botschaftsinhalten „aufgeladen" werden, sondern die Verbindung von formalen Markenkriterien mit bedeutungsvollen Inhalten muss als ein bewusster und zielorientierter Prozess verstanden werden. Da der Markenkern über einen längeren Zeitraum angelegt und somit stabil ist, hat er Priorität innerhalb des Identitätsbildungsprozesses. Das Ziel muss sein, eine Basis in Form eines starken Markenkerns zu schaffen. Daher gilt es, zuerst die Kernelemente zu definieren und dann daraus die Markenperipherie zu entwickeln. Nur so kann eine stabile und erfolgversprechende Markenidentität aufgebaut werden. Das bedeutet, dass der Prozesses mit der Analyse und Findung der potentiellen identitätsstiftenden Kernelemente anfängt – dies ist primär ein analytischer, und erst im zweiten Schritt ein kreativer Vorgang.

Eine Markenidentität kann nicht kurzfristig entwickelt werden; so ist beispielsweise ein Zeitraum von zwölf Monaten oder weniger illusorisch. Der Entwicklungsprozess einer Marke ist grundsätzlich langfristig angelegt und kann Jahre, manchmal sogar Jahrzehnte dauern. Das bedeutet, dass sich das in den Aufbau der Markenidentität investierte Geld nicht kurz- oder mittelfristig in Bilanzen niederschlägt, sondern erst langfristig zum Gesamtwohl des Unternehmens beiträgt. Daher ist es auch so schwer, den kausalen Zusammenhang zwischen investierten Summen für die Marke und den daraus resultierenden Umsatz- und Gewinnzuwächsen sowie den Markenwert zu ermitteln. Der Zeitfaktor bedeutet auch, dass eine langfristige Planung die Kontrolle durch eine zentrale, verantwortliche Stelle innerhalb des Unternehmens erfordert. Obwohl sich in einem Unternehmen interne Strukturen und Personen verändern, muss der Aufbau der Markenidentität trotz möglicher Veränderungen und unabhängig von den Personen konsequent fortgesetzt werden. Dass dies in der Praxis häufig nicht beachtet wird, zeigen eine Fülle von Beispielen. Aber gerade in oft inhabergeführten Betrieben, wo eine visionäre Persönlichkeit entscheidet, zeigt sich, dass der konsequente Aufbau einer Marke funktioniert. Viele Familiennamen haben über mehrere Generationen ihre Marken aufgebaut: Ob Rodenstock, Bahlsen oder Faber-Castell – all diese Markennamen stehen für erfolgreiche Familienunternehmen. In diesen Fällen lassen sich viele Parallelen zwischen der Markenidentität und der Identität des Unternehmers, der seine persönlichen Vorstellungen und Ziele auf das Unternehmen und damit auch auf die Marke projiziert, erkennen. Das liegt nicht daran, dass inhabergeführte Unternehmen besser funktionieren als große Konzerne, sondern daran, dass in diesen das Thema Marke direkt an die Person des Inhabers geknüpft ist und damit häufig direkter, vielleicht auch schneller und somit konsequenter umgesetzt wird. Viele große Unternehmen haben inzwischen jedoch die Relevanz einer effektiv geführten Markenpolitik erkannt und Abteilungen für Markenführung installiert, die direkt an den Vorstand berichten. Da das Prinzip der Markenidentität natürlich nicht nur für inhaber-geführte Unternehmen gilt, sondern überall einsetzbar ist, müssen die Grundlagen für den Aufbauprozess in einzelnen Schritten herausgearbeitet werden. Die schrittweise Vorgehensweise gemäß dem Kommunikationsprozess bildet die Basis der Brand Ambassador Anwendung, die in den nächsten Absätzen eingehend erläutert wird. Neu an der Anwendung ist nicht die Erkenntnis, dass der Markenidentität eine elementare Rolle im Unternehmen zukommt. Neu an der Anwendung ist die Herangehensweise, die versucht, über die Grenzen des Marketings, der Psychologie, der juristischen Sichtweise und der Werbung hinauszudenken.

7.1 Brand Ambassador

Marken sind Botschafter. Sie stehen für die Ziele und Inhalte des Unternehmens und vermitteln diese den Zielgruppen. Der Name „Brand Ambassador" ist daher naheliegend und hat ebenfalls die Analogie zur diplomatischen Welt. Ein Botschafter, eine Marke genießt Immunität. Eine Marke ist zwar nicht unangreifbar (auch eine Marke kann vom Markt genommen oder in der Positionierung verändert werden); aber eine stabile Markenidentität genießt intern im Unternehmen sowie extern auf dem Markt eine Überlegenheit, die durchaus mit einer diplomatischen Immunität verglichen werden kann. Unternehmensintern sollte sie einen erheblichen Schutz vor allzu kurzfristigen und unüberlegten unternehmenspolitischen Veränderungen genießen. Extern vermittelt sie konsequent über die Markenidentität die Botschaften des Unternehmens.

Brand Ambassador basiert auf dem Gedanken, dass Bedeutungen die entscheidenden Kriterien der Markenidentität sind. Als die Anwendung 1997 zum ersten Mal von uns in der Praxis eingesetzt wurde, gab es an einigen Stellen Optimierungsbedarf – sie hatte zu der Zeit noch Experimentalcharakter. Doch der Grundgedanke, dass sich die Markenidentität in einem kommunikativen Prozess entwickelt, der aus der Findung von Bedeutungen besteht, hat sich durch eine Vielzahl von unterschiedlichsten Untersuchungen bestätigt. Der Weg von damals bis heute hat auch neue, zusätzliche Erkenntnisse gebracht, die insbesondere die methodische Vorgehensweise betreffen, um die entsprechenden Bedeutungen der Marke herauszufinden. Da die Bildung und Umsetzung einer neuen Markenanwendung in erster Linie eine analytisch-konzeptionelle

Arbeit ist, müssen Zielvorgaben definiert werden. In diesem Sinn muss ein Markenansatz folgende Kriterien erfüllen:

a) Jede Marke ist individuell zu untersuchen. Denn jede Marke verfügt über eine eigene Identität, die nicht mit anderen Markenidentitäten vergleichbar ist. Der Sinn und Zweck einer Markenidentität ist ihre Einzigartigkeit und ihre Unterscheidungskraft gegenüber anderen Marken. Erst dann kann sie ihre volle Kraft entfalten. Daher muss eine Markenanwendung flexibel, d. h. modular aufgebaut sein, um den individuellen Anforderungen einer Marke gerecht zu werden. Zwar gibt es durchaus immer wieder Parallelen zu anderen Marken; diese sind jedoch partieller Natur und betreffen niemals die Ganzheit der zu untersuchenden Markenidentität.

Fazit: Ziel jeder Markenführung muss es sein, eine eigene unverwechselbare Identität aufzubauen. Parallelen zu anderen Marken sind nur soweit erlaubt, wie sie diesem Ziel dienlich sind.

b) Da das Unternehmen der aktivere Part bei der Bildung einer Markenidentität ist, müssen die Rolle des Senders sowie seine Ziele innerhalb des kommunikativen Prozesses berücksichtigt werden. Es kann geschehen, dass ein Produkt, das ursprünglich vom Unternehmen nicht als Marke geplant war, von den Zielgruppen als Marke gesehen und akzeptiert wird. Aber auch hier muss das Unternehmen diesen Bedarf der Zielgruppen erkennen, aufnehmen und dann aktiv für die Marke umsetzen.

Fazit: Um das volle Potenzial der Marke auszuschöpfen, muss das Unternehmen aktiv werden. Daher bildet das Unternehmen den Anfang einer Markenuntersuchung.

c) Die Marke ist kein theoretischer Gegenstand, sondern ein Objekt der Praxis. Daher muss eine Markenanwendung immer die Praxis im Fokus haben. Dies bedeutet, dass die Ergebnisse der Markenidentitätsbestimmung in der praktischen Anwendung – wie beispielsweise bei der Entwicklung von Markenstrategien sowie bei der kommunikativen Umsetzung der Markenbotschaften – direkt umsetzbar sein müssen.

Fazit: Wenn es um die Markenidentität geht, ist die Aussagekraft von Prozentzahlen, Diagrammen und sonstigen grafischen Darstellungen eingeschränkt nutzbar. Repräsentative und valide Begriffe, die in Beziehung zueinander Bedeutungen bilden, sind „praxisbewährt", da diese ebenfalls in der Markenstrategie sowie in der kreativen Umsetzung direkt eingesetzt werden können.

Diese drei Kriterien bilden eine notwendige Basis für die Entwicklung einer neuen Markenanwendung. Insbesondere der Praxisbezug ist entscheidend, da sich hier der für die Marke entscheidende Erfolg zeigt. Das hat die Konsequenz, dass unter der Federführung des Unternehmens, eine koordinierte Arbeit zwischen verschiedenen

Subunternehmen wie Unternehmensberatungen, Marktforschungsunternehmen und Werbeagentur gewährleistet sein muss. Für Markenunternehmen arbeiten zwar häufig gleichzeitig Unternehmensberater, Marktforscher und Werbeagenturen – aber selten koordiniert genug, um für den Aufbau einer Markenidentität homogene Ergebnisse zu erzielen (häufig haben Unternehmensberater andere Aufgaben im Unternehmen, die eher betriebswirtschaftlicher bzw. unternehmenspolitischer Natur sind). Eine ganzheitliche Markenanwendung als zentrales Element, das die einzelnen Disziplinen und Verantwortungsbereiche definiert und zusammenführt, kann eine unterstützende Maßnahme sein, um das gemeinsame Ziel einer einheitlichen Markenidentität zu erreichen.

Wie dies im Einzelnen aussieht, wird in den folgenden Kapiteln dargestellt. Zu beachten ist, dass Brand Ambassador kein schematisches Vorgehen vorschreibt, sondern individuelle Aspekte eines Unternehmens berücksichtigt und modular aufgebaut ist. Da jedes Unternehmen und jede Marke individuell betrachtet wird, ist Flexibilität daher bei dieser Anwendung nicht nur erlaubt, sondern eine Notwendigkeit. Hier ist eine Vorgehensweise beschrieben, die in den verschiedenen Phasen aus verschiedenen Elementen bestehen kann – je nach den individuellen Anforderungen der jeweiligen Situation der Marke. Bevor auf die einzelnen Phasen eingegangen wird, werden die einzelnen Phasen der Übersicht halber kurz dargestellt. Die folgende Abbildung verdeutlicht die grundsätzliche Vorgehensweise, aus der dann individuelle Schritte abgeleitet werden können:

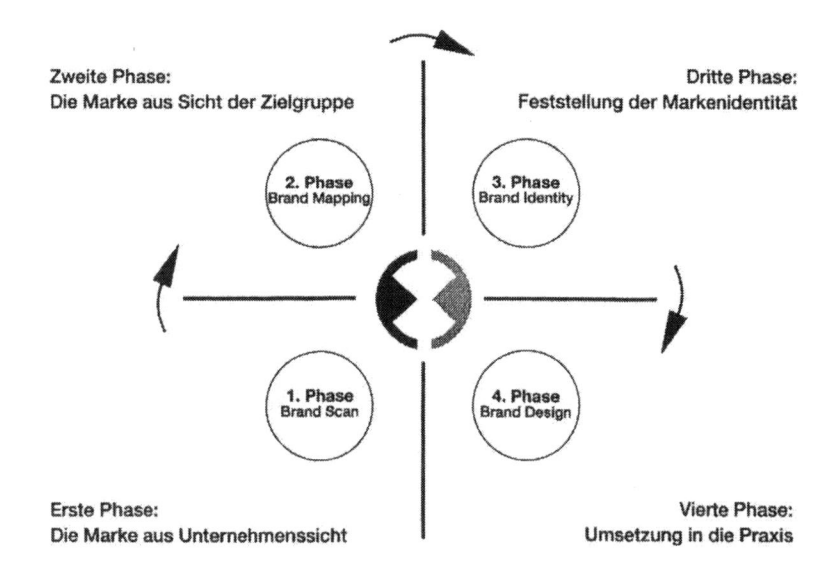

Abbildung 58: Die vier Phasen der Markenanwendung Brand Ambassador

Am Anfang steht das Unternehmen als der aktivere Part in diesem Prozess – genauer gesagt, die Markenverantwortlichen des Unternehmens (Brand Scan). Erst in der zweiten Phase werden die Zielgruppen analysiert (Brand Mapping). In der dritten Phase werden die Ergebnisse aus der Unternehmensanalyse (1. Phase) und der Zielgruppenuntersuchung (2. Phase) miteinander verglichen und daraus die Markenidentität definiert (Brand Identity). In der letzten Phase findet die Umsetzung der gewonnenen Ergebnisse in die Praxis statt (Brand Design).

Dies ist die Beschreibung einer ganzheitlichen Vorgehensweise im Rahmen des Kommunikationsprozesses zwischen Unternehmen und Zielgruppen, wie sie auch von uns mehrfach praktiziert wurde. Da jede Markensituation individuell betrachtet werden muss, kann auch der Fall eintreten, dass bestimmte Phasen nur eingeschränkt untersucht werden können bzw. auf diese ganz verzichtet werden müssen. Insbesondere die letzte Konsequenz, der Abbruch der gesamten Untersuchung, kann dann eintreten, wenn sich die Markenverantwortlichen im Unternehmen über die Ziele, Zielgruppen und die Strategie bezüglich der Marke nicht einig sind. Dass dies durchaus der Fall sein kann, haben uns auch einige Beispiele aus der Praxis gezeigt. Wenn das Management verschiedene Vorstellungen zur Marke hat und hier starke Differenzen über die weitere Vorgehensweise zu Tage kommen, bedeutet dies, dass der eigentliche aktive Part innerhalb des Kommunikationsprozesses keine Vorgaben machen kann. Die Marke wird in dieser Situation nicht mehr konsequent betreut. In diesem Fall kann der Abbruch der gesamten Anwendung empfehlenswert sein, da u. a. nicht klar ist, wer sich im Unternehmen mit seiner Meinung durchsetzt. Die erste Phase, also die Analyse des Unternehmens, übernimmt in diesem Fall die Funktion, einen Konsens über Ziele und Strategien bezüglich der Marke zu finden. Auch dies ist ein Vorteil einer ganzheitlichen Sichtweise. Im Folgenden soll nun näher auf den Anfang der Markenanwendung eingegangen werden.

7.2 Erste Phase: Analyse des Unternehmens

Der Prozess der Markenbildung ist eine evolutionäre Entwicklung, die aus vielen einzelnen Facetten besteht. Wie bereits geschildert, ist es nicht mit der Produktinnovation allein getan; es ist nicht der international verständliche Name; es ist nicht das konkurrenzlos ästhetische Design und es ist auch nicht allein die kreative Werbekampagne, die für die Markenbildung zuständig ist. Markenbildung ist ein heterogenes Konglomerat einer Vielzahl von Ereignissen, die aktiv angegangen werden müssen. Diese Aktivität ist der Ursprung der Markenbildung; diese Aktivität ist ein bewusster Vorgang, der vom Unternehmen ausgeht. Das bedeutet zugleich: Markenbildung kann geplant werden.

Wie aus dem Kommunikationsprozess ersichtlich und aus der wirtschaftlichen Praxis bekannt, ist der Unternehmer bzw. das Unternehmen der Ursprung dieser Aktivität und somit der Initiator der Markenbildung. Alle entscheidenden Impulse, eine Marke zu entwickeln und auf den Markt zu bringen, kommen vom Unternehmer bzw. vom Unternehmen – der Begriff Unternehmen ist gleichzusetzen mit Unternehmer; gemeint ist der Personenkreis, von dem die Aktivitäten zur Markenbildung ausgehen. Da sich die Markenidentität aus einer formalen und inhaltlichen Ebene zusammensetzt, müssen beide Bereiche in die Untersuchung einbezogen werden. Weitaus komplexer als die Analyse der formalen Kriterien ist die inhaltliche Seite, da es bei den Markenverantwortlichen um ihre subjektiven, persönlichen Meinungen zur Marke geht.

Bei der Markenbildung zählen nicht nur betriebswirtschaftliche oder monetäre Kriterien. Mit der Planung und Entwicklung eines Produktes, das zu einer Marke werden soll, sind ebenfalls Motivationen, Einstellungen, Emotionen und Bedeutungen des Personenkreises verbunden, der an der Entwicklung beteiligt ist. Dies sind in erster Linie Personen direkt aus dem Unternehmen – meistens ist hier die Geschäftsleitung sowie die zweite Führungsebene aus verschiedenen Bereichen wie Entwicklung, Marketing, Vertrieb, Marktforschung oder Unternehmenskommunikation direkt involviert. In zweiter Linie zählen dazu ebenfalls Personen, die vom Unternehmen beauftragt werden und bei der Markenentwicklung unterschiedlich stark partizipieren wie Unternehmensberater, Patentanwälte, Produktdesigner oder auch Naming- oder Werbeagenturen. Dieser gesamte Personenbereich gehört zum Senderkreis, da dieser an den Markenbotschaften arbeitet und die markenbildenden Kriterien aktiv gestaltet. Um für die Analyse des Unternehmens ein aussagefähiges Bild zu erhalten, wird ausschließlich auf den erstgenannten Personenkreis – also auf den unternehmensinternen Bereich – zurückgegriffen. Dies bedeutet, dass ausschließlich Markenverantwortliche des Unternehmens aus der ersten und zweiten Führungsebene für die Analyse in Betracht gezogen werden. Die Entscheidung für diesen internen Personenkreis rührt daher, dass diese ebenfalls alle externen Personen wie Unternehmensberater, Werbeagenturen etc. beauftragen und somit die entscheidenden Informationen weitergeben. Es wird ebenfalls davon ausgegangen, dass die Markenkompetenz im Unternehmen sitzt und hier alle Entscheidungen zur Marke getroffen werden; externe Berater sollten markenpolitische Entscheidungswege vorbereiten, indem sie die Optionen aufzeigen und Empfehlungen aussprechen. Es kommt auch vor, dass die Markenkompetenz von außen eingekauft wird und dass das Unternehmen sich mehr oder weniger auf die Aussagen von Externen verlässt. Da die Markenstrategie eng mit der Unternehmensstrategie verzahnt ist und das Schicksal von Marken oft auch das Schicksal von Unternehmen bedeutet, muss die Markenkompetenz innerhalb des Unternehmens angesiedelt sein. Denn am Ende trägt das Unternehmen die gesamte Verantwortung. Für die erste Phase wird die Auswahl der Markenverantwortlichen zusammen mit dem Auftraggeber vorgenommen. Bei kleineren Unternehmen sollten alle Markenverantwortlichen eingebunden werden – die Geschäftsleitung sowie die zweite Ebene, die direkt für die Marke zuständig sind. Bei größeren Unternehmen hat es sich bewährt, einen repräsentativen Querschnitt der Führungsebene in die Analyse einzubeziehen.

In der ersten Phase gilt es, bei den Markenverantwortlichen herauszufinden,
- welche Ziele mit der Marke verbunden werden,
- welche Zielgruppen mit der Marke anvisiert werden und
- welche Assoziationen die Marke bei den Zielgruppen hervorrufen soll.

Neben diesen Fragen zum externen Umfeld wird ebenfalls herausgefunden, wie die Entscheidungsstrukturen im Unternehmen bezüglich der Marke sind und welchen Stellenwert die Markenpolitik innerhalb des Unternehmens sowie bei den Markenverantwortlichen hat. Dies kann für die weitere Vorgehensweise relevant sein, insbesondere, wenn sich herausstellt, dass einschneidende Veränderungen in der Markenführung vorgenommen werden müssen. Ein weiterer Aspekt ist die persönliche Einbindung der Markenverantwortlichen in den Prozess sowie das Einschätzen der Unternehmenskultur. Denn: Ergebnisse einer Marktforschung können repräsentativ und soweit wie möglich objektiv sein – wichtig ist, dass für die Konsequenzen aus den Ergebnissen eine interne Akzeptanz besteht. Die persönliche Einbindung von Markenverantwortlichen führt gleichzeitig zu einer höheren Bereitschaft, nicht erwartete Ergebnisse bzw. eventuell unangenehme Konsequenzen aus der Analyse intern umzusetzen. Bevor auf diese inhaltlichen Fragen eingegangen wird, ist es wichtig, sich die formalen Kriterien der betreffenden Marke anzusehen. Es zeigt sich, dass für die Betrachtung der formalen Kriterien gestalterische Erfahrungen vorhanden sein müssen.

7.2.1 Erster Schritt: Analyse der formalen Markenkriterien

Die formalen Kriterien wurden bereits im zweiten Kapitel ausführlich anhand von Beispielen beschrieben. Es kann davon ausgegangen werden, dass jedes Unternehmen und jede Marke über bereits bestehende visuell-verbale Grundelemente verfügt. Dieser Teil der Markenanwendung ist daher der einfachere, da hier in der Regel klare Vorgaben für das Erscheinungsbild innerhalb des Unternehmens definiert und die formalen Kriterien somit vorhanden sind.

Neben dem Namen, einem Wort-Bild-Zeichen und Farbe können weitere formale Elemente der entsprechenden Marke hinzukommen. Je nach Unternehmen und Branche sind die relevanten kennzeichnenden Elemente herauszufinden. So kann dies beispielsweise eine bekannte Werbefigur sein, die für die Marke steht und untrennbar mit dieser verbunden ist – also bei der angenommen werden kann, das sie ein Teil der Markenidentität ist. Ein Beispiel ist die mehr als hundertjährige, bekannte „Bibendum-Figur" von Michelin.

Die „Bibendum-Figur" von Michelin wurde 1898 vom Grafiker Designer O'Galop entwickelt und seit dieser Zeit in zahllosen Darstellungen und Variationen weltweit eingesetzt. Der Name „Bibendum" entstammt dem Lateinischen „Nunc est bibendum"

(Jetzt ist es an der Zeit zu trinken; ein Zitat von Marc Anton, dem Liebhaber von Cleopatra); der Grafiker hatte die Figur eigentlich für einen bayerischen Bierbrauer entworfen, der jedoch den Entwurf ablehnte. Einem der beiden Inhaber des gleichnamigen Unternehmens, André Michelin, wurde der Entwurf präsentiert. Nach einigen grafischen Korrekturen wurde die Figur aus Reifen gestaltet – „Bibendum" war geboren.

Abbildung 59: Michelin-Figur

Bei einer Studie der beliebtesten Marken in Frankreich von 1996 erhielt Michelin den zweiten Platz hinter Chanel und vor Mercedes-Benz.[81] Für einen Reifenhersteller ein beachtliches Ergebnis. Die hohe Sympathie ist auf die Bibendum-Figur zurückzuführen, seit mehr als drei Generationen überall präsent war. Neben visuell wahrnehmbaren Kriterien können jedoch auch haptische (den Tastsinn betreffende) oder olfaktorische (den Geruchssinn betreffende) Elemente die Markenidentität widerspiegeln (z. B. bei einer Marke wie Chanel No. 5 gehört der Duft zu den primären formalen Kriterien). Auch der Geschmackssinn kann elementar für die Markenidentität sein. So hat beispielsweise das Unternehmen Coca-Cola im Jahr 1985 ihre Erfahrungen in diesem Bereich gemacht, als das Unternehmen den typischen Geschmack des Getränkes veränderte. Das unter dem Namen „New Coke" auf den Markt gebrachte Getränk war etwas süßer als die herkömmliche Coke. Die Konsumenten reagierten entsprechend negativ; dem Unternehmen blieb nichts anderes übrig, als zur klassischen Geschmacksformel zurückzukehren – „New Coke" wurde aufgegeben; der alte, bewährte Geschmack wurde mit dem Namen „Classic Coke" wieder eingeführt. Ebenfalls können bestimmte Slogans, also spezielle werbliche Sätze, die mit der Marke kombiniert wurden, zum Bestandteil der Markenidentität werden. So haben wir bei unserer Untersuchung für die Marke Valensina festgestellt, dass der Slogan „frisch gepresst oder Valensina", der jahrelang in Zusammenhang mit der Marke kommuniziert wurde, von den Zielgruppen gelernt war und mit der Marke assoziiert wurde.

Alle objektiv wahrnehmbaren Markenkriterien werden im ersten Schritt gesammelt. Ziel ist es, sich einen Überblick zu verschaffen, welche formalen Kriterien in der Vergangenheit genutzt wurden und welche in der Gegenwart genutzt werden. Da die

---

[81] vgl. Darmon 1998, S. 19

Markenbildung immer eine langfristige Angelegenheit ist, gibt es bei jeder Marke einen geschichtlichen Hintergrund. Die Markenhistorie und insbesondere die Anwendung von formalen Elementen, die über einen längeren Zeitraum in Verbindung mit der Marke genutzt wurden, sind ebenfalls in die Untersuchung einzubeziehen. Da jedes Unternehmensarchiv eine Fülle von historischem Material hat, kann hier nicht schematisch vorgegangen werden; entscheidend sind formale Elemente, die noch in der Gegenwart in irgendeiner Form eingesetzt werden. Ein Beispiel für ein formales Element aus der Geschichte einer Marke ist die „weiße Dame" der Marke Persil, die Anfang des 20. Jh. in Verbindung mit der Marke genutzt wurde (diese wurde wieder reaktiviert und ist zu besonderen Anlässen auf einigen Verpackungen der Marke Persil zu sehen).

Abbildung 60: Die „weiße Dame" von Persil; Künstler: Kurt Heiligenstaedt, 1922 (©Henkel KGaA)

Bei der Analyse der formalen Markenkriterien gilt es herauszufinden, welche Elemente über die gängigen Kriterien hinaus für die Markenidentität eine Rolle spielen. Bei unseren Untersuchungen stellten wir bei einigen Marken fest, dass über die fest definierten Elemente des Erscheinungsbildes weitere Kriterien zu Bestandteilen der Markenidentität werden können, die in diesem Sinn nicht vom Unternehmen erwartet wurden. Ein Beispiel hierfür ist die Marke Valensina. Bei einer Untersuchung im Jahr 2001 für die Marke stellten wir fest, dass die Zielgruppen die Person „Onkel Dittmeyer" aus der Werbung und von der Verpackung direkt mit der Marke Valensina verbunden haben – „Onkel Dittmeyer" verkörperte sozusagen die Markenidentität von Valensina. Diese Tatsache war unter anderem deshalb interessant, weil das Unternehmen 1998 die Marke Valensina von Procter & Gamble zurückerworben und seitdem auch keine

Fernsehwerbung mehr für Valensina geschaltet hatte – „Onkel Dittmeyer" war jedoch Bestandteil der Markenidentität geworden.

Da in dieser Phase noch keine Zielgruppenuntersuchungen durchgeführt wird – dies ist Teil der zweiten Phase – können alle formalen Kriterien nur unter formal-gestalterischen Aspekten untersucht werden (erst in der dritten Phase werden die Ergebnisse der ersten beiden Phasen miteinander abgeglichen).

Die Auswertung der formalen Markenkriterien erfolgt nach folgenden zwei Kriterien:
- Prägnanz und
- Homogenität.

Aus der Praxis ist bekannt, dass das Markenerscheinungsbild diese zwei grundlegenden Voraussetzungen erfüllen muss. Was genau ist Prägnanz?

Das Prägnanzkriterium steht für die Übersichtlichkeit der formalen Kriterien. Alle Elemente des Marken-Erscheinungsbildes sollten einfach und schnell wahrnehmbar sein; die formalen Elemente dürfen nicht zu komplex oder verspielt sein. Bild-Zeichen, die komplex sind und über keine einfache geometrische Form verfügen, werden von den Zielgruppen weniger schnell erkannt und sind daher schwerer erlernbar. Ein Beispiel für Prägnanz ist u. a. das Bild-Zeichen der Deutsche Bank.

Deutsche Bank ⃞

Abbildung 61: Das Wort-Bild-Zeichen Deutsche Bank

Klare geometrische Grundfiguren wie Quadrat, Dreieck oder Kreis als Bild-Zeichen gehören zu den prägnantesten Formen überhaupt und damit auch zu den am häufigsten benutzten Gestaltungsumsetzungen. Doch Prägnanz kann auch monoton sein. Denn der größte Nachteil an einfachen geometrischen Grundfiguren ist, dass diese durch ihre häufige Verwendung an Differenzierungskraft verlieren und langweilig wirken. Aus dem Prägnanzprinzip „less is more" (weniger ist mehr) kann schnell ein „less is bore" (weniger ist langweilig) werden. Da sich ein gutes Bild-Zeichen ebenfalls vom Wettbewerb unterscheiden muss, ist es notwendig, ein Zeichen zu entwickeln, das sich von anderen Zeichen unterscheidet und darüber hinaus auch eine gestalterische Besonderheit – beispielsweise über die Ästhetik – vermittelt. So gesehen geht es nicht nur um die Identifikation, sondern ebenfalls um Differenzierung sowie um ein zusätzliches ästhetisches Element. Die Frage, ob ein Bild-Zeichen wie das der Deutsche Bank ästhetisch ist, stellt sich nicht, da in diesem Fall die Differenzierungskraft gegenüber Bild-Zeichen wie Dresdner Bank, Commerzbank und Hypovereinsbank ausreicht. Daher hat die Differenzierungskraft Priorität vor einer Ästhetik, insbesondere da die Unterscheidungskraft objektiver zu bestimmen ist als ästhetische Empfindungen.

Das zweite formale Kriterium ist die Homogenität, d. h. die Einheitlichkeit aller formalen Gestaltungselemente. Erst ein einheitlicher Einsatz aller formalen Kriterien gewährleistet, dass die Zielgruppen die Marke als Ganzheit schnell wiedererkennen und somit die Markenidentität wahrnehmen. Ein Erscheinungsbild, das Markierung, Farbe, Typografie und andere Elemente nicht einheitlich definiert hat, wird es schwer haben, die intendierten Botschaften der Marke über die formalen Kriterien zu transportieren. Daher gilt: Je homogener ein Markenerscheinungsbild ist, desto größer ist die Wahrscheinlichkeit, dass die zielorientierten Botschaften die Zielgruppen ohne Reibungsverluste erreichen. Die Homogenität ist vergleichbar mit einer Lupe, die das Licht bündelt. Eine hohe Homogenität aller formalen Kriterien ist somit unerlässlich. In den meisten Unternehmen existiert daher ein Handbuch, in dem eine Festlegung aller formalen Gestaltungselemente des Erscheinungsbildes manifestiert wird. Hierbei werden neben der Markierung, der Farbe und der Typografie, also der benutzten Hausschrift, auch Elemente wie Geschäftsausstattungen (Visitenkarten, Briefbögen, Kurzmitteilungen etc.) bis hin zu Werbeanzeigen, Internetauftritt und Fahrzeugbeschriftung konkret festgelegt. Wie weit ein homogenes Erscheinungsbild gehen kann, zeigt das Unternehmen DaimlerChrysler, das sogar eine eigene Schrift für den Einsatz im Unternehmen sowie für die Marken entwickeln ließ. Diese Schrifttrilogie mit dem Namen „Corporate" besteht aus den drei Schriftschnitten der Corporate A für eine Antiqua-Schrift (eine klassische Schrift), der Corporate S für eine Serifenlose-Schrift (eine sachliche Schrift) sowie der Corporate E für eine Egyptienne (eine serifenbetonte, technische Schrift). Aus den folgenden Schriftbeispielen ist zu sehen, dass die Schriften aus einer „Familie" stammen und sich trotz ihrer Unterschiede ähneln.

Corporate A (Antiqua)

Corporate S (Sans)

Corporate E (Egyptienne)

Abbildung 62: Die Schrifttrilogie für DaimlerChrysler

Weidemann, der Gestalter der Hausschrift für die damalige Daimler-Benz AG, sieht sie als gleichrangiges Element neben dem Zeichen und der Farbe.[82] Aus der Intention, sogar eine eigene Schrift für das Erscheinungsbild zu entwickeln, ist erkennbar, dass eine

---

[82] vgl. Weidemann 1994, S. 349

größtmögliche Einheitlichkeit bzw. Homogenität innerhalb des Unternehmens angestrebt wurde. Die Relevanz eines prägnanten und homogenen Erscheinungsbildes wird nicht von jedem Unternehmen gleich eingeschätzt. Doch es hat sich gezeigt, dass Unternehmen mit einem konsequenten Erscheinungsbild besser und schneller wahrgenommen werden als Unternehmen, die dies vernachlässigen.

Die Analyse der wahrnehmbaren Markenkriterien ist für die Analyse der Markenidentität von größerer Relevanz, als bislang angenommen. Die in erster Linie visuell wahrnehmbaren Kriterien spiegeln die formale Seite der Marke wider. Sie sind es, die die Zielgruppe innerhalb des Kommunikationsprozesses wahrnimmt. Es sind die formalen Elemente, mit denen der Konsument die Inhalte, die Bedeutungen der Marke verbindet. Tatsache ist, dass die Analyse der formalen, der objektiven Markenkriterien in dieser Phase primär eine gestalterisch-pragmatische Herangehensweise erfordert. Hierfür sind Kenntnisse aus der visuellen Gestaltung, des Grafik-Designs notwendig. Erst im weiteren Verlauf werden die formalen Markenkriterien interpretativ analysiert und in Bezug zu den inhaltlichen Assoziationen gesetzt.

7.2.2 Zweiter Schritt: Definition der Markenverantwortlichen

Die Analyse des Unternehmens in der ersten Phase geschieht nach markenrelevanten Gesichtspunkten. Das bedeutet, dass die Personen befragt werden müssen, die für die Marke Verantwortung tragen. Aus zahlreichen Interviews sowie Gruppendiskussionen mit an der Markenentwicklung beteiligten Personen aus der ersten und zweiten Führungsebene von Unternehmen haben wir gesehen, dass bei diesem Personenkreis in der Regel eine hohe Identifikation mit der Marke vorhanden ist, die aber unterschiedliche Quellen hat. Die Identifikation mit der Marke ist abhängig vom Aufgabenbereich und individuellen Hintergrund der jeweiligen Person. Hinzu kommen persönliche Motivationen und Einstellungen, die ebenfalls ausschlaggebend für die Markenführung sein können. Beschreibt ein Vorstand oder Geschäftsführer im Allgemeinen die grundlegende unternehmerische Relevanz der untersuchten Marke, ist es beim Produktmanager häufig die technische Zusammensetzung und die Qualität, die betont werden.

Bei der Auswahl der Markenverantwortlichen geht es darum, den Personenkreis zu benennen, der für die Marke direkt Verantwortung trägt. Dies sind in erster Linie die Geschäftsführung sowie Führungspersonen der zweiten Ebene, insbesondere aus den Bereichen Produktmanagement, Marketing, Unternehmenskommunikation und Vertrieb (jedes Unternehmen verfügt über eine andere Struktur; es gilt hierbei eine zur jeweiligen Struktur des Unternehmens passende Auswahl zu treffen). Entscheidend ist, dass versucht wird, alle Personen zu bestimmen, die über Markeninhalte entscheiden. Die Größe dieses Personenkreises ist von Unternehmen zu Unternehmen unterschiedlich und hängt von der Organisationsstruktur ab. Die Festlegung des zu befragenden Personenkreises wird gemeinsam mit dem Unternehmen vorgenommen.

7.2.3 Dritter Schritt: Analyse der subjektiven Markenkriterien

Nachdem die objektiven, in erster Linie visuell wahrnehmbaren Markenkriterien erfasst wurden, müssen in einer zweiten Stufe der ersten Phase die nicht wahrnehmbaren, die subjektiven Inhalte analysiert werden. Was bedeutet dies konkret?

Bei diesem Schritt geht es darum, die Vorstellungen des Unternehmens in Bezug auf die untersuchte Marke herauszufinden – also die Inhalte der Marke, wie sie das Unternehmen sieht, zu bestimmen. Diese lassen sich über die Ziele, über die Strategie, über die Zielgruppenbestimmung aber auch über Assoziationen zur Marke erfassen. Als inhaltliche Markenkriterien sind bei diesem Schritt alle Ziele, Motivationen, Bedürfnisse und Emotionen der Markenverantwortlichen im Unternehmen zu sehen, die diese in die Marke hineinprojizieren. Diese Inhalte können verschiedenster Natur sein; sie können quantitativer und qualitativer Natur sein – je nach Sichtweise und Arbeitsbereich der Markenverantwortlichen. Diese Inhalte können als Vor-Formen von Bedeutungen verstanden werden, da diese in der Phase der Markenbildung als „Wunschvorstellung" existieren und daraus erst dann eine Bedeutung entsteht, wenn der Konsument am anderen Ende des Kommunikationsprozesses die Intentionen des Senders in der Praxis als Bedeutungen akzeptiert. Um diese Inhalte, die Ziele und Intentionen der Markenverantwortlichen zu erfassen, bietet sich die Möglichkeit von leitfadengestützten Interviews oder Gruppendiskussionen mit den Markenverantwortlichen des Unternehmens an. Ziel ist es, das individuelle Wissen sowie die jeweiligen Intentionen und Bedürfnisse der für die Marke Verantwortlichen herauszufinden. Also nicht das, was in Strategiepapieren, Broschüren oder Geschäftsberichten steht, sondern die individuellen und subjektiven Meinungen der einzelnen Markenverantwortlichen. Die leitfadengestützten Interviews werden in der Regel einzeln und anonymisiert durchgeführt, damit die subjektiven Meinungen erfasst werden können. Gruppendiskussionen haben den Nachteil, dass in bestimmten Situationen gruppendynamische Prozesse entstehen können, die nicht den Meinungen der jeweiligen Individuen entsprechen und somit die Aussagen zur Marke verfälschen. Inhalte der leitfadengestützten Interviews sind Fragen beispielsweise zu folgenden Themenbereichen:
– Aussagen zum Unternehmen: Welche Erwartungen hat der Befragte an das Unternehmen?
– Aussagen zur Strategie: Welche Ziele und Visionen hat das Unternehmen?
– Aussagen zur Marke: Welche Bedeutungen werden mit der Marke assoziiert; welche Stärken und Schwächen hat die Marke?
– Aussagen zur Markenstrategie: Wie sieht die kurz-, mittel- und langfristige Perspektive der Marke aus?

Die subjektiven einzelnen Meinungen zur Marke werden bei der Analyse zusammengeführt und nach Kriterien der Konvergenz und Divergenz ausgewertet. Die Auswertung erfolgt in Form von Clustern, in denen die Aussagen der einzelnen Markenverantwortlichen in Themenbereiche zusammengefasst werden. Die Bildung von themenbezogenen Clustern erleichtert einerseits die übersichtliche Ordnung der jeweiligen Aussagen; andererseits können die Konvergenzen bzw. die Divergenzen zur Marke ganzheitlich erfasst werden. Ziel ist es herauszufinden, ob es eine einheitliche Richtung, also eine konvergente Sichtweise zur untersuchten Marke gibt oder ob eher ein diffuses internes Bild zur Marke existiert. Der Vorteil von anonymisierten Interviews zeigt sich auch hier: Da bei der Zusammenfassung in themenbezogene Cluster häufig bis dahin nicht bekannte gegensätzliche Meinungen zusammentreffen, können diese auf einer sachbezogenen Ebene besprochen werden. Hieran kann auch das Unternehmen erkennen, wie einheitlich die Marke intern gesehen wird. Nicht selten sind bei der Zwischenpräsentation der internen Analyse für das Unternehmen wichtige und klärende Prozesse in Gang gebracht worden, die für die zukünftige Markenführung entscheidende Erkenntnisse gebracht und zudem das interne Klima verbessert haben. In vielen Fällen zeigt sich, dass Markenverantwortliche in Unternehmen häufig glauben, dass sie bereits alles über die Marke wissen. Insbesondere, wer sich täglich mit der Marke beschäftigt und dies über Jahre hinweg tut, kann dazu neigen, neue Ansichten bzw. Veränderungen der Marke nicht zu erkennen oder zu akzeptieren. Auch hier zeigt sich, dass die Gegenüberstellung von anderen Meinungen zur Marke, durchaus auch zu einer unternehmensinternen Einstellungsänderung führen kann.

Neben den verschiedenen Einstellungen und unterschiedlichen Meinungen innerhalb des Unternehmens ergibt sich aus dem späteren Vergleich mit den Assoziationen der Zielgruppen ein optimales Bild, ob die Markenverantwortlichen innerhalb des Unternehmens die Realität außerhalb korrekt einschätzen oder, ob die Einschätzungen grundsätzlich revidiert werden müssen. Ebenfalls kann die Situation eintreten, dass das interne Meinungsbild so uneinheitlich bzw. widersprüchlich ist, dass eine Fortsetzung der Analyse nicht empfehlenswert ist. Insbesondere, wenn zu elementaren Kriterien wie Markenstrategie, Zielen und Zielgruppen gegensätzliche Ansichten bestehen, sollten vor einer Fortsetzung der Markenidentitätsanalyse diese Fragen intern gelöst werden. Eine konsequente und einheitliche Zielsetzung ist die Grundbedingung für den konsequenten Aufbau einer Markenidentität. Experimente im Zusammenhang mit den Zielgruppen würden mehr Schaden anrichten als der Marke zu nutzen.

7.2.4 Vierter Schritt: Quantitative Erhebung

Der vierte Schritt innerhalb der ersten Phase ist optional zu sehen. Denn zusätzlich zu den leitfadengestützten Interviews bzw. zu den Gruppendiskussionen kann bei den Markenverantwortlichen eine quantitative Erhebung vorgenommen werden. Hierbei wird das gleiche methodische Verfahren wie bei den Zielgruppenbefragungen angewendet. Der Vorteil einer zusätzlichen quantitativen Erhebung bei Markenverantwortlichen ist die direkte Vergleichbarkeit der Ergebnisse zwischen Unternehmen und Zielgruppen, da dieses Verfahren in der zweiten Phase analog bei den Zielgruppen durchgeführt wird. Über die Durchführung einer quantitativen Erhebung bei den Markenverantwortlichen wird von Fall zu Fall entschieden. Sie hängt von den Ergebnissen der leitfadengestützten Interviews ab. Empfehlenswert ist die Durchführung bei Unternehmen bzw. bei Markenverantwortlichen, bei denen sich aus den leitfadengestützten Interviews keine oder wenige Erkenntnisse herauskristallisiert haben. Auch wenn eine absolute Anonymisierung gewährleistet oder eine größere Gruppe innerhalb des Unternehmens in die interne Untersuchung einbezogen werden muss, ist ein quantitatives Verfahren von Vorteil. Denn auch aus anonymisierten Interviews lassen sich je nach Thema und Hintergrund der Betroffenen die Aussagen teilweise zurückverfolgen. Das quantitative Verfahren wird ausführlich innerhalb der zweiten Phase der Markenanwendung geschildert.

Nachdem die erste Phase mit der Analyse der Unternehmenssicht abgeschlossen ist, die formalen Markenkriterien definiert und die Zielgruppen für die Stichprobenziehung ermittelt wurden, folgt gemäß dem Kommunikationsprozess die zweite Phase, die die Sicht der Empfänger analysiert. Für die zweite Phase liefert die Untersuchung des Unternehmens bereits entscheidende Ergebnisse. Folgende Ergebnisse sind hierbei maßgebend:
- die Übersicht über alle formalen Markenkriterien,
- die Feststellung der Homogenität bzw. der Heterogenität der formalen Markenkriterien,
- die Feststellung der Ziele für die Marke,
- die Bestimmung der Assoziationen der Marke sowie
- die Definition der Zielgruppen.

Insbesondere die Definition der Zielgruppen hat Konsequenzen für die Markenanwendung. Dies aus zwei Gründen: Um ein Image herauszufinden, ist es wichtig, ein bestimmtes Zielgruppensegment zu befragen. Bei einer Markenidentitätsanalyse sind die Zielgruppen – also alle Segmente – übergreifend zu befragen, da es nicht um die subjektiven Einstellungen, sondern um Bedeutungen geht. Daher ist es wichtig, alle bislang bekannten Zielgruppensegmente zu kennen und diese einzubeziehen. Dies ist der erste Aspekt.

Der zweite Aspekt betrifft die Frage, ob das Unternehmen seine Zielgruppen kennt – also wirklich weiß, welche Zielgruppen für die Marke in Frage kommen. Häufig gibt es bezüglich der richtigen Zielgruppenauswahl Unsicherheiten im Unternehmen. Auch stellt sich oft die Frage, ob es neben den bisherigen Zielgruppensegmenten zusätzliche potenzielle Zielgruppen gibt. Auch hier zeigt sich, dass eine umfassende Einbeziehung aller potenziellen Zielgruppen vorteilhaft ist, da aus der Markenidentitätsanalyse ersehen werden kann, welche Schwerpunkte wo gesetzt werden müssen. Oder anders: Die Untersuchung geht in der zweiten Phase bei allen Zielgruppen vom gleichen methodischen Verfahren bzw. von der gleichen Ausgangsfrage aus. Über eine zusätzliche soziodemografische Aufschlüsselung der Zielgruppen können im nachhinein die Assoziationen zurückverfolgt werden. Somit können ebenfalls Aussagen zur Bestimmung von Zielgruppen bzw. von konkreten Zielgruppensegmenten getroffen werden.

7.3 Zweite Phase: Analyse der Zielgruppen

Um die Markenidentität zu untersuchen, ist es notwendig, die Partner des Kommunikationsprozesses schrittweise in die Analyse einzubinden. Das Unternehmen als der aktive Part bestimmt die Vorgaben und setzt die Marke gewissermaßen „in Szene". Im weiteren Verlauf kommt es darauf an, dass die Zielgruppen entsprechend den Vorstellungen des Unternehmens auf die Marke eingehen. Aus dieser Wechselbeziehung zwischen Unternehmen und Zielgruppen entsteht die Markenidentität. Die zweite Phase muss also untersuchen, ob die vom Unternehmen mit der Marke verbundenen Inhalte angenommen werden.

Die Vorgehensweise in der zweiten Phase der Markenanwendung Brand Ambassador richtet sich nach den Ergebnissen der ersten Phase, der Analyse des Unternehmens. Jedes Unternehmen ist individuell; jede Marke hat einen eigenen, spezifischen Hintergrund. So gesehen ist es für die zweite Phase entscheidend, um was für eine Marke es sich handelt. Eine Dachmarke mit verschiedenen untergeordneten Familienmarken muss anders behandelt werden als eine Einzelmarke. Denn eine Dachmarke kann einen starken oder einen schwachen Einfluss auf die untergeordneten Marken haben. Eine Dachmarke wie „Volkswagen" als Konzernmarke, hat einen deutlichen Einfluss auf ihre zum Konzern gehörenden Marken wie „Audi", „Skoda" oder „Seat". Eine Dachmarke wie „Beiersdorf" spielt beispielsweise bei ihrer Marke „Nivea" eine für den Konsumenten untergeordnete Rolle. Eine Einzelmarke dagegen hat den Vorteil, dass sie von keiner anderen Marke im Unternehmen beeinflusst wird und sich alle Anstrengungen des Unternehmens und alle Assoziationen der Zielgruppen auf sie fokussieren können. Ebenso verhält es sich mit der Frage der Zielgruppen. Eine homogene Zielgruppe muss anders in die Erhebung einbezogen werden als eine heterogene Zielgruppe. Bestimmte Marken haben eine breite und unübersichtliche Zielgruppe; andere Marken richten sich an einen konkret bestimmbaren Empfängerkreis. So ist beispielsweise eine Schokoladenriegelmarke wie „Mars" für eine breitere Öffentlichkeit interessanter als eine Marke wie „Heidelberger Druckmaschinen", die ausschließlich für eine fest definierte Kundengruppe in Frage kommt. Des Weiteren kann eine Marke zwei oder mehrere unterschiedliche Zielgruppen im Fokus haben, die keine Berührungspunkte haben. Hierzu gehören beispielsweise Marken, die nicht nur einer breiten Öffentlichkeit zugänglich sind, sondern ebenfalls als Aktie im DAX notiert sind. Für diese Marken sind auch Investoren und Analysten eine nicht unbedeutende Zielgruppe, die eventuell ebenfalls in die Untersuchung einbezogen werden muss. In diesem Sinn wird zwar bei allen Zielgruppensegmenten das gleiche Verfahren angewendet. Aus der soziodemografischen Einteilung können später die Assoziationen zu diesen Segmenten zurückverfolgt werden. Dies führt zu entscheidenden Erkenntnissen zur Sicht eines speziellen Zielgruppensegments. Nach Sammlung und Bewertung der formalen und inhaltlichen Markenkriterien aus der Sicht des Unternehmens in der ersten Phase kann erst die Vorgehensweise in der zweiten Phase festgelegt werden. Basis der Vorgehensweise ist das sogenannte Cognitive-Mapping Verfahren, das innerhalb des gemeinsamen Markenforschungsprojektes vom Institut für Psychologie der Universität Göttingen entwickelt wurde. Ausgehend von einem modellhaften Prozess können folgende Schritte in der zweiten Phase festgehalten werden:

Befragung

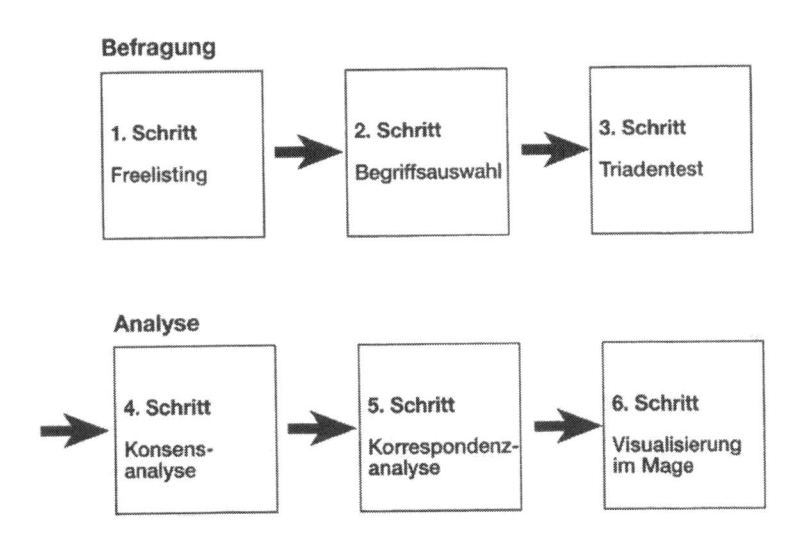

1. Schritt Freelisting → 2. Schritt Begriffsauswahl → 3. Schritt Triadentest

Analyse

→ 4. Schritt Konsensanalyse → 5. Schritt Korrespondenzanalyse → 6. Schritt Visualisierung im Mage

Abbildung 63: Modellhafte Vorgehensweise in der 2. Phase (Zielgruppenerhebung)

Die Abbildung zeigt eine mögliche Vorgehensweise, die aus austauschbaren Modulen besteht und bereits bei einigen Untersuchungen von uns in der Praxis angewendet wurde. Kurz zur Erläuterung – auf die genaue Vorgehensweise wird in den nächsten Kapiteln eingegangen: Im ersten Schritt wird ein freies Assoziationsverfahren angewendet, das sogenannte Freelisting. Aus den frei assoziierten Begriffen werden die häufigsten und wichtigsten herausgesucht. Um die Wechselwirkungen der Begriffe zu untersuchen wird im zweiten Schritt ein sogenannter Triadentest mit den wichtigsten Assoziationen vorgenommen. Dieser Schritt ermöglicht die Darstellung der Vernetzung von Assoziationen, aus denen erst die für die Marke wichtigen Bedeutungen ermittelt werden können. In den weiteren Schritten wird ermittelt, ob die Markenidentität eher homogen oder heterogen ist und welche Begriffe für die Markenidentität relevant sind. Im letzten Schritt der methodischen Vorgehensweise wird der Begriffsraum der Marke in einer dreidimensionalen Darstellung verdeutlicht. Die hier in einer Kurzfassung beschriebene Vorgehensweise wird in den nächsten Kapiteln ausführlich erläutert – auch an Beispielen aus der Praxis. Denn, wie gesagt, die beste Theorie ist die, die in der Praxis funktioniert.

7.3.1 Die Erfassung der Begriffe der Markenidentität: Freelisting

Da wir es bei Zielgruppen mit einer quantitativ größeren Stichprobe zu tun haben, ist ein methodisches, in erster Linie quantitatives Vorgehen nötig. Entscheidend ist, dass den befragten Personen so geringe Vorgaben wie nur möglich gemacht werden. Da es hier darauf ankommt, die entscheidenden Assoziationen in Form von Begriffen, die die jeweiligen Zielgruppen verwenden, herauszufinden, dürfen bei der Befragung keine einschränkenden Vorgaben in Form von Items gegeben werden. Dies ist eine Hauptforderung an die methodische Erhebung. Hierfür bietet sich das sogenannte Freelisting-Verfahren an.

Das Freelisting ist ein modellfreies Verfahren, um Assoziationen von Zielgruppen zu einer Marke zu erfassen. Beim Freelisting kann die befragte Person bis zu maximal zehn Begriffe, die ihr zu einer Marke einfallen bzw. die sie mit einer Marke assoziiert, notieren. Hierbei können adjektivische oder substantivische Begriffe, aber auch mehrere Begriffe oder Sätze aufgeschrieben werden. Entscheidend ist, dass keine inhaltliche Begrenzung vorgesehen ist. Alle Assoziationen, die den befragten Personen zur Marke einfallen, sind in dieser Phase relevant. Das Freelisting zur Marke besteht aus zwei methodischen Teilschritten. Im ersten Teilschritt werden bis zu maximal zehn Begriffe erfasst. Nach dem Assoziieren muss die gleiche Person ihre eigenen Begriffe nach Wichtigkeit bewerten. Auf einer Skala von 1 (weniger wichtig) bis 5 (sehr wichtig) muss die befragte Person bei jedem ihrer Begriffe angeben, wie wichtig dieser jeweilige Begriff für sie ist. Somit erhält jeder Begriff zusätzlich eine individuelle Wertigkeit. Ein Beispiel-Fragebogen soll das Prinzip des ersten Erhebungsschrittes verdeutlichen:

1 _____	wenig wichtig ○ 1 ○ 2 ○ 3 ○ 4 ○ 5 sehr wichtig
2 _____	wenig wichtig ○ 1 ○ 2 ○ 3 ○ 4 ○ 5 sehr wichtig
3 _____	wenig wichtig ○ 1 ○ 2 ○ 3 ○ 4 ○ 5 sehr wichtig
4 _____	wenig wichtig ○ 1 ○ 2 ○ 3 ○ 4 ○ 5 sehr wichtig
5 _____	wenig wichtig ○ 1 ○ 2 ○ 3 ○ 4 ○ 5 sehr wichtig
6 _____	wenig wichtig ○ 1 ○ 2 ○ 3 ○ 4 ○ 5 sehr wichtig
7 _____	wenig wichtig ○ 1 ○ 2 ○ 3 ○ 4 ○ 5 sehr wichtig
8 _____	wenig wichtig ○ 1 ○ 2 ○ 3 ○ 4 ○ 5 sehr wichtig
9 _____	wenig wichtig ○ 1 ○ 2 ○ 3 ○ 4 ○ 5 sehr wichtig
10 _____	wenig wichtig ○ 1 ○ 2 ○ 3 ○ 4 ○ 5 sehr wichtig

Abbildung 64: Beispieldarstellung des Freelisting-Prinzips – auf der linken Seite werden die Assoziationen notiert; auf der rechten Seite werden die eigenen Assoziationen nach Wichtigkeit bewertet

Das Freelisting-Verfahren kann entweder klassisch in Papierform erfolgen, oder auch in Form einer Online-Befragung. Insbesondere die letztgenannte Variante offeriert einige Vorteile, da sie die Verbindung mit einer Datenbank erlaubt und zeitsparender ist als die herkömmliche Befragung. Bei einer Online-Befragung ist jedoch zu beachten, dass bei der Festlegung der Stichprobe ein repräsentativer Querschnitt erfasst wird (zwar nimmt die Zahl der Online-Anschlüsse und Nutzer in Deutschland stetig zu, jedoch sind noch einige Bevölkerungsgruppen bezüglich der Internetnutzung unterrepräsentiert).

Nach dem Freelisting werden die Begriffe aller Personen zusammengefasst. Begriffe, die gleich oder ähnlich sind, werden zu Gruppen zusammengefasst und nach Häufigkeit und Wichtigkeit ausgewertet. Hierbei erhält jeder Begriff eine Punktzahl, die sich zusammensetzt aus der Häufigkeit der Nennung, multipliziert mit der Wichtigkeit von 1 bis 5. Ein Beispiel soll dies verdeutlichen: Zu einer Marke wurden innerhalb des Freelistings häufig Begriffe wie „Sicherheit", „sicher" etc. genannt. Aus der Sammlung aller Begriffe ist zu ersehen, dass der Begriffsraum allein durch seine zahlenmäßige Häufigkeit eine besondere Stellung einnimmt. Da dies für die weitere Vorgehensweise nicht ausreicht, kommt der Faktor Wichtigkeit hinzu. In diesem Zusammenhang wird jeder Begriff, der innerhalb dieser Begriffsgruppe „Sicherheit" steht, mit der jeweiligen Wichtigkeit multipliziert – also einem Wert zwischen 1 und 5. Die errechneten Werte werden addiert und zusammengefasst. Aus der gesamten Begriffsliste kann, wenn alle Begriffsgruppen errechnet wurden, eine Rangordnung der Begriffe vorgenommen werden. In der Regel werden die 15 Begriffe herausgesucht, die den höchsten Wert erhalten haben. Ausnahmen können gemacht werden, wenn sich Begriffsgruppen sehr ähnlich sind oder beispielsweise ausschließlich die Grundfunktion einer Marke beschreiben. Dies kann der Fall sein, wenn z. B. beim Freelisting zu einer Marke aus dem Bereich der Finanzunternehmen der Begriffsraum „Geld" mit einer hohen Häufigkeit und Wichtigkeit auftaucht. Der Begriff „Geld" kann in dieser Phase ausgemustert werden, wenn dieser Begriff einen normalbeschreibenden bzw. stark denotativen Sachverhalt beinhaltet und somit keinen hohen Aussagewert für die weitere Untersuchung hat. Durch die Ausmusterung eines normalbeschreibenden Begriffes gelangen eventuell interessantere Begriffe in der Rangordnung nach oben, die einen neuen Aspekt und damit eine höhere Aussagekraft für die Marke erlauben. Die ausgesuchten Top-15-Begriffe stehen für die wichtigsten Assoziationen der Zielgruppen und bilden das Material für die weitere Vorgehensweise. Begriffe oder Assoziationen sind jedoch noch nicht gleichzusetzen mit Bedeutungen. Das freie Assoziieren bildet erst die Basis für die Analyse der Bedeutungen. Nach diesem Schritt folgt der Triadentest, der die bedeutungsbildenden Wechselbeziehungen der Begriffe analysiert.

7.3.2 Die Relation der Markenidentitätsbegriffe: Triadentest

Die Sammlung der Freelisting-Begriffe hat bereits eine hohe Aussagekraft, da sie alle Assoziationen der Zielgruppen zur Marke widerspiegelt. Um jedoch die Bedeutung zu erfassen, reicht dies nicht aus. Denn wie in Kapitel 5.3 ersichtlich wurde, entstehen Bedeutungen aus Relationen – also aus Beziehungen zwischen zwei oder mehreren Begriffen. Anhand des Qualitätsbegriffs kann dies veranschaulicht werden. So kann beispielsweise im Rahmen des Freelistings der Begriff „Qualität" häufig von den Zielgruppen in unterschiedlichsten Formen genannt werden. Doch die Frage, was die Qualität ausmacht oder mit welchen Faktoren sie verbunden wird, ist aus dem Freelisting allein nicht ersichtlich. Um Bedeutungen zu erfassen, und dies ist das eigentliche Ziel der Markenanwendung, muss herausgefunden werden, wie die Relationen der Begriffe zueinander sind. Oder anders: Woraus entsteht die Assoziation „Qualität"? Daher gilt es, die Beziehungen und Verknüpfungen der erfassten Begriffe mit anderen Begriffen herauszufinden und nachvollziehbar darzustellen. Dies geschieht im zweiten Schritt der zweiten Phase mit einem Triadentest.

Nach der Erfassung der Top-15-Begriffe aus dem Freelisting werden mit dem Triadentest die Wechselbeziehungen der Begriffe untersucht. Dies geschieht in der Form, dass die Ähnlichkeiten bzw. Unähnlichkeiten der aus dem Freelisting erfassten Begriffe erfasst werden. Hierbei wird folgendermaßen vorgegangen: Aus den ermittelten Top-15-Begriffen werden Dreierreihen von Begriffen – auch Triaden genannt – gebildet und den Zielgruppen vorgelegt. Die befragte Person muss den für sie unähnlichsten Begriff aus dieser Triade ankreuzen. Ein Beispiel soll dies verdeutlichen:

☐ Geschwindigkeit	☒ *Pink*	☐ Anwenderfreundlich
☒ *Preisgünstig*	☐ Service	☐ Anwenderfreundlich
☒ *Werbung*	☐ Service	☐ Professionell

Abbildung 65: Darstellung von Triaden mit beispielhaften assoziativen Begriffen

In dieser Darstellung befinden sich in der ersten Reihe die Beispielbegriffe „Service", „Qualität" und „Innovation". Den Probanden werden die Triaden vorgelegt; diese müssen den für sie unähnlichsten Begriff ankreuzen. Oder anders: Die beiden ähnlichsten Begriffe bleiben übrig. Die Ähnlichkeit als Kriterium steht in Bezug zur untersuchten Marke; sie ist der Maßstab, um festzustellen, welche Begriffe miteinander im Zusammenhang gesehen werden und welche Begriffe keinen oder einen geringeren Bezug zueinander haben. Da alle 15 Begriffe in unterschiedlichen Kombinationen mehrmals auftauchen, kann somit für jeden Probanden und später für die gesamte Stichprobe die Beziehung der einzelnen Begriffe untereinander dargestellt werden. Entscheidend ist, dass die Ähnlichkeit von Begriffen immer im Zusammenhang mit der jeweiligen Marke zu sehen ist. Aus der Gesamtheit aller Triadentests können die Ähnlichkeiten der wichtigsten Begriffe zur Marke für die gesamte Stichprobe erfasst werden.

7.3.3 Produkt oder Marke?

Nach dem Triadentest erfolgt die statistische Auswertung der Daten. Entscheidend ist, zu sehen, ob überhaupt von einer Marke gesprochen werden kann. Insbesondere bei neuen Produkten, die mit einem hohen Werbeaufwand auf den Markt gebracht wurden, und die sich nach kurzer Zeit einer relativ hohen Bekanntheit erfreuen, ist die Frage, ob eine Markenidentität vorliegt, elementar. Gerade bei neuen Produkten gilt es herauszufinden, welche Inhalte stärker kommuniziert werden müssen. Dies kann bereits aus den assoziierten Begriffen, aus dem Freelisting, abgeleitet werden. Werden bei den Assoziationen Begriffe genannt, die starke Differenzierungen aufweisen, eine große Bandbreite abdecken und sich schwer gruppieren lassen, kann bereits davon ausgegangen werden, dass keine klare Markenidentität vorliegt oder die Marke heterogener Natur ist. Dies spricht dann für eine schwache Marke bzw. gar keine Marke. Ebenfalls wichtig ist zu sehen, ob die Zielgruppen die Marke mehr oder weniger ähnlich sehen. Um herauszufinden, ob die Marke bei den Zielgruppen für homogene Inhalte steht, wird aus den Ergebnissen der Triadentests eine Konsensanalyse vorgenommen. Diese gibt Auskunft über die gemeinsame Sichtweise zur Marke, d. h., ob die Zielgruppen ähnlich über die Marke denken. Ist der Konsenswert hoch, ist davon auszugehen, dass zum einen eine Markenidentität besteht und zum anderen, dass diese homogen ist.

Nach dem Freelisting, dem Triadentest und der Konsensanalyse gilt es, die Beziehungen der Begriffe mit Hilfe einer Korrespondenzanalyse darzustellen. Hierbei werden die 15 Begriffe in der Art dargestellt, dass durch die Nähe zu anderen Begriffen die Ähnlichkeit bzw. Unähnlichkeit der jeweiligen Begriffe verdeutlicht wird. Eine Beispieldimension soll dies verdeutlichen:

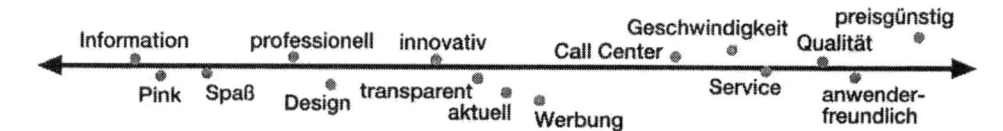

Abbildung 66: Darstellung der Anordnung der 15 wichtigsten Begriffe in einer Beispieldimension

Dieses Beispiel verdeutlicht, wie alle 15 Begriffe in einer Dimension angeordnet sein können. Deutlich erkennbar ist, dass bestimmte Begriffe näher zueinander stehen und sich zu Begriffsgruppen zusammenfinden. Andere Begriffe finden sich isoliert wieder oder stehen weiter entfernt zu anderen Begriffen. Diese Dimensionen bilden somit die erste Grundlage für eine Interpretation von Relationen zwischen den erhobenen Begriffen. Zu beachten ist, dass bei der Erhebung immer mehrere Dimensionen entstehen; in der Regel reichen fünf Dimensionen für die Darstellung aller Begriffsrelationen aus. Die Anzahl der Dimensionen verdeutlicht ebenfalls wie homogen die Markenidentität ist.

7.3.4 Das Modell der Marke: Darstellung des Begriffsnetzes

Bevor die Ergebnisse interpretiert werden, gilt es noch einen Zwischenschritt zu machen. Da statistische Berechnungen häufig dazu neigen, Ergebnisse komplex und somit abstrakt darzustellen, muss bei einer praxisorientierten Markenanwendung, eine Möglichkeit gefunden werden, wie die Markenidentität plausibel und einfach dargestellt werden kann. Der Anspruch an Brand Ambassador ist es auch, dass statistische Laien die Ergebnisse der Markenanwendung nicht nur nachvollziehen können, sondern auch selber interpretativ und somit zielorientiert mit den Ergebnissen arbeiten können. Das Institut für Psychologie der Universität Göttingen hat hier im Rahmen unseres Forschungsprojektes eine Visualisierungsform durch ein Programm mit dem Namen Mage gefunden. Das Programm Mage wurde von David C. Richardson an der Duke University, North Carolina, für die Darstellung biochemischer Moleküle entwickelt. Es hat den Vorteil, dass es die räumliche Anordnung von Begriffen plastisch darstellen kann. Die Analogie zwischen einem Atom- und Markenmodell, wie bereits beim Aufbau der Marke beschrieben, liegt auf der Hand. Atomare Teilchen werden bei unserer Markenanwendung durch Begriffe ersetzt; diese gruppieren sich innerhalb des Modells und sind durch Linien miteinander verbunden. Der Begriffsraum der Marke kann somit als kompaktes Gebilde dargestellt werden. Ein weiterer Vorteil ist, dass die Darstellung des Begriffsraumes der Marke zu einem Bild zusammengeführt wird. Oder anders: Der Begriffsraum steht für die gesamte Markenidentität. Ein Beispiel für die Darstellung eines Begriffsraumes im Mage soll dies verdeutlichen:

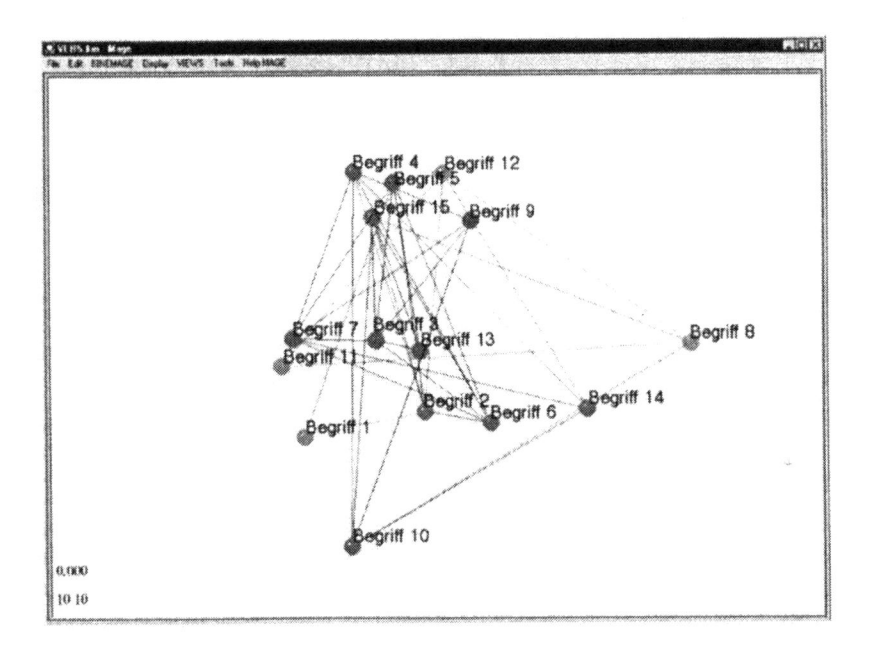

Abbildung 67: Beispiel für ein Begriffsnetz, dargestellt im Mage

Die Abbildung zeigt eine beispielhafte Anordnung der wichtigsten Top-15-Begriffe einer Marke in einem dreidimensionalen Raum. Auch wenn das Mage komplex erscheint, beim genaueren Hinsehen sind Begriffe zu erkennen, die sich gruppieren oder die mehr oder weniger isoliert stehen. Werden die einmal errechneten Daten in das Mage umgesetzt, kann das Markenmodell im Raum gedreht und aus verschiedenen

Perspektiven betrachtet werden. Dies hat den Vorteil, dass bestimmte Begriffe und Begriffsgruppen in den Vordergrund geholt werden können. Andere Begriffe treten dann in den Hintergrund. Daraus ergeben sich konkrete Sichtweisen der Marke, die für die Interpretation der Markenidentität wichtig sind. Denn Begriffe, die nah zusammen stehen, sind einander ähnlich und bilden aus dieser Nähe eine Bedeutung. Ein Beispiel soll das verdeutlichen:

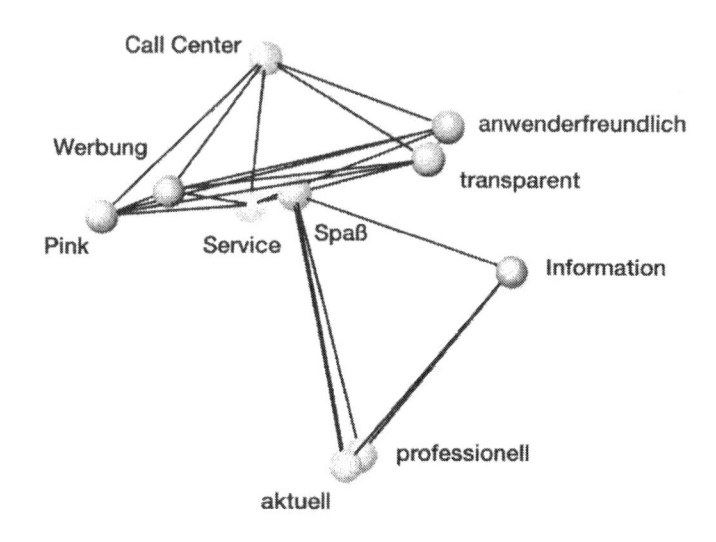

Abbildung 68: Beispiel aus einer Mage-Darstellung/Begriffs-Cluster

An diesem Beispiel ist zu erkennen, dass bestimmte Begriffe nah beieinander stehen und eine Gruppe bilden. Andere Begriffe wiederum stehen weiter weg und sind somit weniger wichtig. Dies bedeutet zugleich, dass nicht alle 15 Begriffe, die durch das Mage als komplexes Bild dargestellt werden, von gleicher Bedeutung und dementsprechend nicht unbedingt Bestandteil der Markenidentität sind. Dieses komplexe Bild ist also nicht gleichzusetzen mit der Markenidentität. Die 15 Begriffe im Mage geben den gesamten assoziativen Begriffsraum, den die Zielgruppen von der Marke haben, wieder. Die Identität einer Marke ist jedoch auf Reduktion angewiesen; genau wie die formalen Markenkriterien gilt auch für die inhaltliche Ebene das Prinzip der Prägnanz. Die Markenidentität besteht aus weniger Elementen, als aus dem Mage ersichtlich sind, und ergibt sich aus der Gegenüberstellung der Zielgruppensicht mit der Sicht des Unternehmens – also den Ergebnissen aus der ersten und zweiten Phase der Markenanwendung. Bevor auf die dritte Phase, die Interpretation und die Definition der Markenidentität, eingegangen wird, sollen weitere methodische Verfahren innerhalb der zweiten Phase angesprochen werden.

7.3.5 Zusätzliche methodische Verfahren

Schon während der ersten Durchführungen der Markenuntersuchungen stellten wir fest, dass die quantitativen Verfahren zwar ein konkretes und repräsentatives Bild der Assoziationen der Zielgruppen widerspiegelten, jedoch hier noch tiefergehende Erkenntnisse zur Marke wichtig sein können. Das Institut für Psychologie der Universität Göttingen entwickelte hierzu eine Reihe von weiteren Verfahren, die individuell je nach Situation der Marke und Fragestellung des Unternehmens eingesetzt werden können. So werden alternativ zum Triadentest auch andere methodische Verfahren angewendet.

Tatsache ist, dass neben diesen rein quantitativen Vorgehen, vom Freelisting bis zur Korrespondenzanalyse, ebenfalls qualitative Verfahren im Rahmen der Markenanwendung hinzugezogen werden können und in bestimmten Situationen auch hinzugezogen werden müssen. Das Ziel von zusätzlichen qualitativen Verfahren ist es, zum einen mehr Informationen in Form von tiefergehenden Meinungen zu erhalten; zum anderen dient ein qualitatives Verfahren ebenfalls zur Validierung der quantitativen Ergebnisse. Hierbei kommen u. a. Verfahren wie Legetechniken und Gruppendiskussionen in Betracht – auch tiefenpsychologische Interviews lassen sich mit dem quantitativen Verfahren kombinieren (Legetechniken sind Verfahren, bei denen die Zielgruppen beispielsweise Karten mit den assoziierten Begriffen nach Wichtigkeit ordnen müssen – daraus können ebenfalls Begriffsnetzwerke erfasst werden). Im Rahmen des gemeinsamen Forschungsprojektes wurden bei den konkreten Markenuntersuchungen primär Gruppendiskussionen mit den Zielgruppen durchgeführt.

Zusätzlich zum Freelisting können ebenfalls weitere Fragen zur Marke erhoben werden. Diese können unter anderem wertvolle Aussagen zu spezifischen Kriterien der Qualität, zum Preis-Leistungsverhältnis, zur Bekanntheit oder zum Werbeauftritt liefern. Sie werden nach dem Freelisting gestellt und geben zusätzliche Informationen, die die aktuelle Situation der Marke betreffen und von den Markenverantwortlichen des Unternehmens als entscheidend definiert wurden. Diese Zusatzfragen runden das Bild der Marke ab.

Fazit: Basiselement der Markenanwendung ist das Freelisting und der darauf folgende Triadentest – beide bilden die Basis für die weitere Vorgehensweise. Sie bilden ebenfalls die Grundlage für die qualitativen Verfahren. Der größte Vorteil des Freelistings ist, dass es weitestgehend modellfrei ist. Dies bedeutet, dass es keine oder ein Minimum an Vorgaben an den Probanden gibt. Anders als bei herkömmlichen Imageanalysen werden keine Items vorgegeben; der Proband erhält die Möglichkeit, frei zu assoziieren. Die hier genannten zusätzlichen qualitativen Verfahren dienen in erster Linie der Validierung der Daten und der inhaltlichen Unterstützung bei der Interpretation.

Nachdem in der zweiten Phase die Zielgruppen, also die Empfänger der Markenbotschaft, untersucht wurden, folgt die dritte Phase, in der die Interpretation der erhobenen Daten stattfindet. Aus der Interpretation wird die Markenidentität definiert sowie die weitere Vorgehensweise der Marke in Form einer Markenstrategie festgelegt.

7.4 Dritte Phase: Entwicklung der Markenidentität

Das phasenweise Vorgehen bei der Markenanwendung verdeutlicht zum einen die interdisziplinäre Sichtweise auf die Marke, zum anderen die Markenidentitätsbildung als Prozess. In der ersten Phase wird das Unternehmen und seine Intentionen als aktiver Part bei der Markenidentitätsbildung untersucht – neben der Kompetenz in Fragen der gestalterischen Praxis sind hier insbesondere Erfahrungen im Marketingbereich relevant. Erst in der zweiten Phase werden die Zielgruppen nach ihren Assoziationen und Bedürfnissen gefragt – hier überwiegen psychologische und statistische Verfahren. Die Zusammenführung aller Ergebnisse aus den beiden ersten Phasen sowie deren Abgleich führt zu einer konkreten Sicht auf die Marke – für die Interpretation kommen alle markenrelevanten Disziplinen zur Geltung; besonders semiotische Kenntnisse sind in dieser Phase relevant. Die Bildung der Markenidentität zeigt sich ebenfalls als eine prozessorientierte Entwicklung. Da die Identität der Marke aus der Zusammenführung der Vorstellungen des Unternehmens und der Zielgruppen entsteht, hat die Marke eine eigenständige Identität, die für sich allein stehen kann.

Ziel der dritten Phase ist die Definition der Markenidentität und darauf aufbauend die strategische Festlegung der Markenführung. Aus der zweiten Phase ist eine Menge an quantitativen und qualitativen Daten erhoben worden, die es zu ordnen gilt. Folgende Daten liegen bei einer Durchführung der Markenanwendung vor:

a) Quantitative Daten:
– alle Begriffe aus dem Freelisting,
– die wichtigsten 15 Begriffe,
– der Konsenswert,
– die Abbildung der Begriffe in den Dimensionen und
– die Abbildung des Begriffsnetzes im Mage.

b) Qualitative Daten:
– Zusatzfragen,
– moderierte Gruppendiskussionen,
– optional: Legetechniken und
– optional: tiefenpsychologische Interviews.

In der dritten Phase werden die verschiedenen Daten sortiert. Auch eine rein soziodemografische Betrachtung muss bei diesem Schritt vorgenommen werden. Denn: In vielen Fällen werden keine homogenen Zielgruppen untersucht, sondern verschiedene Zielgruppensegmente. Hier gilt es sicherzustellen, dass ein statistisch repräsentativer

Querschnitt der anvisierten Gruppen vorhanden ist. Ein weiterer Aspekt betrifft die Berücksichtigung geografischer Unterschiede. Ein Unternehmen, das im Süden Deutschlands seinen Wirkungskreis hat, wird im Norden Deutschlands mit Sicherheit anders gesehen. Daher ist vor einer Erhebung sicherzustellen, dass diese Fakten berücksichtigt und zurückverfolgt werden können, so dass hierdurch keine einseitigen Verschiebungen bei den Assoziationen entstehen. So wurden beispielsweise bei der Durchführung von Brand Ambassador für ein Finanzinstitut verschiedene Zielgruppensegmente wie u. a. Kapitalmarktanleger (Menschen, die z. B. Aktien kaufen), Analysten, Journalisten und Privatkunden einbezogen. Bei der Untersuchung wurden ebenfalls regionale Aspekte berücksichtigt, d. h. die Erhebung wurde in verschiedenen Regionen Deutschlands durchgeführt. Für alle Segmente und für alle geografischen Teilerhebungen müssen in diesem Fall die statistischen Daten berechnet und einzeln ausgewertet werden. Erst wenn feststeht, dass soziodemografisch und geografisch keine erheblichen Unterschiede existieren, können die Daten zusammen betrachtet werden. Des Weiteren werden in der dritten Phase die Ergebnisse aus der zweiten mit denen aus der ersten Phase abgeglichen; also die Analyse des Unternehmens mit der Analyse der Zielgruppen. Aus der ersten Phase liegen die Themencluster aus den leitfadengestützten Interviews bzw. der Gruppendiskussionen vor. Eventuell wurde in der ersten Phase zusätzlich das Freelisting bei den Markenverantwortlichen durchgeführt.

Im ersten Schritt der dritten Phase werden die Daten der zweiten Phase ausgewertet; erst im zweiten Schritt werden diese mit den Daten aus der ersten Phase abgeglichen. Für die Feststellung der Markenidentität bilden die quantitativen Ergebnisse die Basis, da diese repräsentativ erhoben wurden und somit ein statistisch valides Bild der Zielgruppe abgeben. Die qualitativen Ergebnisse werden als zusätzliche Informationen in die Interpretation einfließen. Entscheidend ist, dass die Basis der quantitativen Daten Begriffe sind. Sie allein haben aber noch keine hohe Aussagekraft, da Begriffe unterschiedlich interpretiert werden können. Daher ist es wichtig, die Relationen – also die Abhängigkeiten dieser Begriffe untereinander – zu zeigen. Erst aus den Relationen der Begriffe zueinander entsteht die für die Marke entscheidende Bedeutung. Begriffe und die Relationen zueinander bilden somit die Grundlage für die Identität der Marke.

Im ersten Schritt der dritten Phase gilt es festzustellen, ob die Marke eher über eine homogene oder eher über eine heterogene Identität verfügt.

7.4.1 Erster Schritt: Bestimmung der Markenstruktur

Die Homogenität einer Markenidentität hängt vom Grad der Übereinstimmung der Assoziationen der Zielgruppen mit der Marke ab. Oder anders: Gibt es ein gleiches oder ähnliches Wissen bei den Zielgruppen in Bezug zur Marke?

Der Grad der Übereinstimmung wird durch den Konsenswert dargestellt. Ist dieser ausreichend hoch, kann von einer homogenen Struktur der Markenidentität ausgegangen werden. Ein weiterer Faktor ist die Anzahl der Dimensionen, die sich aus der Varianzaufklärung in der zweiten Phase ergibt. Eine möglichst geringe Anzahl von Dimensionen zeigt eine höhere Prägnanz bei der Struktur der Marke an. Aus beiden Werten, Konsenswert und Anzahl der Dimensionen, ist eine Aussage zur Struktur der Markenidentität ableitbar.

Die Homogenität der Identität ist für eine Marke entscheidend. Sie zeigt, ob die Marke durch wenige oder viele Dimensionen repräsentiert wird bzw. wie viele Dimensionen notwendig sind, um die Marke zu beschreiben. Die Quantität der Dimensionen verdeutlicht, wie viele unterschiedliche Ebenen bzw. Sichtweisen die Marke hat. Je mehr Dimensionen für eine Marke notwendig sind, desto stärker ist die Vielfalt der Markenwahrnehmung, desto heterogener ist auch die Markenidentität. Aus der Erfahrung der vorgenommenen Untersuchungen kann bei einer homogenen Markenstruktur von drei bis fünf Dimensionen ausgegangen werden. Mehr als fünf Dimensionen sprechen für eine heterogene Wahrnehmung der Marke bei den Zielgruppen.

7.4.2 Zweiter Schritt: Auswertung des Freelistings

Das Freelisting erlaubt eine Vielfalt an Interpretationen und bildet die Basis für die inhaltliche Definition der Markenidentität, da hier durch das freie Assoziieren der gesamte Begriffsraum der Marke erfasst wurde.

Das Ziel des Freelistings ist die Erfassung der wichtigsten 15 Begriffe, die aus Häufigkeit und Wichtigkeit aller genannten Begriffe errechnet werden. Aus den Top-15-Begriffen ist bereits ersichtlich, welche begrifflichen Wahrnehmungen zur Marke vorherrschen und welche inhaltlichen Schwerpunkte gesetzt werden. Einzelne Begriffe, die eine hohe Punktzahl haben, sind dominant und prägen die Identität einer Marke entsprechend. Da die Identität einer Marke nicht durch 15 Begriffe dargestellt werden kann, diese Zahl übersteigt das Fassungsvermögen von Konsumenten, muss für die Definition der Identität eine Auswahl von Begriffen vorgenommen werden. Da jedoch die Begriffe allein für die Definition der Identität nicht ausreichen – erst aus der Relation der Begriffe zueinander entsteht die identitätsprägende Bedeutung – kann das Freelisting allein nur einen ersten Hinweis auf die Identität einer Marke geben. Entscheidend ist also, dass die Feststellung der Top-15-Begriffe nicht gleichzusetzen ist mit der Identität der Marke. Die Top-15-Begriffe bilden somit die Bausteine einer Marke ab; für das fertige Gebäude kommt es auf die Anordnung, die Relationen dieser Bausteine an. In jedem Fall bilden die Top-15-Begriffe die beschreibenden und damit elementaren Begriffe der Marke sowie die Basis der Markenidentität.

Ein weiterer Aspekt ist, dass im Zusammenhang mit dem Freelisting nicht nur Assoziationen und Begriffe erfasst werden, die nach Häufigkeit und Wichtigkeit die Bausteine der Markenidentität bilden. Neben diesen Top-15-Begriffen werden eine Vielzahl von weiteren Begriffen, Assoziationen und Äußerungen von den Zielgruppen erfasst. Welchen Aussagewert haben diese Begriffe und wie werden diese Begriffe verwendet?

Da es beim Freelisting keine Einschränkungen beim Assoziieren gibt, können die befragten Personen alles notieren, was ihnen zur Marke einfällt. Auch die weniger häufigen und wichtigen Begriffe werden in die Interpretation einbezogen, da diese einen zusätzlichen Aussagewert haben können. Analoge oder ähnliche Begriffe, die es durch die Punktzahl nicht in die Top-15-Begriffsliste geschafft haben, können durchaus einen hohen inhaltlichen Aussagewert haben. Insbesondere kritische Begriffe, die in einer gewissen Häufung auftreten, müssen bei der Interpretation berücksichtigt werden. Da die Begriffe aus dem Freelisting individuell erhoben werden, werden ebenfalls subjektive Einstellungen und Wertungen erfasst. Diese Einstellungen geben Images wieder und sind eine wertvolle Hilfe bei der Interpretation. So kann unter anderem mit bereits bestehenden Imageuntersuchungen zur Marke die Begriffsliste aus dem Freelisting mit den Imageergebnissen verglichen werden. Auch für die Umsetzung in die kreative Praxis ist die Begriffssammlung eine wertvolle Unterstützung, auf die in der Beschreibung der vierten Phase konkret eingegangen wird.

7.4.3 Dritter Schritt: Auswertung der Dimensionen

Die Darstellung der Top-15-Begriffe in den jeweilgen Dimensionen bildet die Grundlage für die Interpretation sowie für die Definition der Markenidentität. Denn innerhalb der Dimensionen werden zum ersten Mal die Beziehungen der 15 Begriffe zueinander dargestellt. Diese Beziehungen der Begriffe sind die Grundlage für die Bedeutungen, die die Markenbotschaft ausmachen.

Bei der Interpretation der Dimensionen wird nach zwei Kriterien vorgegangen. Das erste Kriterium ist die Bestimmung von auffälligen Gruppierungen von Begriffen. Hierbei ist zu sehen, ob die einzelnen Begriffe innerhalb eines Clusters einen inhaltlichen Zusammenhang ergeben. Das entscheidende Prinzip ist, dass, je näher zwei oder mehrere Begriffe zueinander stehen, desto stärker und wichtiger ist ihre Relation zueinander. Oder anders: Zwei einander nahe stehende Begriffe bilden eine semantische Einheit, aus der eine Bedeutung entsteht. Die Bildung von Clustern ist somit der erste Teilschritt der Interpretation.

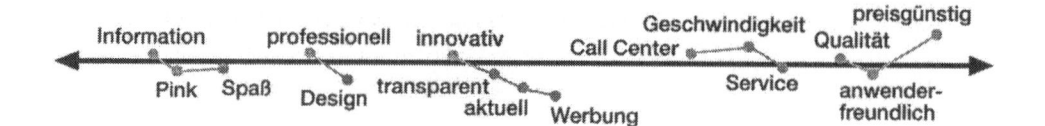

Abbildung 69: Darstellung einer Beispieldimension mit Verbindungslinien zwischen den Begriffen

Sind innerhalb einer Dimension Cluster gebildet worden, werden die Begriffe und ihre Beziehungen zueinander ausgewertet. Wie sieht dies konkret aus? Begriffe, die direkt zusammen stehen, bilden eine semantische Einheit. Steht beispielsweise ein Begriff zu einem formalen Markenkriterium wie „Farbe" in direkter Nähe zu einem Begriff wie „Sicherheit" bedeutet dies, dass der Farbton der Marke Sicherheit vermittelt. Steht beispielsweise der Begriff „Qualität" in direkter Nähe zum Begriff „Service" bedeutet dies, dass der Service im Zusammenhang mit der Marke als qualitätsvoll empfunden wird.

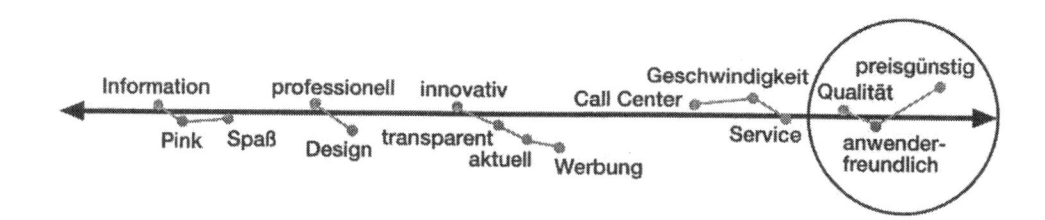

Abbildung 70: Darstellung einer Beispieldimension mit einem Begriffs-Cluster/Qualität

Dieses Prinzip ist einfach anzuwenden und nachvollziehbar; der Rahmen für Interpretationen ist eng – die Begriffe und ihre Entfernung zueinander sprechen für sich. Die Gesamtmenge an Clustern und gruppierten oder nahen Begriffen wird im Anschluss ausgewertet.

Eine weiterer Schritt ist die Auszählung der direkten Nachbarschaft von Begriffen. Hierbei wird jeder der Top-15-Begriffe auf seine unmittelbare Nähe zu anderen Begriffen ausgewertet. Die Anzahl der unmittelbaren Nachbarschaft gibt ebenfalls Aufschluss über die Rolle des jeweiligen Begriffes. Ein Begriff mit einer hohen Nachbarschaft übernimmt eine zentrale Rolle bei der Interpretation; ein Begriff mit einer geringen Nachbarschaft ist weniger bedeutend. Diese quantitative Auswertung der Nachbarschaft darf jedoch nicht darüber hinwegtäuschen, dass bestimmte Begriffe an sich inhaltlich mit einer anderen Gewichtung zu bewerten sind als andere. Die Gewichtung ergibt sich zum einen numerisch aus der Rangordnung der Top-15-Begriffe, die nach Häufigkeit und Wichtigkeit ermittelt wurde. Zum anderen gibt es für eine Marke eventuell Schlüsselbegriffe, die inhaltlich von größerer Relevanz sind als beispielsweise beschreibende Begriffe, die den Sachverhalt der Marke wiedergeben (also z. B. bei einem Finanzinstitut hat der Begriff „Bank" oder „Finanzen" einen grundlegenden, denotativen Charakter, jedoch keinen hohen Aussagewert zur Markenidentität).

7.4.4 Vierter Schritt: Auswertung des Mages

Nachdem die Dimensionen ganzheitlich ausgewertet wurden, kann die Darstellung des Begriffsnetzes im Mage zur Interpretation herangezogen werden.

Das Mage ist eine dreidimensionale Darstellung des Begriffsraumes der Marke. Analog zu den Dimensionen gilt beim Mage das gleiche Prinzip der räumlichen Nähe. Nahe Begriffe bilden eine semantische Einheit; weiter entfernte Begriffe haben eine weniger wichtige Beziehung zueinander. Aus dem Mage ist ebenfalls ersichtlich, welche Begriffe sich im Zentrum befinden und somit eine gehäufte Nachbarschaft zu anderen Begriffen haben. Diese zentralen Begriffe haben im Allgemeinen eine höhere Relevanz als die Begriffe, die sich in der Peripherie befinden.

Die Möglichkeit, das Mage in seiner räumlichen Darstellung zu drehen, erlaubt eine weitergehende Analyse und Interpretation. Durch die Drehung des räumlichen Begriffsnetzes können verschiedene Begriffe in den Vordergrund geholt werden. Aus den verschiedenen Perspektiven ist zu erkennen, wie die übrigen Begriffe sich verhalten, welche Begriffe ebenfalls in den Vordergrund kommen und welche im Hintergrund stehen. Dies wird konkret anhand der Marke Valensina verdeutlicht.

In einem weiteren Teilschritt kann das Mage in einzelne Begriffsgruppen, die beispielsweise aus drei Begriffen bestehen, zerlegt werden. Dies ist dann sinnvoll, wenn sich bestimmte Begriffskonstellationen ergeben, die eine entscheidende Rolle bei der Interpretation spielen.

7.4.5 Fünfter Schritt: Auswertung der qualitativen Ergebnisse

Im Zusammenhang mit der Auswertung und Interpretation der quantitativen Daten folgt die Auswertung der qualitativen Ergebnisse, die je nach Marke und Ausgangssituation durchgeführt wurden. Die qualitativen Daten dienen zum einen der Validierung der quantitativen Ergebnisse und zum anderen der Unterstützung bei der Interpretation.

Aussagen, die mit den Ergebnissen aus den quantitativen Erhebungen korrelieren und somit weitere, tiefergehende Informationen zur Markenidentität geben, haben Priorität. Ebenfalls können aus den Aussagen andere entscheidende Informationen zur Marke gewonnen werden. Dadurch, dass die Ergebnisse des Freelisting ebenfalls bei moderierten Gruppendiskussionen oder bei der Legetechnik vorgelegt werden, können hieraus unterstützende Informationen zur Identität der Marke gefunden werden.

7.4.6 Sechster Schritt: Abgleich der ersten und zweiten Phase

Um die Identität der Marke festzulegen, reicht es nicht aus, die Ergebnisse der Zielgruppenbefragung auszuwerten. Letztendlich entscheidet zwar der Konsument über den Erfolg einer Marke, das Unternehmen hat aber die Möglichkeit, diesen Entscheidungsprozess nachhaltig zu beeinflussen. Da diese Beeinflussung vom Unternehmen im Normalfall bewusst und zielorientiert vorgenommen wird, ist es unerlässlich, die Sicht des Senders in die Analyse einzubeziehen.

Nachdem alle Ergebnisse vorliegen und die zweite Phase ausgewertet wurde, können diese Daten mit denen der ersten Phase verglichen werden. Das erste Ziel ist es, herauszufinden, ob die Markenverantwortlichen eine realistische Sicht auf die Marke haben. Insbesondere hier zeigt sich häufig, dass dies nicht der Fall ist. Das zweite Ziel ist es festzustellen, wo Konvergenzen zwischen Unternehmenssicht und Sicht der Zielgruppen liegen und daraus ableitend, welche Schwerpunkte bei der Definition der Markenidentität gelegt werden müssen. Da die Dimensionen sowie das Mage ein umfangreiches Bild der Marke abliefern, das aber noch nicht homogen und prägnant genug für eine Identitätsfestlegung ist, kann die Sicht des Unternehmens – also die Ergebnisse aus der ersten Phase der Markenanwendung – Akzente bei der Identitätsfindung setzen und Schwerpunkte legen.

In den von uns durchgeführten Untersuchungen haben sich eine Vielzahl von Situationen ergeben, in denen sich aus dem Abgleich der ersten und zweiten Phase überraschende und für die Marke entscheidende Schlussfolgerungen ergeben haben. Insbesondere beim Qualitätsbegriff, der sich anscheinend bei vielen Markenverantwortlichen festgesetzt hat, zeigt sich beim Abgleich mit den Ergebnissen aus der zweiten Phase, dass sich hier durchaus eine spezifischere Sicht, wenn nicht sogar eine andere Sicht auf der Unternehmensseite ergeben muss.

7.4.7 Siebenter Schritt: Festlegung der Markenidentität

Der wichtigste Schritt der gesamten Markenanwendung ist die Definition der Markenidentität. Diese bildet die Grundlage für die Markenführung.

Tatsache bleibt, dass die Identität der Marke keinen naturwissenschaftlichen Gesetzen unterliegt – also kein feststehendes Konstrukt, sondern ein Prozess ist und sich dadurch in Bewegung befindet. Die Markenidentität ist ein immaterielles Gebilde, das durch Hilfsmittel dargestellt werden muss – analog einem Atommodell, dass das Prinzip eines Atoms erklärt. Im Gegensatz zu einem abstrakten Atommodell wird durch die Markenanwendung und durch das Mage ein gegenwärtiger Zustand der Marke dargestellt, der durch repräsentative und valide Verfahren bei Zielgruppenbefragungen erfasst wurde. Das Fazit: Diese Hilfsmittel sind assoziative Begriffe, die durch repräsentative Verfahren erhoben und dargestellt werden. Des Weiteren ist die Markenidentität ein sich veränderndes Gebilde. Jede Darstellung der Markenidentität ist somit eine Annäherung, ein Modell und dient in erster Linie der nachvollziehbaren Visualisierung. Da es bei der Markenanwendung um die Analyse von Bedeutungen geht und diese aus den Relationen zwischen zwei oder mehreren Begriffen entstehen, ist die Darstellung der Markenidentität als Begriffsnetz eine konsequente Umsetzung. Doch wie sieht nun die Identität der Marke aus?

Ausgehend von den quantitativen und qualitativen Ergebnissen ist eine Visualisierung als Begriffsnetz wie im Mage eine geeignete Grundlage, die Identität der Marke darzustellen. Das aus der zweiten Phase vorliegende Mage verfügt jedoch über 15 Begriffe, was zwar ein repräsentatives Gesamtbild der Marke widerspiegelt, aber nicht geeignet ist, die Markenidentität prägnant darzustellen (und den nicht statistisch bewanderten Betrachter naturgemäß überfordert). Da es darum geht, die Identität nachvollziehbar und plausibel darzustellen – also den Kern der Marke wiederzugeben, ist eine Vereinfachung bzw. Reduzierung auf die Kernkriterien notwendig. Die Reduzierung der Top-15-Begriffe innerhalb des Mages ist von einigen Faktoren abhängig, die im Zusammenhang mit dem Unternehmen und der Marktsituation gesehen werden müssen. Auch hier zeigt sich, dass jede Marke individuell betrachtet werden muss. Denn zum einen existieren neben einfach zu erklärenden Marken wie Zigaretten auch erklärungsbedürftige Marken wie beispielsweise bestimmte medizinische Präparate oder ein kompliziertes technisches Produkt. Auch die Marktsituation kann für die Bestimmung der Markenidentität entscheidend sein, wenn beispielsweise viele Wettbewerber ähnliche Produkte anbieten und die Untersuchung ergibt, dass der Preis der bedeutendste Faktor ist, um sich von der Konkurrenz abzuheben. Daher ist das Kennenlernen des Unternehmens sowie der Marktsituation für die weitergehende Interpretation relevant.

Aus unserer Erfahrung ist in der Regel eine Reduzierung auf bis zu fünf Kernkriterien empfehlenswert; bei sehr komplexen Marken sind sechs Kernkriterien noch tragbar. Eine optimale Markenidentität besteht jedoch im Allgemeinen bei drei bis fünf Kernkriterien. Dies bedeutet, dass die im Mage dargestellten 15 Begriffe nach spezifischen Kriterien betrachtet werden müssen, um eine Reduzierung vornehmen zu können. Die Auswahl der Kernkriterien setzt sich zusammen aus der quantitativen Gewichtung der Begriffe sowie der qualitativen Interpretation. Ein Begriff, der häufiger genannt wurde und wichtiger ist als andere Begriffe, hat eine höhere Gewichtung. Auch eine häufige Nachbarschaft steht für einen zentralen Begriff.

Zusammen mit den Ergebnissen aus der ersten Phase, der unternehmerischen Sicht, kann eine qualitative Interpretation vorgenommen werden. Hier geht es um die Festlegung von Schlüsselbegriffen, die für die Identität der Marke eine entscheidende Rolle spielen. Auch zeigt sich hier die Relevanz der unternehmerischen Sicht aus der ersten Phase. Das Unternehmen als der aktive Part im Kommunikationsprozess legt die Schwerpunkte der Markenidentität fest. Das Mage und die Darstellung der 15 Begriffe und ihre räumlichen Beziehungen zueinander geben dem Unternehmen eine optimale Interpretationsbasis, um seine Schwerpunkte bezüglich der Marke festlegen zu können. Markenidentitätsbildung und Markenführung werden somit nicht zum Wunschdenken des Unternehmens, sondern zu einem zielorientierten Vorgang, der auf repräsentativen und validen Ergebnissen beruht. Dies bedeutet: Aus der quantitativen und qualitativen Auswertung und Reduzierung auf die Kernkriterien kann die Identität der Marke definiert werden.

Die Identität einer Marke besteht aus dem Markenkern und der Markenperipherie. Basis des Markenkerns sind Begriffe, aus denen die Bedeutungen der Markenbotschaft entstehen. Also Begriffe, die grundlegenden Charakter haben. In der Markenperipherie befinden sich dagegen Begriffe, die zwar ebenfalls zur Markenidentität gehören, jedoch kurzfristiger und somit schneller zu verändern sind. Diese Begriffe sind alle Assoziationen und Äußerungen, die im Zusammenhang mit der zweiten Phase im Rahmen des Freelistings erhoben wurden und in direkter Verbindung zu den Kernbegriffen der Marke stehen. Hierbei werden die zu den Kernbegriffen gehörenden Begriffsgruppen ausgewählt; aus diesen Begriffsgruppen werden die relevanten und für die Marke entscheidenden Begriffe für die Markenperipherie bestimmt. Die Auswahl der peripheren Begriffe erfolgt ebenfalls nach der genannten Häufigkeit und Wichtigkeit im Freelisting.

Mit der Festlegung der Markenidentität in der dritten Phase ist die Grundlage geschaffen worden, um für einen weitergehenden Einsatz der Marke die richtige Botschaft zu kommunizieren. Der Einsatz der Ergebnisse ist je nach Situation und individuellen Bedürfnissen der Marke unterschiedlich – die Basis ist jedoch gegeben. Festzuhalten bleibt, dass das Ergebnis der Untersuchung einen strategischen sowie einen operativen Wert für die Marke hat. Zum einen wird anhand der Ergebnisse ein konkretes Bild der Markenidentität geschaffen; diese Markenidentität hat strategischen Charakter. Zum anderen kann aus den Ergebnissen in der vierten Phase die kreative Umsetzung entwickelt werden; so können beispielsweise die Begriffe aus dem Freelisting für die operative – also für die werbliche – Umsetzung eingesetzt werden.

7.5 Vierte Phase: Umsetzung in die Praxis

Ausgehend von der ganzheitlichen Betrachtung sowie dem interdisziplinären Charakter der Marke ist die Einbindung der Praxis der wichtigste Teil der Markenanwendung. Nur anhand der Umsetzung in die Praxis kann eine Markenuntersuchung gerechtfertigt werden. Frei nach dem Prinzip, dass die beste Theorie die ist, die in der Praxis funktioniert, müssen die Ergebnisse der Brand-Ambassador-Anwendung direkt in der Markenpraxis eingesetzt werden können. Hierbei stellt die Markenpraxis zwei Anforderungen an die Ergebnisse einer Markenanalyse.

Die erste Anforderung ist inhaltlicher Art und hat strategischen, also langfristigen Charakter. Sie betrifft primär die Entwicklung einer mittel- und langfristigen Markenstrategie – also die ganzheitliche Markenführung.

Die zweite Anforderung ist formaler Natur und hat eher operativen Charakter. Diese betrifft in erster Linie die konkrete Einbindung der Ergebnisse in die gestalterisch-kreative Praxis – also beispielsweise die Umsetzung der Ergebnisse in die Werbung.

Beide Anforderungen – inhaltliche und formale Kriterien – bedingen sich und sind ausschließlich im Zusammenhang zu sehen. Entscheidend ist die Tatsache, dass die strategische Planung Priorität hat. Denn: Aus der Markenstrategie werden die operativen Maßnahmen abgeleitet; aus den langfristigen Zielen werden die mittel- und kurzfristigen Ziele entwickelt.

8. Die Praxis der Markenidentität

Mit der Auswahl von Begriffen als Hauptelement der Markenanalyse sind verschiedene Vorteile verbunden. Der erste Vorteil betrifft die für alle Beteiligten nachvollziehbare, verbale Bestimmung der Markenidentität; damit wird das primäre Ziel der Markenanalyse erfüllt. Da bei Marken von keinen statischen oder naturwissenschaftlichen Objekten ausgegangen werden kann, sind numerische Größen für die Beschreibung der Markenidentität nicht optimal. Begriffe und ihre Beziehungen zueinander eignen sich hervorragend, um die Identität einer Marke zu beschreiben. Begriffe sind für jeden nachvollziehbar. Wenn es dazu gelingt, die Begriffe zum einen statistisch repräsentativ zu erheben und zum anderen diese durch bewährte statistische Verfahren darzustellen, sind Begriffe optimal geeignet, nicht nur die Markenidentitäten darzustellen, sondern auch Vergleiche zwischen konkurrierenden, aber auch anderen Marken vorzunehmen.

Der zweite Vorteil von assoziativen Begriffen ist formaler Natur. Bei der Umsetzung von Markenidentitäten in Form von Markenbotschaften, beispielsweise in der Werbung, werden neben visuellen Kriterien auch verbale Elemente eingesetzt. Begriffe, die die Markenidentität darstellen, bilden somit das kreative Repertoire, aus dem Ideen für kreative Werbekampagnen entwickelt werden können. Des Weiteren können Begriffe, die von den Zielgruppen frei assoziiert wurden, ebenfalls direkt für Textelemente – wie z. B. Headlines (Überschriften) oder Slogans (kurze, prägnante Werbebotschaften) – eingesetzt werden. Bevor auf die Möglichkeiten der kreativen Umsetzung konkreter eingegangen wird, soll die Markenführung im Allgemeinen betrachtet werden.

8.1 Die Entwicklung der Markenstrategie

Im Gegensatz zur Markenführung, die alle Elemente und Maßnahmen der Marke allgemein vereint, besteht die Markenstrategie aus der konkreten Definition von Zielen sowie der Bestimmung einer langfristigen Vorgehensweise. Die strategische Umsetzung der Marke hängt von vielen Faktoren ab; Ziele, Positionierung, Wettbewerb und Marktsituation sind nur einige Aspekte, die die Markenstrategie beeinflussen – eine Vielzahl von Lehrbüchern, insbesondere aus dem Marketingbereich, hat sich diesem Thema angenommen. Daher wird hier nicht auf die Entwicklung einer Markenstrategie im Allgemeinen eingegangen, sondern verdeutlicht, wie sich Markenstrategie und Markenidentität bedingen.

Die Identität der Marke ist die Grundlage für die Entwicklung einer Markenstrategie. Oder anders: Ohne die Feststellung der Markenidentität kann keine Markenstrategie entwickelt werden. Die Markenstrategie ist somit eine kausale Entwicklung, die aus der Markenidentität herrührt. Doch wie sieht die Implementierung der Markenidentität in eine Markenstrategie konkret aus?

Die Markenidentität wird primär durch die festgelegten fünf Kernbegriffe dargestellt. Hinzu kommen die restlichen Begriffe aus der Top-15-Rangliste. Diese Begriffe bilden die Grundlage für die strategische Entwicklung. Doch bereits aus den fünf Kernbegriffen sind Schwerpunkte zu erkennen, die für die Strategieentwicklung entscheidend sind. Als bewährte Struktur wird der Marketing-Mix als Orientierungsrahmen hinzugezogen. Denn alle im Freelisting genannten und in den nachfolgenden Schritten dargestellten Begriffe lassen sich den jeweiligen Bereichen des Marketing-Mix zuordnen. Auch bei der Betrachtung der Kernbegriffe können bereits erste Zuordnungen zu den einzelnen Bereichen des Marketing-Mix erstellt werden. In diesem Sinn gilt es, die Kernbegriffe den Bereichen der Produkt-, Preis-, Distributions- und Kommunikationspolitik zuzuordnen. Die Zuordnung erfolgt nach folgendem Prinzip:
– Produktpolitik: alle Begriffe, die die Zusammensetzung betreffen, wie z. B. Technik, Qualität, Inhaltsstoffe, Zuverlässigkeit, Garantie etc.
– Preispolitik: alle Begriffe, die den Preisfaktor betreffen, wie z. B. Kosten, billig, preiswert, teuer, Luxus etc.
– Distributionspolitik: alle Begriffe, die den Vertrieb betreffen, wie z. B. Service, Filialen, Freundlichkeit, Mitarbeiter etc.
– Kommunikationspolitik: alle Begriffe, die operative kommunikative Maßnahmen betreffen, wie z. B. Werbung, Events, Presseartikel etc.

Bei der Zuordnung der Begriffe sind zwei Aspekte zu beachten. Der erste Aspekt betrifft die Kommunikationspolitik. Häufig werden bei Freelistingerhebungen ebenfalls Assoziationen zu formalen Markenkriterien wie Name, Bild-Zeichen oder Farbe genannt. Diese sind nicht Bestandteil der Kommunikationspolitik, sondern betreffen die Ausdrucksebene der Markenidentität. Dies bedeutet, dass die formalen Markenkriterien eine dem Marketing übergeordnete Funktion haben – sie repräsentieren die Markenidentität. Die Kommunikationspolitik besteht in erster Linie aus operativen Maßnahmen wie Werbung oder bestimmten Events.

Der zweite Aspekt betrifft die Vernetzung der Begriffe. Alle Begriffe können natürlich für sich allein betrachtet werden. Die Bedeutung entsteht jedoch erst aus der Verbindung mit anderen Begriffen. Daher ist bei der Zuordnung auf die direkte Verbindung der Begriffe zu achten. So kann sich beispielsweise ein Begriff wie „Luxus" in der Preispolitik wiederfinden, wenn dieser Begriff eine direkte Verbindung zum Preis der Marke hat. Der Begriff „Luxus" kann auch der Produktpolitik zugeordnet werden, wenn er einen direkten Bezug zum Beispiel zu Inhaltsstoffen hat.

Die Zuordnung zu den Bereichen des Marketing-Mix verdeutlicht, in welchem Bereich die Schwerpunkte der Markenidentität liegen. Allein eine Häufung von Begriffen in einem Bereich zeigt, dass hier ein strategisches Potenzial für die Markenführung vorhanden ist. Können einem Marketingbereich wenige Begriffe zugeordnet werden, bedeutet dies umgekehrt, dass hier Nachholbedarf besteht und hier Maßnahmen getroffen werden müssen, um die Markenführung in diesem Bereich zu verbessern. Ein weiterer Faktor betrifft die inhaltliche Seite; denn auch hier ergeben sich konkrete Hinweise zur Markenstrategie. Denn bei der Erhebung im Freelisting kommt es ebenfalls häufig vor, dass nicht nur positive Assoziationen genannt werden, sondern im Gegenteil auch negative. Eine Marke aus dem IT-Bereich, die mit der Assoziation „Unsicherheit" verbunden wird, hat hier direkten Handlungsbedarf (bei einer von uns durchgeführten Untersuchung war dies tatsächlich der Fall). Gehört dieser Begriff noch dazu zu den Top-15-Begriffen – und somit zum erweiterten Feld der Markenidentität – hat dies direkte Konsequenzen für die Markenstrategie: Hier muss mit allen vorhandenen Mitteln des Marketings kurzfristig gegen die Assoziation „Unsicherheit" vorgegangen werden. Die erhoben Begriffe und insbesondere die Kernbegriffe legenden Rahmen sowie die Schwerpunkte der Markenstrategie fest. Auch hier kann das dreidimensionale Begriffsnetz aus dem Mage hinzugezogen werden. Da es räumlich drehbar ist, lassen sich die Begriffe aus verschiedenen Perspektiven betrachten und interpretieren. Je nach unternehmerischer Zielsetzung kann das Mage daher für die Entwicklung einer Strategie eingesetzt werden.

8.2 Die kreative Umsetzung der Markenidentität

Ausgehend von den Ergebnissen kann in der vierten Phase die Implementierung in der Praxis vorgenommen werden. Hierbei wird auf einige Verfahren zurückgegriffen, die aus der Agenturpraxis bekannt und bewährt sind.

Wie der kreative Prozess konkret ablaufen kann oder sollte, ist nicht Gegenstand dieses Buches; es wird jedoch auf die Erläuterungen von Bense[83] hingewiesen, der von einem Zeichenrepertoire als Basis für kreative Prozesse spricht. Kreativität entsteht somit nicht aus dem Nichts, sondern bedarf eines Fundus an Informationen, an Zeichen, aus dem der Kreative schöpfen kann. Erst wenn dieses Zeichenrepertoire vorhanden ist, kann erfolgversprechend kreativ gearbeitet werden. Fazit: Auch der Zufall oder das kreative Momentum ist das Resultat eines gut gefüllten Zeichenrepertoires. Die vorhergehenden Schritte aus der ersten, der zweiten und besonders aus der dritten Phase dienen dem Auffüllen des Zeichenrepertoires. Gerade diese Ergebnisse, in Form von assoziativen Begriffen und deren Beziehung zueinander, bilden somit das kreative Potenzial einer Umsetzung, beispielsweise in einer Werbekampagne.

Mit der Realisierung der Ergebnisse in der kreativen Praxis ist in erster Linie die Konzeption und Umsetzung einer Werbekampagne gemeint, da hier über massenkommunikative Medien die Botschaft der Marke an eine zahlenmäßig große

---

[83] vgl. Bense 1971, S. 103

Öffentlichkeit gerichtet wird. Hierbei spielt das Wissen über die Identität der Marke eine entscheidende Rolle. Unter der Realisierung in der kreativen Praxis sind naturgemäß alle kommunikativen Maßnahmen zu verstehen. Neben der Werbung gehören hierzu insbesondere die Umsetzung im Internet, in der Verkaufsförderung, beim Sponsoring, in der Öffentlichkeitsarbeit (Public Relations) sowie natürlich in allen Fragen des Erscheinungsbildes (Corporate Design). Die Bandbreite der möglichen kommunikativen Umsetzungen ist groß; primär haben Konzeptionen einen verbalen und einen visuellen Schwerpunkt. Akustische, haptische oder olfaktorische Umsetzungen sind zwar ebenfalls Bestandteil werblicher Konzeptionen, können an dieser Stelle aber vernachlässigt werden, da für diese Bereiche das gleiche Prinzip angewendet wird.

Bei der Beauftragung einer Werbeagentur durch ein Unternehmen findet in der Regel eine Besprechung über das Projekt statt, bei der die konkreten Ziele und die Vorstellungen des Auftraggebers sowie Rahmenbedingungen (z. B. Zeitrahmen, Etat etc.) besprochen werden – auch „Briefing" genannt. Um die Markenbotschaft direkt in die Praxis umsetzen zu können, benötigt eine Werbeagentur die Ergebnisse der Markenidentitätsanalyse. Neben der Übergabe und Besprechung der Ergebnisse aus der Markenkernbestimmung ist es ebenfalls relevant, das die betreuende Werbeagentur auch alle anderen Ergebnisse vom Freelisting bis zum Mage erhält. Nur so kann gewährleistet werden, dass die Werbeagentur aus einem Begriffsrepertoire arbeiten kann und sich ihre Informationen, die sie für die Umsetzung der Markenbotschaft benötigt, herauszieht. In der Regel werden in der Agenturpraxis für die Konzeption und Entwicklung von Werbekampagnen ein oder mehrere interne Teams gebildet, die sich aus Beratern und Kreativen zusammensetzen.

Neben der Entwicklung der Markenstrategie kommt es ebenfalls darauf an, aus den lang- und mittelfristigen Vorgaben operative Maßnahmen zu bestimmen. Hierfür muss aus der Markenidentität eine Markenbotschaft entwickelt werden. Für die Entwicklung der Markenbotschaft sowie für deren kreative Umsetzung, also in erster Linie die visuelle und verbale Gestaltung, können die Daten in vielfältiger Weise eingesetzt werden. Da jede Werbeagentur ihre eigene Arbeitsweise und ihren eigenen Stil hat, der sich zwar in der Regel ähnlich gestaltet, soll an dieser Stelle eine mögliche Vorgehensweise vorgestellt werden, wie sie von uns bereits durchgeführt wurde. Die kreative Umsetzung der Ergebnisse sollte in jedem Fall schrittweise vorgenommen werden, da eine Fülle von Fakten zu verarbeiten sind.

Grundsätzlich gilt das gleiche Prinzip wie bei der Entwicklung der Markenstrategie – auch bei der kreativen Umsetzung wird auf die gleichen Ergebnisquellen zurückgegriffen. Ein Unterschied besteht in der Gewichtung der Ergebnisse. Zwar geben auch hier die Kernbegriffe sowie die Top-15-Begriffe den inhaltlichen Rahmen für die Markenbotschaft vor, aber im Gegensatz zur Strategie kann bei der kreativen Umsetzung noch stärker auf die freien Assoziationen aus dem Freelisting zurückgegriffen werden. Da die Markenanwendung eine Fülle an Daten hervorbringt, ist für die kreative Arbeit eine Auswahl zu treffen. Hierbei kommen insbesondere die Daten in Frage, die die Identität der Marke beschreiben sowie konkrete markenstrategische Empfehlungen verdeutlichen. Für die kreative Umsetzung sind folgende Ergebnisse relevant:

a) Die fünf Kernbegriffe

Die fünf Schlüsselbegriffe bilden den Markenkern und bestimmen den Rahmen für die Markenbotschaft. Für die kreative Umsetzung bedeutet dies, dass alle kommunikativen Maßnahmen sich an diesen Kernbegriffen orientieren müssen.

b) Das Mage

Das Mage, bestehend aus den Top-15-Begriffen, bildet den statistisch repräsentativen Begriffsraum der Marke. Das Markenmage zeigt nicht nur alle 15 wichtigsten Begriffe für die Marke; es verdeutlicht ebenfalls deren Beziehungen zueinander.

c) Das Freelisting

Es ist ebenfalls empfehlenswert, der Werbeagentur die gesamte Begriffsliste aus dem Freelisting zu geben, da hier alle Assoziationen nach Häufigkeit gelistet sind. Aus dieser Begriffssammlung kann die Werbeagentur konkrete kreative Umsetzungen erarbeiten.

d) Die Gruppendiskussionen

Neben den quantitativ erfassten Daten sind die qualitativen Ergebnisse beispielsweise aus den Gruppendiskussionen relevant. Konkrete Aussagen von den Diskussionsteilnehmern können direkt für die kreative Umsetzung genutzt werden, wenn diese mit den quantitativen Ergebnissen übereinstimmen bzw. nicht im Widerspruch zu diesen stehen.

Diese vier Ergebnisbereiche bilden eine ausreichende Basis für die Arbeit einer Werbe- oder Designagentur. Aus diesen Ergebnissen können Konzeptioner und Kreative in einer Werbeagentur konkrete Umsetzungen entwickeln.

8.3 Der Praxiseinsatz von Brand Ambassador

Zwei Aspekte sind bei der Markenführung in der Praxis zu berücksichtigen. Der erste Aspekt: Wer Unternehmen in Fragen der Markenidentität berät, kommt nicht umhin, in die unternehmensinternen Abläufe einzugreifen bzw. diese zu beeinflussen. Markenstrategie und Unternehmensstrategie sind in der Regel eng miteinander verbunden. Bei einem Unternehmen, das den gleichen Namen trägt wie die Marke, ist die Markenstrategie sehr eng mit der Unternehmensstrategie verbunden (z. B. bei

Allianz ist das Unternehmen auch gleichzeitig die Marke). Bei einem Unternehmen wie Unilever, das über eine Bandbreite an Marken verfügt, können verschiedene Markenstrategien nebeneinander bestehen, die alle Teil der Unternehmensstrategie sind. Aber auch diese haben eine Verbindung zur Unternehmensstrategie.

Der zweite Aspekt ist: Wer Unternehmen bezüglich der Markenidentität berät, kommt nicht umhin, sich über die Anbindung in der kommunikativen Praxis Gedanken zu machen. Oder anders: Die Feststellung der Markenidentität ist das eine, die Umsetzung in die kreative Praxis das andere. Erst wenn die inhaltliche Ebene und die formalen Kriterien der Marke miteinander harmonieren, kann die Marke erfolgreich in der Praxis bestehen (z. B. wenn Strom gelb ist, dann hat der Name Yello hier einen kausalen Zusammenhang). Aspekte wie Namensgebung, Zeichenentwicklung, Farbdefinition und auch die massenmediale Verstärkung der Markenbotschaft beispielsweise über Werbung müssen in die Markenführung integriert werden. Und dies bedeutet, dass die Markenverantwortlichen wenigstens Grundkenntnisse und Erfahrungen in diesen Bereichen haben sollten. Im Folgenden wird die Brand-Ambassador-Anwendung anhand zweier Praxisbeispiele eingehender verdeutlicht. Hierbei liegt der Schwerpunkt auf der zweiten Phase, aus der ersten Phase, der unternehmerischen Sicht, werden nur Teile beschrieben, da eine komplette Darstellung den Rahmen sprengen würde. Das erste Beispiel zeigt eine Untersuchung für die Marke Koivo, eine Haar- und Körperpflegemarke, die sich in der ehemaligen DDR einer großen Beliebtheit erfreute und 1997 einem Relaunch unterzogen wurde. Das zweite Beispiel zeigt eine Untersuchung für die Marke Valensina, die in erster Linie für einen hochqualitativen Orangensaft steht. Trotz der Insolvenz der Rolf H. Dittmeyer KG im Jahre 2001 gehört Valensina zu den bekanntesten Orangensaftmarken Deutschlands. Dies wird dadurch unterstrichen, dass die Marke Ende 2001 von Underberg übernommen wurde.

Brand Ambassador ist seit der ersten Anwendung mehrfach in Deutschland und auch im europäischen Ausland eingesetzt worden; die Ergebnisse haben gezeigt, dass sie sowohl für die Entwicklung einer Markenstrategie als auch für die kreative Umsetzung entsprechend eingesetzt werden kann. Beide hier vorgestellten Markenuntersuchungen verdeutlichen, was sich bei der Durchführung und Erfassung der Ergebnisse in den Jahren verändert hat. Das Ziel, die identitätsbildenden Bedeutungen der Marke zu erfassen, ist konsequent verfolgt worden. Aber: Die Markenanwendung ist in vielen Punkten weiterentwickelt worden, da mit neuen, individuellen Anforderungen auch weitere Lösungsschritte benötigt wurden. Das Grundprinzip der vier aufeinander aufbauenden Phasen ist von Anfang an gleich geblieben.

8.4 Die Marke Koivo

Eine der ersten Marken, die von uns untersucht wurden, war die Marke Koivo – eine traditionelle und beliebte Haar- und Körperpflegeproduktreihe aus der ehemaligen DDR. Ob nun das sozialistische Wirtschaftssystem gezielt Marken geplant hat oder nicht, fest steht, dass Koivo alle formalen und inhaltlichen Kriterien einer Marke erfüllte.

Abbildung 71: Das Wort-Zeichen von Koivo

Die Marke Koivo war in der ehemaligen DDR ein großer Erfolg. Mit einem Shampoo fing alles im Jahr 1972 an. Das Produkt hatte für die damaligen Maßstäbe eine hochwertige Positionierung und wurde ausschließlich in sogenannten Exquisit-Läden verkauft. Trotz seines sehr hohen Preises war das Produkt Mangelware; die Nachfrage war groß. Koivo wurde zu einer sogenannten „Bückware" – also einem Produkt, das in den Exquisit-Läden nur unter dem Ladentisch und mit entsprechenden Beziehungen zu erwerben war. Das Shampoo wurde damals von Konsumenten zu besonderen Anlässen verschenkt; aufgebrauchte Koivo-Verpackungen wurden aufgehoben und mit billigerem Shampoo aufgefüllt. Nach dem Mauerfall wurden mit Koivo einige Relaunches gestartet, die mehr oder weniger erfolglos verliefen und das Unternehmen beinahe in die Insolvenz trieben. Erst 1997 wurde mit einem neuen Eigentümer ein weiterer Anlauf gestartet. Zielsetzung der Unternehmensführung war es, von der Markenidentität aus die Markenstrategie zu entwickeln. Es war ein neuer Start, ein neuer Anfang für eine alte und traditionsreiche Marke. Die Unternehmensführung war bestrebt, den Erfolg der Marke gezielt anzugehen. Diese Zielsetzung und die Motivation der Unternehmensführung galt es umzusetzen. Die Assoziationen der Markenverantwortlichen zur Marke Koivo wurde in mehreren Gesprächen festgehalten. Erst dann wurde eine Befragung der Zielgruppen vorgenommen, bei denen zum einen die ungestützte und gestützte Bekanntheit sowie zum anderen die Assoziationen zur Marke abgefragt wurden. Die Ergebnisse waren überraschend positiv. Die Marke Koivo hatte rund sieben Jahre nach dem Mauerfall immer noch eine hohe Bekanntheit in den neuen Bundesländern. Festgestellt wurde auch, dass Koivo mehr bei Frauen als bei Männern bekannt war und dass dieses Zielgruppensegment mit der Marke gealtert war. Oder anders: Insbesondere jüngere Frauen kannten Koivo weniger gut und bevorzugten inzwischen andere Marken.

Neben diesen Aussagen zu den Zielgruppen waren die Assoziationen zur Marke von größerem Interesse. Drei Kernbegriffe wurden für die Marke Koivo ermittelt. Dies waren:
- Natürlichkeit,
- Ehrlichkeit und
- Erotik.

Bei der Erhebung der Assoziationen wurde in persönlichen Interviews und in Gruppendiskussionen nach den Hintergründen der Kernbegriffe gefragt. Insbesondere die Verbindung der assoziativen Begriffe „Natürlichkeit" und „Erotik" übernahm für die Marke eine wichtige Rolle. Herausgefunden wurde ebenfalls, dass „Erotik" im Osten Deutschlands wenig mit dem Erotikbegriff im Westen zu tun hatte; auch in Bezug zur Körperpflege sowie zum westlichen Schönheitsideal kamen immense Unterschiede heraus. Der Begriff „Ehrlichkeit" ist ebenfalls in diesem Zusammenhang zu sehen. Der Wunsch nach offenen, direkten und nicht versteckten (Werbe-) Botschaften war der grundlegende Tenor der Zielgruppenerhebungen. Eine Abgrenzung zu westlichen Konsum- und Werbestandards kam deutlich zutage. Die Markenidentität von Koivo war die Projektion einer verlorengegangenen Identität von ehemaligen DDR-Bürgern. Ein Stück Nostalgie war nicht zu übersehen. Aus diesen Ergebnissen konnte abgeleitet werden, dass die Markenbotschaft inhaltlich und gestalterisch anders umgesetzt werden musste als für eine Haar- und Körperpflegemarke im Westen. Dieses Ergebnis hatte zur Folge, dass bei der kommunikativen Umsetzung in Form von Anzeigen und Großflächenplakaten auf idealtypische Modelle, die dem westlichen Schönheitsideal entsprachen, verzichtet wurde. Für die Kampagne wurde in der ersten Phase die aus der ehemaligen DDR stammende dreifache Europameisterin und zweifache Weltmeisterin im Eiskunstlaufen, Gaby Seyfert, gewonnen. Über ihre Person und der Gesamtgestaltung sollten die Bedeutungen „Ehrlichkeit" und „Natürlichkeit" vermittelt werden. In der zweiten Phase der Werbekampagne stand die Verjüngung der Zielgruppen im Fokus. Hierfür wurde eine jüngere Frau gefunden, die für die Bedeutungen „Natürlichkeit" und „Erotik" stand.

Problematisch an den Ergebnissen war, dass zwar die Assoziationen von den Zielgruppen erhoben werden konnten – auch hier ohne Vorgaben und Einschränkungen. Die Beziehung der Begriffe konnte untereinander aber nur durch die Aussagen aus den persönlichen Interviews hergestellt werden. Das Ausmaß der Interpretation war bei dieser Untersuchung relativ groß und somit noch nicht zufriedenstellend. Dies sollte sich in der weiteren Entwicklung der Markenanwendung bessern.

Der Relaunch der Marke Koivo war ein Erfolg, der sich nicht nur in Umsatzzuwächsen niederschlug, sondern auch darin, dass das Produktspektrum unter dem Dach der Marke erweitert wurde. Im Folgenden wird auf ein weiteres Beispiel aus dem Jahr 2001 eingegangen, an dem zu sehen ist, wie sich die Markenanwendung innerhalb von vier Jahren weiterentwickelt hat und welche Module hinzugekommen sind.

8.5 Die Marke Valensina

Die Marke Valensina gehört zu den traditionsreichsten Orangensaftmarken Deutschlands. Hierbei leistete der Gründer des Unternehmens, Rolf H. Dittmeyer, bereits seit den 50er Jahren Pionierarbeit, um Orangensaft in guter Qualität herzustellen. Bislang gab es in den USA gute, tiefgekühlte Säfte – in Europa hingegen nur Saft in Dosen und erste Flaschenabfüllungen als Konzentrat. Unter dem Namen „Dittmeyer's naturrein" startete Rolf H. Dittmeyer 1961 die Direktabfüllung seines Apfelsinensaftes in Glasflaschen mit Kronkorkenverschluss in seinen eigenen Betrieben in Marokko und Südafrika. Sechs Jahre später wurden unter dem Namen „Valensina" die ersten Flaschen abgefüllt. Zwischen 1979 und 1987 pflanzte das Unternehmen an der spanischen Atlantikküste die größten europäischen Orangenplantagen. Somit konnte das Unternehmen den hohen Qualitätsanspruch an die Marke erfüllen. Aus gesundheitlichen Gründen verkaufte Dittmeyer sein Unternehmen 1984 an Procter & Gamble. Mit 77 Jahren kaufte er die Marken Valensina und dittmeyer's, über die ebenfalls verschiedene Säfte vertrieben wurden, wieder zurück und baute im Jahr 1998 eine moderne Saftproduktion in Bremen auf. Das erklärte Ziel war es, dass Valensina möglichst einem frisch gepressten Apfelsinensaft entsprechen sollte. Die Marktbedingungen waren nicht optimal; trotz aggressiver Preispolitik verlor der Markt stetig an Kunden.

Ziel unserer Analyse im Frühjahr 2001 war es, die Markenidentität zu definieren und aus den Ergebnissen eine Markenstrategie zu entwickeln. Im Folgenden wird auf die Ergebnisse der Markenanwendung bei der Marke Valensina eingegangen.[84] Hierbei liegt der Schwerpunkt auf den Lösungswegen und weniger auf den statistischen Berechnungen (z. B. Ermittlung der Triaden, Berechnung des Konsenswertes, die Korrespondenzanalyse und die Berechnung der Mage-Darstellungen).

a) Erste Phase: Analyse des Unternehmens

Im ersten Schritt der ersten Phase wurden die formalen Markenkriterien der Marke untersucht. Für die Analyse dieser Markenkriterien kamen in erster Linie die Markierung, die Farben, der Internetauftritt sowie die Verpackung in Betracht. Da unter der Marke Valensina nicht nur Orangensaft verschiedenster Qualitätsstufen vertrieben wurde, sondern auch andere Getränkesorten, wurden auch die Verpackungen aller Getränke dieser Marke in die Untersuchung einbezogen. Hierzu gehörten in erster Linie der klassische Valensina-Saft wie Apfelsinensaft mit und ohne Fruchtfleisch, Grapefruitnektar und Mehrfruchtsaft mit zehn Vitaminen. Hinzu kam die Linie „Valensina Family" mit verschiedenen Orangennektaren und Zusätzen wie beispielsweise Tee. Die dritte Kategorie war die mit der höchsten Qualitätsstufe und nannte sich „Valensina Extra". Unter dieser Bezeichnung wurde ein direkt gepresster

---

[84] vgl. Boos 2001

Apfelsinensaft, ein Grapefruitsaft sowie ein Tomatensaft vertrieben. Insbesondere der direkt gepresste Apfelsinensaft war eine qualitative Innovation für das Unternehmen, da dieses Produkt mit einer verbesserten Technologie, bei der auf die Pasteurisation verzichtet werden konnte, unter aseptischen Bedingungen abgefüllt wurde. Die Kategorien unterschieden sich durch verschiedene Verpackungsfarben und -größen. Trotz dieser Vielfalt an unterschiedlichen Produkten mit ihren Namenszusätzen und Farben konnte davon ausgegangen werden, dass die identitätsstiftende Markierung vom bekannten Namen ausging. Der Anker der Markenidentität war der Name Valensina.

Die Markierung besteht primär aus dem Namen „Valensina" sowie dem gestalteten Wort-Bild-Zeichen.

Abbildung 72: Das Wort-Bild-Zeichen von Valensina

Der Name hat einen direkten Bezug zum Ort der unternehmenseigenen Orangenplantagen, die in der Nähe der spanischen Stadt Valencia angesiedelt sind. Somit vermittelt bereits der Name spanisches oder zumindest südeuropäisches Flair. Das Bild-Zeichen besteht aus den verbalen Elementen Valensina und dem Zusatz „Dittmeyer's". Zusätzlich ist eine Visualisierung von Orangen zu sehen, die über einem goldenem Band in einer Herzform, in der die verbalen Elemente eingebunden sind, stehen. Die Untersuchung aller anderen formalen Kriterien zeigte, dass neben der Wort-Bild-Markierung noch zwei Elemente vorhanden waren, die – wie es sich später zeigen sollte – durchaus identitätsstiftende Inhalte zur Marke beitrugen. Dies waren zum einen der Slogan „Entweder frisch gepresst, oder Valensina (– Dittmeyer's Valensina)" und zum anderen die aus der Werbung immer noch bekannte Figur „Onkel Dittmeyer". Da es die Aufgabe der formalen Kriterien ist, zum einen eine prägnante und zum anderen eine homogene Markenerscheinung aufzubauen, ist das visuelle Element der Orangen als zusätzliches Zeichenelement kritisch zu sehen. Denn genau die gleichen Orangen werden auch von dem Unternehmen Procter & Gamble für die Marke Punica in der gleichen Form verwendet und widerspricht dem Prinzip für eine Marke, einzigartig und differenzierend zu sein.

Abbildung 73: Die Wort-Bild-Zeichen von Punica und Valensina

Das Bild-Zeichen von Valensina verfügt aus gestalterischer Sicht über keine hohe Prägnanz. Die visuelle Grundfigur sowie die Farbgebung treten eher in den Hintergrund. Auch das Kriterium der Homogenität – insbesondere da ein konkurrierendes Unternehmen das gleiche Bildelement für ihre Säfte einsetzt – wird nicht konsequent genug berücksichtigt.

Im zweiten Schritt der ersten Phase wurden die Ziele, Vorstellungen und Assoziationen der Markenverantwortlichen des Unternehmers, des Senders, erhoben und bewertet. Ziel war es, die Sicht des Unternehmens herauszufinden. Diese wurden im Rahmen einer Gruppendiskussionen mit den Markenverantwortlichen des Unternehmens ermittelt. Darüber hinaus wurde bei dieser Gruppe das Freelisting und der Triadentest durchgeführt. Neben den qualitativen Inhalten galt es auch vergleichbare quantitative Ergebnisse zu bekommen, die dann in der dritten Phase mit den Ergebnissen der Zielgruppenuntersuchung verglichen werden konnten. Die Fragen, auf die die sechs Teilnehmer eingehen sollten, berührten Themen wie Ziele des Unternehmens, Ziele der Markenführung, die Sicht zum Wettbewerb, die Sicht zu Zielgruppen, die Assoziationen zur Marke sowie langfristige Perspektiven zur Marke Valensina. Die Ergebnisse der internen Gruppendiskussion wurden nach den genannten Themengebieten in Cluster zusammengefasst und dann nach konvergenten und divergenten Meinungen der Markenverantwortlichen sortiert. Im Rahmen des Freelistings wurde auf die Frage, welche Assoziationen mit der Marke Valensina verbunden werden, der Qualitätsbegriff mit Abstand am häufigsten genannt. Nach dem Qualitätsbegriff folgen weit abgeschlagen Assoziationen wie „frisch gepresst oder Valensina", „Image", „Verpackung", „wohlschmeckend" und „Onkel Dittmeyer". Begriffe wie „frische Frucht" oder „Natur" hatten unter den 15 wichtigsten Begriffen die geringste Punktzahl. Aus den 15 wichtigsten Begriffe Gruppen von drei Begriffen (Triaden) in verschiedenen repräsentativen Kombinationen gebildet. Das Ziel des Triadentests war es, die Ähnlichkeiten bzw. Unähnlichkeiten der Begriffe in Bezug auf die Marke Valensina festzustellen. Hierzu mussten die Markenverantwortlichen jede Triadenreihe durchgehen und den unähnlichsten Begriff ankreuzen – somit blieben die beiden ähnlichsten Begriffe zurück. Da die gleichen Begriffe immer wieder in anderen Kombinationen und in einer anderer Reihenfolge in den Triaden auftraten, konnte über eine repräsentative Anzahl von Triaden festgestellt werden, ob immer die gleichen Begriffe als ähnlich gesehen wurden. Die Ergebnisse aller Markenverantwortlichen konnten nun statistisch aufbereitet werden. Auf diese Ergebnisse wird in der dritten Phase näher eingegangen, da diese mit den Ergebnissen der Zielgruppenuntersuchungen abgeglichen wurden.

b) Zweite Phase: Analyse der Zielgruppen

Nachdem die Ergebnisse aus der internen Sicht vorlagen, wurde mit der zweiten Phase, der Untersuchung der Zielgruppen, begonnen. Da Orangensaft nicht von speziellen Zielgruppen konsumiert wird, gab es keine vorgegebene Eingrenzung – die Stichprobe wurde auf die bundesdeutsche Gesamtheit bezogen. Als zusätzliches Zielgruppensegment wurden Händler in die Untersuchung einbezogen, um herauszufinden, was in der Distributionspolitik optimiert werden konnte. In der zweiten Phase wurden folgende Schritte unternommen:
- Freelisting,
- Triadentest und
- Gruppendiskussionen.

Zusätzlich wurden beim Freelisting weitere Fragen zu der Marke Valensina gestellt, die den Kaufentscheidungsprozeß betrafen. Die folgende Darstellung zeigt beispielhaft einen Freelisting-Fragebogen für die Marke Valensina:

Sehen Sie sich bitte nun dieses Logo an:

Dittmeyer's Valensina

Sie erkennen das Logo der Marke Valensina sicher wieder.

Frage: Was verbinden Sie mit diesem Logo?

Bitte tragen Sie in den folgenden Feldern bis zu 10 Begriffe ein, die Ihrer Meinung nach im Zusammenhang mit diesem Logo bzw. mit den Produkten, die dieses Logo tragen, stehen. Denken Sie dabei auch an ganz banale Dinge, die Ihnen vielleicht nicht sofort einfallen, weil Sie diese für solche Produkte einfach voraussetzen. Notieren Sie, was Ihnen spontan einfällt und bewerten Sie bitte anschließend die Begriffe noch nach ihrer Wichtigkeit.

1 _____ wenig wichtig ○ 1 ○ 2 ○ 3 ○ 4 ○ 5 sehr wichtig
2 _____ wenig wichtig ○ 1 ○ 2 ○ 3 ○ 4 ○ 5 sehr wichtig
3 _____ wenig wichtig ○ 1 ○ 2 ○ 3 ○ 4 ○ 5 sehr wichtig
4 _____ wenig wichtig ○ 1 ○ 2 ○ 3 ○ 4 ○ 5 sehr wichtig
5 _____ wenig wichtig ○ 1 ○ 2 ○ 3 ○ 4 ○ 5 sehr wichtig
6 _____ wenig wichtig ○ 1 ○ 2 ○ 3 ○ 4 ○ 5 sehr wichtig
7 _____ wenig wichtig ○ 1 ○ 2 ○ 3 ○ 4 ○ 5 sehr wichtig
8 _____ wenig wichtig ○ 1 ○ 2 ○ 3 ○ 4 ○ 5 sehr wichtig
9 _____ wenig wichtig ○ 1 ○ 2 ○ 3 ○ 4 ○ 5 sehr wichtig
10 _____ wenig wichtig ○ 1 ○ 2 ○ 3 ○ 4 ○ 5 sehr wichtig

Nun noch einige abschließende Fragen:

1   An welchen Saft denken Sie, wenn Sie „frisch gepresst" oder „aus frischen Früchten" hören?
    (Marken-) Name des Saftes? _____

2   Nach welchen Kriterien wählen Sie beim Einkaufen einen Fruchtsaft aus –
    Welches sind die beiden ausschlaggebendsten Kriterien für den Kauf eines Saftes?

    1. Kriterium: _____
    2. Kriterium: _____

Abbildung 74: Freelisting-Fragebogen für Valensina

Im ersten Schritt musste die befragte Person bis zu maximal zehn Assoziationen zur Marke Valensina notieren. Wie bereits erwähnt, gibt es beim Freelisting keine Einschränkungen – die Assoziationen sind frei und können aus einem oder mehreren Begriffen bestehen. Im zweiten Schritt musste die Person ihre eigenen Assoziationen auf einer Skala von 1 bis 5 nach Wichtigkeit bewerten. Jeder Begriff kann somit nach einem Berechnungsschema bewertet werden.

Da auch Aussagen über die Altersstruktur der Zielgruppen erfasst werden sollten, wurde beim Freelisting eine Klassifizierung nach Altersgruppen vorgenommen. Für den folgenden Triadentest wurden hier jedoch nicht die am häufigsten genannten 15 Begriffe ausgewählt. Dies aus folgendem Grund: Da frei und ohne Vorgabe von Items nach Assoziationen abgefragt wurde, wurden naturgemäß ebenfalls Begriffe genannt, die die Primärleistung der Marke bezeichnen. Begriffe wie beispielsweise „Orangen" oder „Orangensaft" gehören hierzu. Da diese Assoziationen primär die denotative Ebene der Marke beschreiben – also die direkten und somit selbstverständlichen Inhalte wiedergeben, kann auf diese Assoziationen verzichtet werden, um zu sehen, welche anderen Begriffe genannt wurden und ebenfalls zur Markenidentität einen Beitrag leisten. Zum besseren Verständnis ist zu sagen, dass es wichtig ist, dass denotative Begriffe, die die Primärleistung widerspiegeln, beim Freelisting genannt werden. Denn dies kann als Kontrolle gesehen werden, dass die Zielgruppen durchaus wissen, was die Primärleistung der Marke eigentlich ist. So kann beispielsweise der Fall eintreten, dass die Marke durch extreme Produkterweiterungen – sogenannte Line Extensions – und durch mangelhafte Markenführung eine heterogene Markenidentität erhalten hat, die für den Empfänger nicht mehr nachvollziehbar ist. Oder anders: Die Zielgruppen wissen im Grunde nicht mehr genau, für was die Marke eigentlich steht. Daher ist die Nennung von denotativen Begriffen für die Markenidentität elementar – sie zeigt, dass eine originäre Verbindung zum eigentlichen Zweck der Marke besteht.

Ein weiterer Aspekt ist, dass bereits zu diesem Zeitpunkt bestimmte Begriffe als wenig relevant für die Markenidentität angesehen werden können. Ob die Marke Valensina als „deutsches Produkt" angesehen wird, ist vielleicht eine wichtige Assoziation der Zielgruppen, ist aber – nach Betrachtung der Ziele und Vorstellungen der Markenverantwortlichen aus der ersten Phase – für die letztgültige Markenidentität und für die daraus zu entwickelnde Markenbotschaft nicht relevant (insbesondere, weil beim Freelisting auch der Begriff „Spanien" genannt wurde und diese Assoziation mehr der gewünschten Positionierung entspricht). Der Eingriff bei der Auswahl der Begriffe aus dem Freelisting geschieht nicht willkürlich, sondern nach den Erkenntnissen aus der ersten Phase; er ist legitim, wenn bestimmte Prinzipien beachtet werden. Hier zeigt sich die Relevanz der ersten Phase. Denn die Analyse der unternehmerischen Sicht trägt dazu bei, die Intentionen der Markenverantwortlichen kennenzulernen und diese für die Bildung der Markenidentität abzuschätzen. Natürlich kann auch der Fall eintreten, dass diese Intentionen falsch sind oder die Sicht der Markenverantwortlichen nicht der Realität entspricht. Dies kann jedoch bereits aus dem Freelisting ersehen werden. Wenn das Zielgruppen-Freelisting Ergebnisse aufzeigt, die sich stark von den Intentionen der Markenverantwortlichen unterscheiden, sollten die erhobenen Begriffe aus der zweiten Phase nicht verändert werden. In jedem Fall gilt bei der Bestimmung der wichtigsten Freelisting-Begriffe, dass hier sensibel und mit Bedacht vorgegangen werden muss. Wenn eine Unsicherheit besteht, existiert die Möglichkeit, den Triadentest mit zwei Stichproben durchzuführen: einmal mit den 15 wirklich wichtigsten Begriffen; beim zweiten Mal mit einer veränderten Freelisting-Begriffsreihe.

Die Veränderung der Begriffsliste kann aus einem weiteren Aspekt vorgenommen werden. Neben der Feststellung der Markenidentität kann ein Szenario entwickelt werden. Wenn die aus dem Freelisting erhobenen Begriffe zum einen eine mehr denotative, also beschreibende Natur haben und zudem einheitlich sind, also keine überraschenden

Sachverhalte wiedergeben, können zusätzliche Begriffe in den Triadentest aufgenommen werden. Diese Begriffe – maximal drei sollten aufgenommen werden – geben die Ziele bzw. Bedürfnisse des Unternehmens wieder. Mit diesen Begriffen kann ermittelt werden, wie die Zielgruppen diese im Zusammenhang mit den erhobenen Assoziationen sehen.

In der ersten Phase wurde ermittelt, dass es bei der Marke Valensina noch offene Fragen gab. Die Frage, inwieweit die Zielgruppen bereit sind, für eine hochwertige Qualität einen höheren Kaufpreis zu zahlen, hatte für die zukünftige Markenstrategie einen elementaren Wert. Auch die produkttechnische Qualität, die ihren Ursprung in einem natürlichen Verfahren hatte, sollte in das weitere Vorgehen eingebunden werden. Zudem stellte sich die Frage, welche Rolle die Werbung für die Markenidentität hat. Aus diesem Grund entschieden wir uns, drei weitere Begriffe in den Triadentest aufzunehmen:
- „Gute-Preis-Leistung",
- „natürlich" und
- „Werbung".

Diese Begriffe stammten aus den internen Gruppendiskussionen sowie den Auswertungen der ersten Phase. Folgende Aufstellung zeigt die 15 Begriffe für den Triadentest:

• Sonne	• Onkel Dittmeyer	• Durstlöschend
• Frische	• Lecker	• Spanien
• Fruchtig	• Qualität	• Gutes Preis-Leistungsverhältnis
• Gesund	• Wie frisch gepresst	• Natürlich
• Vitamine	• Fruchtfleisch	• Werbung

Abbildung 75: Darstellung der 15-Begriffe für den Triadentest

Die Aufnahme von Begriffen aus der ersten Phase ist dann erlaubt, wenn neben der Feststellung des Ist-Zustandes der Markenidentität ebenfalls ein Szenario entwickelt werden soll. Im Triadentest kann dann festgestellt werden, wie die Zielgruppen auf die repräsentativ erhobenen eigenen Assoziationen im Zusammenhang mit Zielbegriffen des Unternehmens reagieren. Oder anders: Besteht bei den Zielgruppen die Bereitschaft, für Qualität ein höherer Kaufpreis zu zahlen? Dies kann durch den Triadentest erkannt werden. Durch die Erhebung der unternehmensinternen Sicht können im Zusammenspiel mit den Zielgruppenerhebungen Szenarien abgefragt werden. Für die letztgültige Definition der Markenidentität sowie zur Bestimmung der weiteren Schritte für die Marke Valensina wurden jedoch alle Begriffe aus dem Freelisting in die Interpretation mit einbezogen.

Bei der Feststellung, ob die Zielgruppen eher eine homogene Sicht auf die Marke Valensina haben oder nicht, wurde der Konsenswert aus dem Triadentest errechnet. Der Konsenswert zeigt, wie groß die Übereinstimmung bei den Antworten bezüglich der Ähnlichkeiten bzw. Unähnlichkeiten der Begriffe im Triadentest ist – er liegt zwischen 0 und 1. Für die Marke Valensina lag dieser bei 0,63, was als hoch einzustufen ist. Damit kann davon ausgegangen werden, dass eine homogene Sicht zur Marke besteht. In einem weiteren Schritt galt es, die Ergebnisse aus dem Triadentest grafisch so darzustellen, dass die Ähnlichkeiten bzw. Unähnlichkeiten der Begriffe visualisiert werden konnten. Mit Hilfe der Korrespondenzanalyse – also einem multidimensionalen Skalierungsverfahren – konnten die Begriffe in Dimensionen dargestellt werden. Ohne auf das statistische Verfahren einzeln einzugehen, kann gesagt werden, dass dies ein elementarer Zwischenschritt ist, da hier zum ersten Mal die Relationen der Begriffe grafisch dargestellt werden konnte, die die Bedeutungen der Marke ausmachen. Grundgedanke ist, dass eine Markenidentität nicht nur durch eine Bedeutung wiedergegeben, sondern durch mehrere Bedeutungen dargestellt wird. Hierbei kann mit Skalierungsverfahren die räumliche Verortung von Begriffen errechnet und in Dimensionen dargestellt werden. Die Dimensionen erfassen die Bedeutungen einer Marke in Einzelaspekte, indem sie die Begriffe nach verschiedenen Sichtweisen zusammenfassen – erst alle Dimensionen geben ein vollständiges Bild über die Markenidentität. Ein Beispiel für eine Darstellung der Begriffe in einer Dimension soll das Prinzip verdeutlichen:

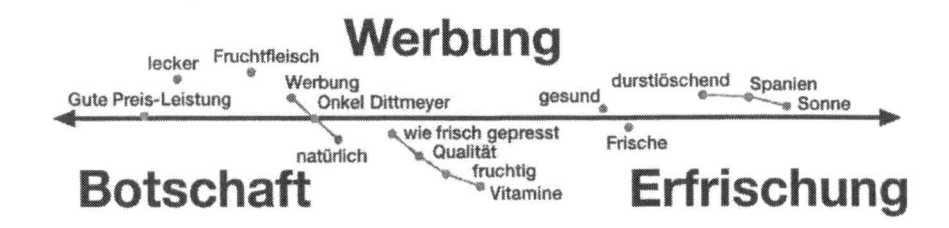

Abbildung 76: Beispieldimension Valensina/2. Dimension

Die Darstellung ist eine von fünf errechneten Dimensionen für die Marke Valensina (die Zahl fünf ergibt sich aus der Varianzaufklärung, aus der errechnet wird, durch wie viele Dimensionen der Bedeutungsraum der Marke Valensina dargestellt werden muss). Bei dieser Dimension ist zu erkennen, dass bestimmte Begriffe näher zusammen stehen und sich zu einer Gruppe zusammenfassen lassen; andere Begriffe sind weit abgeschlagen oder liegen vereinzelt innerhalb der Dimension. Die Betrachtung der Begriffsgruppen ist immer im Zusammenhang zur Marke Valensina zu sehen. In diesem Sinn bilden die Begriffe „Onkel Dittmeyer", „Werbung" und „natürlich" eine Gruppe. Die Begriffe „Vitamine", „fruchtig", „Qualität" und „wie frisch gepresst" bilden eine Gruppe bzw. ein weiteres Cluster. Diese Cluster sagen aus, dass diese Begriffe von den Zielgruppen als ähnlich gesehen werden und hieraus für die Markenidentität von Valensina elementare Bedeutungen entstehen. So wird u. a. „Qualität" mit „Vitamine" und „fruchtig" mit dem formalen Markenkriterium in Form des Slogans „wie frisch gepresst" verbunden. Daraus ist zu ersehen, aus welchen Kriterien beispielsweise der Qualitätsbegriff entspringt. Ein weiteres Cluster bilden die Begriffe „Sonne", „Spanien" und „durstlöschend". Die Beziehung zwischen den Begriffen „Sonne" und „Spanien" ist naheliegend – interessant ist die Beziehung zum Begriff „durstlöschend" im Zusammenhang zu den anderen Begriffen aus diesem Cluster. Zwei Begriffe aus dieser Dimension stehen mehr oder weniger alleine da – dies sind „gesund" und „Frische", die für sich einen Bedeutungszusammenhang bilden. Interessant ist hier jedoch, dass keine Bedeutungsbeziehung zum Qualitätsbegriff besteht. Auch der Begriff „Gute-Preis-Leistung" steht in dieser Dimension weit abgeschlagen und bildet keine signifikante Bedeutungsbeziehung zu anderen Begriffen. Aus der Korrespondenzanalyse wurden für die Marke Valensina insgesamt fünf Dimensionen errechnet – mit unterschiedlichen Verteilungen der jeweiligen 15 Begriffe. Dies bedeutet, dass erst aus der Betrachtung aller fünf Dimensionen Rückschlüsse auf die Markenidentität von Valensina gezogen werden können.

In einem weiteren Schritt der zweiten Phase wurde direkt aus der Korrespondenzanalyse das Mage zur Marke Valensina programmiert – dies stellt die Bedeutungsbeziehungen der Marke in einem räumlichen, dreidimensionalen Begriffsnetz dar.

Die unterschiedliche Farbigkeit – durch Grauwerte visualisiert – zeigt, ob die Begriffe vorn (dunkel) oder eher hinten (hinten) stehen. Analog den Dimensionen gilt beim Mage das gleiche Prinzip der Nähe von Begriffen. Ein entscheidender Vorteil der Magedarstellung gegenüber den Dimensionen ist, dass der komplette Bedeutungsraum der Marke auf einem Computerbildschirm gedreht werden kann. Oder anders: Der Bedeutungsraum der Marke Valensina kann nach verschiedenen Zielsetzungen und Fragestellungen betrachtet und untersucht werden. Die räumliche, nicht-statische Darstellung von Ergebnissen hat auch den Vorteil, dass die Möglichkeiten für Bewertungen und Interpretationen durch die verschiedenen Perspektiven deutlich ansteigen. Das Mage bildet somit eine wichtige Quelle für die Ergebnisinterpretation.

Im Folgenden ist ein Screenshot (Standbild) der Magedarstellung zur Marke Valensina beispielhaft visualisiert.

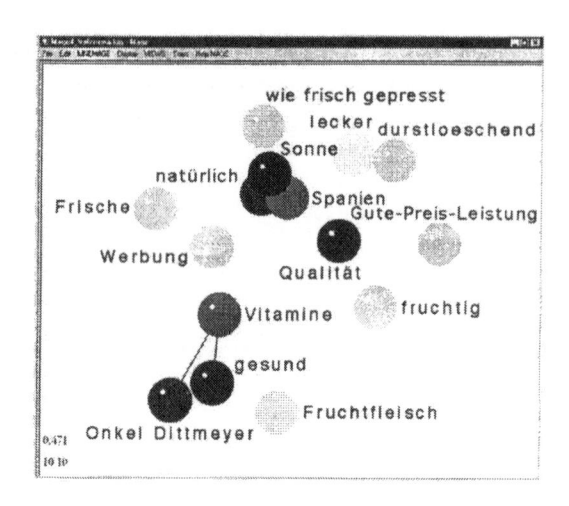

Abbildung 77: Beispielhafte Darstellung des Begriffsnetzes der Marke Valensina

Bestimmte Begriffe und Cluster, die von besonderem Interesse sind, können in den Vordergrund geholt werden; hierbei kann beobachtet werden, wie andere Begriffe in den Hintergrund treten und mit den vorderen Begriffen keine oder eine geringe Beziehung aufweisen. Dies soll beispielhaft dargestellt werden:

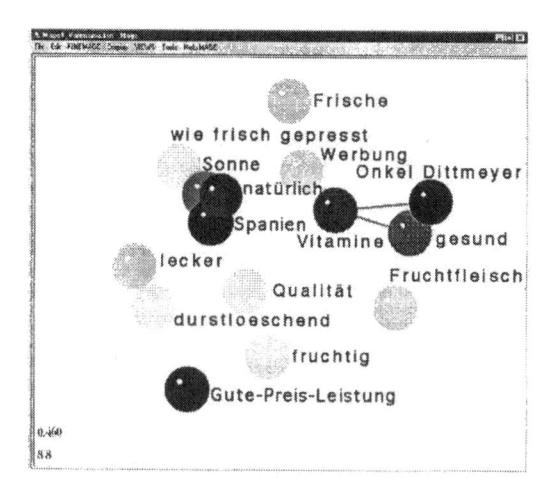

Abbildung 78: Gedrehte Magedarstellung des Begriffsnetzes der Marke Valensina

Hieraus ist konkret zu ersehen, welche Begriffe miteinander zusammenhängen, welche gemeinsam eine Bedeutung und welche weniger oder gar keine Bedeutung bilden. So kann beispielsweise bei diesem Standbild der Begriff „Qualität" in Relation zu anderen Begriffen betrachtet werden.

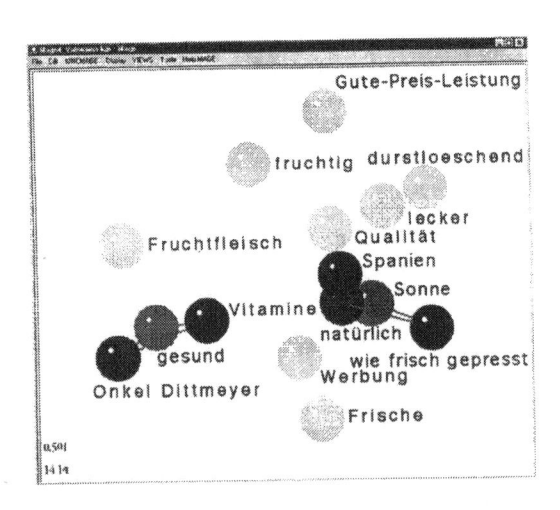

Abbildung 79: Zwei gut erkennbare Cluster

Hier lassen sich Cluster ausmachen, die einen aussagefähigen Bedeutungszusammenhang ergeben. So steht beispielsweise der Begriff „Frische" nicht in der Nähe zum Qualitätsbegriff. Auch „gesund" und „Vitamine" werden nicht mit Qualität oder „Gute-Preis-Leistung" verbunden.

Die Darstellung im Mage bietet ebenfalls die Möglichkeit, sich durch Vergrößerung eines Ausschnitts bestimmte Begriffs-Cluster näher anzusehen.

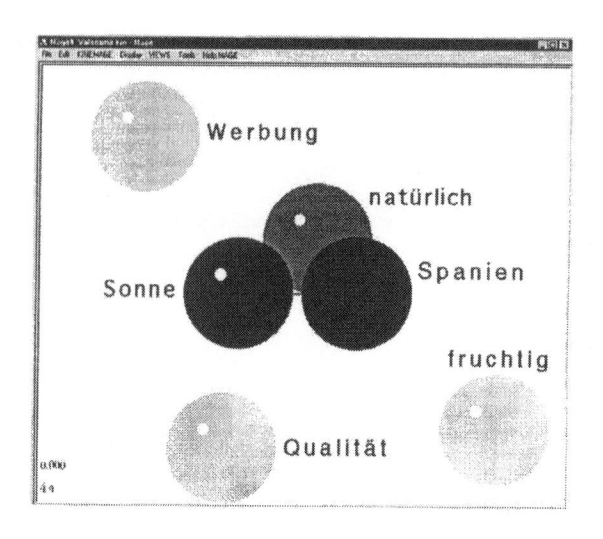

Abbildung 80: Gezoomtes Begriffs-Cluster der Marke Valensina

Bei diesem Screenshot wurde das Bild auf einige Begriffe vergrößert. Ein entscheidendes Begriffs-Cluster bilden die Begriffe „Sonne", „natürlich" und „Spanien". Diese drei Begriffe sind somit bedeutungsbildend.

Der Unterschied zwischen dem Mage und den Dimensionen ist, dass das Mage ein ganzheitliches Bild über den Bedeutungsraum widerspiegelt; die jeweiligen Dimensionen hingegen bilden nur einen Teil des Bedeutungsraumes ab. Das Mage ist somit eine Komprimierung aller Dimensionen. Daher kann es durchaus Unterschiede zwischen den Darstellungen einer einzelnen Dimension und der Darstellung im Mage geben. Insgesamt bzw. ganzheitlich betrachtet – stellen beide Darstellungsarten das gleiche Bild – den Bedeutungsraum der Marke Valensina – dar. Zu beachten ist, dass das Mage noch nicht die Markenidentität widerspiegelt, sondern ausschließlich den Bedeutungsraum der 15 wichtigsten assoziativen Begriffe einer Marke. Für die Bestimmung der Markenidentität werden alle Ergebnisse aus der zweiten Phase sowie der Abgleich mit den Ergebnissen der Markenverantwortlichen genutzt. Mit der Darstellung im Mage ist die quantitative Analyse der Zielgruppen beendet.

Zusätzlich zu der quantitativen Analyse wurden bei Valensina moderierte Gruppendiskussionen mit den Zielgruppen durchgeführt. Ziel war es, tiefergehende Erkenntnisse zur Markenidentität zu erhalten. Hierbei wurden zuerst allgemeine Fragen zum Konsumverhalten gestellt – erst später wurde auf die Marke Valensina eingegangen. Konkret wurde nach allgemeinen Trinkgewohnheiten bei Fruchtsäften gefragt, nach den Auswahlkriterien von Säften, wie ein Idealsaft sein muss sowie nach dem Qualitätsaspekt – erst dann wurde auf konkrete Fragen bezüglich der Marke Valensina eingegangen. Mit der Zusammenfassung der quantitativen und qualitativen Ergebnisse war die zweite Phase der Markenanwendung beendet.

c) Dritte Phase: Abgleich und Interpretation der Daten

Nachdem die Ergebnisse der Markenverantwortlichen und der Zielgruppen erfasst und ausgewertet wurden, galt es alle erhobenen Daten miteinander abzugleichen. Da die Markenbildung innerhalb eines Kommunikationsprozesses stattfindet, muss die Sicht des Unternehmens mit der Sicht der Zielgruppen verglichen werden. Erst dann kann die Markenidentität festgelegt werden. Zusammenfassend wurden für die Marke Valensina folgende Erhebungen gemacht:

In der ersten Phase – bei den Markenverantwortlichen:
- moderierte Gruppendiskussion,
- Freelisting,
- Triadentest,
- Konsensanalyse,
- Korrespondenzanalyse sowie
- Darstellung im Mage.

In der zweiten Phase – bei den Zielgruppen:
- Freelisting,
- Triadentest,
- Konsensanalyse,
- Korrespondenzanalyse,
- Darstellung im Mage sowie
- moderierte Gruppendiskussionen.

Durch die Einheitlichkeit der Erhebungsmethoden in der ersten und zweiten Phase lassen sich die Ergebnisse direkt miteinander vergleichen. So wurden beispielsweise die Freelisting-Begriffe der Markenverantwortlichen mit den Freelisting-Begriffen der Zielgruppen verglichen; ebenso wurde mit den Ergebnissen aus den Triadentests sowie der Magedarstellungen verfahren. Aus der Gesamtheit der Vergleiche ergibt sich ein ganzheitliches Bild der Marke. Doch woraus setzt sich die Markenidentität zusammen? Welche Kriterien müssen für die Bestimmung der Markenidentität herangezogen werden?

Die wichtigste Grundlage für die Bestimmung der Markenidentität bildet die Magedarstellung aus der zweiten Phase der Zielgruppenerhebung. Hier werden alle wichtigen Begriffe, die die Zielgruppen mit der Marke assoziieren, in einen direkten Zusammenhang gebracht. Die Darstellung im Mage mit all seinen 15 Begriffen ist jedoch noch nicht gleichzusetzen mit der Markenidentität. Denn eine erfolgreiche Markenidentität muss zum einen prägnant und zum anderen homogen sein. Ein Beziehungsnetz mit 15 Begriffen ist zu komplex, um von einer homogenen und prägnanten Markenidentität sprechen zu können. Eine Fokussierung auf Kernbegriffe ist dahe notwendig. Im Folgenden werden die Schritte zur Bestimmung der Markenidentität konkreter beschrieben. Entscheidend an dieser Phase ist, dass es bei der Bestimmung der Markenidentität zunächst einen methodischen Teil gibt – hierbei werden Schritt für Schritt die ausschlaggebenden Markenkriterien sortiert. Nach dem methodischen Vorgehen bleibt zudem ein interpretativer Teil, bei dem die Zwischenergebnisse aus dem methodischen Vorgehen bewertet werden müssen. Wichtig ist, dass jede Interpretation nur auf Basis der Ergebnisse vorgenommen werden kann.

Erster Schritt der Identitätsbestimmung:

Grundlegendes Ziel ist die Fokussierung des Magebegriffsraumes auf die Kernbegriffe, die die Markenidentität widerspiegeln. Diese wird mit Hilfe aller Ergebnisse aus den Zwischenschritten der ersten und zweiten Phase bestimmt – wobei das Freelisting der Zielgruppen hierbei die wichtigste Basis bildet, da bei diesem Erhebungsschritt die häufigsten und wichtigsten Assoziationen genannt wurden. Konkret bedeutet dies, dass nicht alle Begriffe gleichberechtigt sind. Einige von den 15 Begriffen haben eine höhere Punktzahl als andere, d. h. sie wurden häufiger genannt und dann von den Zielgruppen wichtiger als andere Begriffe eingestuft. Fazit: Begriffe mit einer höheren Punktzahl haben eine höhere Priorität als Begriffe mit einer niedrigeren Punktzahl. Der Blick auf die Freelisting-Tabelle der Zielgruppen zeigt, dass bei der Marke Valensina die Begriffe „Sonne", „Frische", „fruchtig", „gesund" und „Vitamine" sich im oberen Feld befinden. Die Begriffe „Onkel Dittmeyer", „lecker", „Qualität", „wie frisch gepresst" und „Fruchtfleisch" im Mittelfeld stehen. Abgeschlagen sind die Begriffe „durstlöschend" und „Spanien". Die restlichen drei Begriffe „Gute Preis-Leistung", „natürlich" und „Werbung" sind keine frei assoziierten Begriffe, sondern wurden als Szenariobegriffe in den Triadentest mitaufgenommen (zwar wurden einige dieser Begriffe ebenfalls im Freelisting genannt, jedoch mit einer geringen Punktzahl).

Zweiter Schritt der Identitätsbestimmung:

Da die Markenidentität aus einer Ausdrucks- und Inhaltsebene besteht, ist eine Bewertung der Assoziationen nach diesen Kriterien vorzunehmen. In diesem Sinn lassen sich die Top-15-Begriffe nach formalen und inhaltlichen Markenkriterien sortieren. Zu den formalen Kriterien gehören Begriffe wie „Onkel Dittmeyer" als Testimonial in der Werbung und die Aussage „wie frisch gepresst", da dies der Slogan von Valensina ist. Alle anderen Begriffe sind der inhaltlichen Ebene der Marke Valensina zuzuordnen.

Dritter Schritt der Identitätsbestimmung:

Da bestimmte Begriffe öfter mit anderen Begriffen eine Gruppe bilden, kommt es darauf an, die Nachbarschaft der einzelnen Begriffe in den jeweiligen Dimensionen, die aus der Korrespondenzanalyse errechnet werden, zu betrachten. Begriffe, die auffallend häufig in Nachbarschaft zu anderen Begriffen stehen, sind bedeutungsbildender als andere Begriffe, die mehr oder weniger vereinzelt stehen. Bei der Auszählung der Häufigkeit, wie oft die Begriffe zueinander in enger Nachbarschaft stehen, finden sich die Begriffe „Onkel Dittmeyer", „Vitamine", „fruchtig", „Frische" und „wie frisch gepresst" am häufigsten wieder. Begriffe wie „Qualität", „natürlich", „lecker", „durstlöschend" und „Sonne" befinden sich weniger häufig in direkter und damit bedeutungsbildender Nachbarschaft zu anderen Begriffen. Hier fällt auf, dass beide formalen Markenkriterien – „Onkel Dittmeyer" und „wie frisch gepresst" – eine hohe Nachbarschaft zu anderen Begriffen aufweisen. Auch die beiden inhaltsbezogenen Begriffe „Frische" und „fruchtig", die bereits beim Freelisting eine hohe Punktzahl hatten, weisen eine hohe Nachbarschaft zu anderen Begriffen auf.

Vierter Schritt der Identitätsbestimmung:

Nachdem die quantitativen Ergebnisse herangezogen wurden, sind die qualitativen Ergebnisse aus den Gruppendiskussionen einzubinden. Da Gruppendiskussionen unter statistischen Gesichtspunkten nicht repräsentativ sind, können diese Ergebnisse zum einen als Validierung oder Überprüfung der Freelisting-Ergebnisse herangezogen werden; zum anderen geben die Gruppendiskussionen einen tieferen Einblick in das Denken der Zielgruppen. Für die Marke Valensina kann festgestellt werden, dass die Teilnehmer der Gruppendiskussionen die quantitativen Ergebnisse bestätigt haben. Darüber hinaus erhielten wir tiefergehende Erkenntnisse zur Verpackung, zur Werbung, über Textmengen, über konkrete Formulierungen und zum Preis. Diese Kriterien sind für markenstrategische Entscheidungen, aber auch für operative Maßnahmen – wie beispielsweise Sonderaktionen – wichtig.

Fünfter Schritt der Identitätsbestimmung:

Im fünften und abschließenden Schritt wird die unternehmerische Sicht, die erste Phase, in die Festlegung der Markenidentität einbezogen. Da die Bildung der Markenidentität ein vom Unternehmen initiierter Kommunikationsprozess ist, müssen für eine abschließende Beurteilung die quantitativen und qualitativen Ergebnisse der Markenverantwortlichen herangezogen werden. Der Vorteil ist, dass die Ergebnisse der Zielgruppen direkt an den Vorstellungen der Markenverantwortlichen gemessen werden können, da bei dieser Untersuchung die gleichen Verfahren angewendet wurden. Dies führt dazu, dass die Diskussion zur internen Entscheidungsfindung anhand objektiverer Kriterien geführt werden kann. Sind die ersten vier Schritte methodischer Natur, bildet der fünfte Schritt den Übergang zur Interpretation. Hier kommt es darauf an, die zielorientierten und strategischen Schwerpunkte des Unternehmens zu berücksichtigen.

Mit dem fünften Schritt ist die Festlegung der Markenidentität abgeschlossen. Für die Marke Valensina können verschiedene Ergebnisse festgehalten werden – u. a. für die Markenidentität, dass der für das Unternehmen wichtige Qualitätsbegriff in der Form von den Zielgruppen nicht erkannt wird. Oder anders: Die Tatsache, dass Valensina ein hochqualitatives Produkt ist, wird von den Zielgruppen nicht erkannt. Zwar stehen Begriffe wie „Vitamine" oder „Frische" beim Freelisting und auch bei der Nachbarschaft der Begriffe in den Tabellen an oberer Stelle, „Qualität" als Begriff ist jedoch abgeschlagen (des Weiteren sind die Begriffe „Vitamine" und „Frische" nicht differenzierend genug für die Marke Valensina gegenüber Wettbewerbsprodukten, um daraus ein einzigartiges Unterscheidungsmerkmal entwickeln zu können). Aus der Vielzahl der Ergebnisse können eine Vielzahl von Handlungen für die Marke Valensina abgeleitet werden – von der Definition der Markenidentität bis zur Gestaltung der Verpackung. Da es hier um die Darstellung des grundlegenden Prinzips geht, wird auf eine detailreiche Ergebnisinterpretation an dieser Stelle verzichtet. Das Fazit der Untersuchung war positiv: Die Identität der Marke Valensina wurde definiert; sie besteht aus fünf Kernbegriffen, aus denen die für die Marke elementaren Bedeutungen entstehen. Für die Zukunft der Marke hat dies die Konsequenz: Sollte das Ziel weiterhin sein, Qualität zu kommunizieren, muss dies über andere Kernbegriffe erfolgen, als die bisher.

8.6 Die optimale Marke?

Die Frage, wie eine optimale Marke sein muss, gehört zu den meistgestellten Fragen der Praxis. Das Problem an der Frage ist, dass es hierfür keine generelle Antwort gibt. Jede Marke ist individuell zu betrachten, jede Marke hat ihre eigene Entwicklung, ihr eigenes Potenzial, ihr eigenes Umfeld und somit ebenfalls ihre eigene Identität. Was für die Marke IBM gilt, kann nicht für die Marke Compaq gelten. Was für die Marke Mercedes-Benz gilt, kann nicht für die Marke BMW gelten. Sicherlich gibt es Parallelen bei den formalen und inhaltlichen Markenkriterien sowie ähnliche Strategien, aber kein generelles Prinzip, dass für alle Marken gilt. Und damit auch keine optimale Marke. Häufig werden Marken, die Marktführer sind oder für eine Gattung stehen, als das Optimum angesehen. Doch auch Marktführer können sich auf ihrer Markenidentität nicht ausruhen. Ein Beispiel ist die Marke Marlboro, die sich – wie bereits dargestellt – seit einigen Jahrzehnten mit Assoziationen aus dem Leben des „Wilden Westens" und visuell-verbalen Darstellungen von Freiheit und Abenteuer eine starke Markenidentität und eine Marktführerschaft geschaffen hat. Marlboro ist erfolgreich und gilt vielen als Paradebeispiel für eine optimale Marke. Da nun seit einigen Jahren die Marktanteile von Marlboro zurückgehen, stellt sich nun die Frage, was gegen diese Entwicklung getan werden kann. Wenn ein verstärkter Einsatz von kurz- und mittelfristigen Marketingmaßnahmen keine zufriedenstellenden Ergebnisse bringt, wird irgendwann automatisch unternehmensintern die Frage gestellt, ob die Markenidentität verändert werden muss bzw. ob die formalen oder inhaltlichen Markenkriterien modifiziert werden müssen. Da die Werbung amerikanische Landschaften, Cowboys, Pferde und Lagerfeuer in verschiedensten Variationen zeigt, wird darüber nachgedacht, dies aufzugeben und etwas Neues zu entwickeln. Ist dies ohne Weiteres möglich? Oder anders gefragt: Zwingt eine starke Markenidentität ein Unternehmen dazu, diese für immer fortzusetzen? Kann eine zu starke Markenidentität eine Sackgasse bzw. ein Korsett sein? Die Antwort ist nein. Eine starke Markenidentität, die seit vielen Jahren erfolgreich ist, gehört zu den wertvollsten Posten im Unternehmen. Aber es gibt keinen Grund, diese Markenidentität – nachdem alles andere ausprobiert wurde – nicht den Marktgegebenheiten sensibel anzupassen. Denn der Markt und die Zielgruppen unterliegen permanenten Veränderungen, die sich ebenfalls langfristig bemerkbar machen. Eine Markenidentität kann – ohne aufgegeben zu werden – durchaus sanft korrigiert werden auf der Basis der vorhandenen Ausdrucks- und Inhaltsebene. Eine radikale Veränderung würde sich auf die Markenidentität auswirken. Das Beispiel der Wettbewerbsmarke Camel hat dies verdeutlicht. Sie stellte ihre langjährige, erfolgreiche Werbung mit dem Camel-Mann um („dafür geh ich meilenweit"). Die Agentur McCann-Erickson entwickelte Anfang der 90er Jahre eine humorvolle Kampagne mit dem Kamelmotiv der Verpackung. Die Motive waren zugegebenermaßen humorvoll und erhielten beim Art Directors Club auch Preise und Auszeichnungen – doch der Bruch war zu radikal für die Markenidentität. Die Marktanteile der Marke Camel sanken.

Auch eine erfolgreiche Marke wie Nike muss damit kämpfen, dass sie durch Wachstum ihre Produkte an eine breite Öffentlichkeit verkauft und somit einen breiten Konsens bei diesen Zielgruppen erreichen muss. Außerdem ist Nike ein Trendsetter, also eine Marke, die Trends in Bewegung setzt und damit zwangsläufig dem Massengeschmack entgegentritt. Hier stellt sich die Frage, ob die Markenidentität – die bislang erfolgreich funktioniert hat – langfristig diese Spannung zwischen Massenpublikum und Trendsettern aushält. Zudem werden Trends in der Regel von jüngeren Menschen aufgenommen – wenn jedoch die Masse – und damit auch Menschen jenseits des Teenagerdaseins – anfängt die gleiche Marke zu tragen, ist die Marke nicht mehr „trendy" und wird von Jugendlichen links liegen gelassen. Auch hier ist erkennbar, dass eine scheinbar optimale Marke sich durchaus in eine Richtung entwickeln kann, wo es gilt, die Markenidentität anzupassen oder zu verändern. Somit kann festgehalten werden, dass es Marken gibt, die in einer entsprechenden Zeit durchaus das Optimum an Erfolg aus dem Markt herausholen. Da jede Marke individuell zu betrachten ist, gibt es keine generellen Regeln für eine optimale Marke. Eine weitere Frage ist, ob eine optimale Marke eine Marke ist, die immer Wachstumsraten garantiert? In vielen Fällen liegt es nicht an der Markenidentität, dass die Wachstumsziele nicht erreicht wurden. Häufig spielen andere Faktoren eine Rolle. Denn eine stabile Markenidentität ist in den meisten Fällen ein Garant dafür, dass eine eventuelle Krise oder Absatzeinbruch ohne eine Markenidentität negativer ausgefallen wäre. Bevor eine Markenidentität also vorschnell geändert wird, muss ein nachvollziehbarer Grund für Änderungen vorliegen. Dies bedeutet konkret, dass die Markenidentität vor kurzfristigen Entscheidungen geschützt werden muss.

Trotz des Nichtvorhandenseins einer generellen Formel bezüglich einer optimalen Marke gibt es durchaus Kriterien, die für die Bildung einer stabilen und erfolgreichen Markenidentität entscheidend sind. Die beiden wichtigsten Kriterien für eine stabile

Markenidentität sind Prägnanz und Homogenität. Es dürfen nicht zu viele verschiedene Assoziationen zur Marke bei den Zielgruppen entstehen. Die Erfahrungen aus der Anwendung von Brand Ambassador zeigen, dass fünf Kernbegriffe die Markenidentität ausreichend beschreiben. Aus diesen fünf Kernbegriffen und ihren Beziehungen entstehen die Kernbedeutungen der Marke. In unseren Untersuchungen haben wir festgestellt, dass es für die Markenidentität spricht, wenn formale Markenkriterien wie Farbe oder Design auf der inhaltlichen Ebene mit der Marke assoziiert wurden. Dies zeigt, dass die formale und die inhaltliche Ebene der Marke miteinander eine für die Zielgruppe nachvollziehbare Einheit bilden. Wichtig ist auch die Tatsache, dass eine gute, homogene inhaltliche Ebene der Marke eine schwache formale Markenebene überdecken kann. Oder anders: Schlechte oder nicht wirkungsvolle formale Markenkriterien verhindern nicht den Erfolg einer Marke, wenn die inhaltliche Ebene aus prägnanten Kernbedeutungen besteht. Andersherum funktioniert dieses Prinzip nicht. Ein guter Name und eine ästhetische Gestaltung können keine heterogene inhaltliche Ebene kaschieren.

Neben der Prägnanz und der Homogenität kommt es auf die konkreten Bedeutungen an. Welche Botschaften vermittelt die Marke? Was ist das Besondere an ihr? Diese Bedeutungen können nicht allgemein unter inhaltlichen Aspekten betrachtet werden, da dies von der individuellen Situation der Marke abhängt. Da jede Marke anders ist, sind auch die Bedeutungsinhalte verschieden. Aber diese Bedeutungen müssen ausreichend besonders sein, damit die Zielgruppen positiv auf diese reagieren. Sie müssen Werte vermitteln, die die Zielgruppen für wichtig halten. Und sie beeinflussen Einstellungen und Motivationen der Zielgruppen. Dann führen diese Bedeutungen zum erwünschten Konsum der Marke.

Die Markenanwendung kann, wenn alle Phasen und Schritte vollzogen werden, eine Vielzahl an Daten und Ergebnissen hervorbringen. Auch hier kann festgestellt werden, dass die individuelle Situation im Unternehmen entscheidend ist. Diese hängt vom Kenntnisstand und vom Interesse des Auftraggebers ab. Der Vorteil an der Markenanwendung ist, dass sie in aller Ausführlichkeit dem Leiter der Marktforschungsabteilung vorgestellt werden kann – genauso gut aber auch kurz und plausibel die letztendlichen Ergebnisse einem Vorstand näher bringen kann.

8.7 Zusammenfassung

Im zweiten Teil wurde der Hintergrund für die Bestimmung der Markenidentität dargestellt. Was dort noch eine theoretische Basis hatte, wurde im dritten Teil konkret an Analysen aus der Praxis aufgezeigt. Die komplette Durchführung der Brand-Ambassador-Anwendung für die Marke Valensina verdeutlicht die Möglichkeiten, wie die Ergebnisse eingesetzt werden können. Die Markenidentität wird durch Begriffe dargestellt – mit Brand Ambassador werden Begriffe repräsentativ und valide erfasst. Das Ergebnis ist ein Begriffsnetz aus dem die wichtigsten Bedeutungsrelationen der Marke zu erkennen sind. Für die Marke können folgende Ergebnisse zusammengefasst werden:

- Die Markenidentität entsteht nicht bei den Zielgruppen, sondern innerhalb des Kommunikationsprozesses zwischen Unternehmen und Zielgruppen. Für die Analyse der Markenidentität ist es im ersten Schritt entscheidend, die Vorstellungen der Markenverantwortlichen zu erfassen. Das Unternehmen – oder besser die Markenverantwortlichen – bilden den aktiven Part; sie geben die Richtlinien der Marke vor; sie bestimmen die formalen Markenkriterien und den Rahmen für die Inhaltsebene.

- Erst im zweiten Schritt werden die Zielgruppen analysiert. Für die Analyse der Markenidentität werden die Assoziationen von den Zielgruppen erfasst. Entscheidend ist bei der Erhebung, dass das Verfahren modellfrei ist und den Zielgruppen keine Vorgaben gibt. Daher wird ein freies Assoziationsverfahren gewählt.

- Um Bedeutungen festzustellen, müssen die Assoziationen in eine Beziehung zueinander gebracht werden. Erst aus der Wechselbeziehung der assoziativen Begriffe entstehen die Bedeutungen der Marke. Hierfür wird der Triadentest durchgeführt.

- Die Inhaltsebene der Markenidentität besteht aus einem Kern und einer Peripherie. Der Markenkern wird durch die Kernbegriffe dargestellt – in der Regel sind dies zwischen drei und fünf Begriffe, die in Relation zueinander stehen. Aus den Kernbegriffen und ihren Relationen zueinander entstehen die wichtigsten Bedeutungen der Marke.

- Die beiden wichtigsten Kriterien der Markenidentität sind Homogenität und Prägnanz. Homogenität steht für die Einheitlichkeit der Bedeutungen und der Erscheinung der Marke. Prägnanz steht für bündige, kurze und reduzierte Bedeutungen.

- Die Ergebnisse von Brand Ambassador definieren die Markenidentität. Aus der Markenidentität können alle weiteren Schritte der Markenführung abgeleitet werden.

- Des Weiteren ergeben sich aus den Ergebnissen von Brand Ambassador konkrete Begriffe für alle operativen Kommunikationsmaßnahmen – von der Werbung bis zum Internet. Die Assoziationen können direkt für die visuelle und verbale Maßnahmen umgesetzt werden.

Teil 4: Perspektiven der Marke

9. Die Anwendung der Ergebnisse

So wichtig die Feststellung der Markenidentität ist, so wichtig ist es zu wissen, dass die Markenidentität erst ein Baustein für weitere Schritte ist. Sie bildet die Grundlage aller weiteren Markenuntersuchungen (z. B. für Imageanalysen, Bewertungsanalysen etc.) sowie aller strategischen und operativen Maßnahmen in Bezug auf die Marke (z. B. für Werbung, Internet, Sponsoring etc.). Aus der Feststellung der Markenidentität, ergeben sich neue Fragen. Welche Konsequenzen müssen aus der definierten Markenidentität gezogen werden? Wie muss die Strategie für die Marke sein? Wie muss die Marke intern kommuniziert werden? Welche Botschaften müssen mit der Marke in welchen Medien transportiert werden? Welchen Wert hat die Marke? Im letzten Abschnitt wird auf die Einsatzmöglichkeiten sowie Einsatzgebiete von Brand Ambassador eingegangen.

Bevor Strategien und Maßnahmen entwickelt werden, scheint es in jeder Hinsicht plausibel, dass es wichtig zu wissen ist, was die Marke ausmacht. Welche Stärken und Schwächen hat die Marke? Die Analyse der Markenidentität gibt Antworten auf diese Fragen. Aber die bei einer Markenanalyse immer wieder gern gestellte Frage, wieviel eine Marke wert ist und anhand welcher Kriterien dieser Wert gemessen werden kann, offenbart, dass eine andere Herangehensweise unter Einbeziehung der Markenidentität neue Erkenntnisse bringt. Eine weitere, nach den schwierigen Zeiten der ersten Internet-Euphorien immer noch aktuelle Frage ist, wie Marken sich im digitalen Bereich verhalten müssen. Und auch die praxisorientierte Anwendung der Ergebnisse für werbliche Maßnahmen, für die Verkaufsförderung, für das Sponsoring, für Events und auch für die Presse- und Öffentlichkeitsarbeit eines Unternehmens ist ein Thema, auf das gängige Analysemethoden zu wenig eingehen. Die wichtigste Frage ist, wie Prägnanz und Homogenität einer Markenidentität in der Praxis gewährleistet werden können. Doch bevor auf diese Fragen eingegangen wird, sind die unternehmensinternen Auswirkungen und Konsequenzen der Marke zu betrachten. Dies ist ein Bereich, der gern vernachlässigt wird, da der Fokus oft auf die Zielgruppen und deren Verhalten gelegt wird.

9.1 Die Marke als Managementaufgabe

Marken werden von Menschen gemacht; sie entstehen nicht aus dem Nichts und erst recht nicht aus Zufall. Obwohl viele Bücher und Artikel geschrieben wurden, wie bestimmte Unternehmer anscheinend aus dem Nichts eine Idee, einen Namen oder ein

Bild-Zeichen für eine Weltmarke entwickelt haben, steckt hinter jeder dieser sogenannten „Zufälligkeiten" immer ein Mensch, der sich mit der jeweiligen Thematik auseinandergesetzt und an seine Ideen geglaubt hat. Sicherlich hat der bayerische Einwanderer Levi Strauss, als er in den USA in Camps von Goldgräbern um die Mitte des 19. Jh. seine ersten Hosen aus Zeltstoff entwickelte, nicht gewusst, dass sein Name einmal zu einer globalen Marke werden würde. Levi Strauss hat den Bedarf für seine genieteten Jeanshosen aufgespürt, ein strapazierfähiges und gutes Produkt entwickelt sowie konsequent an dieser Idee weitergearbeitet. Noch heute steht eine Levis-Jeans in den USA für eine Arbeitshose – im Gegensatz zu Europa, wo die Hose eher ein modisches Lifestyle-Produkt ist (dies macht sich auch in der Preispolitik bemerkbar; eine Levis-Jeans ist in Europa rund dreimal so teuer wie in den USA). Ob Adidas, Nike, Coca-Cola, Apple oder Porsche – Marken leben durch die Menschen, von denen sie gegründet wurden und von denen, die in der Gegenwart hinter ihnen stehen. Dieser Aspekt wird bei der Betrachtung der Markenthematik oftmals unterschätzt und in vielen praktischen Umsetzungen stark vernachlässigt. So weist auch Meffert in diesem Zusammenhang auf die Relevanz der Markenidentität auf die Unternehmenskultur hin.[85] Denn in der Praxis liegt der Fokus vieler Markenuntersuchungen auf den Zielgruppen. Welche Erwartungen haben die Zielgruppen – ist die am häufigsten gestellte Frage, wenn es um die Analyse der Marke geht. Dabei wird der interne Faktor, der Mitarbeiter eines Unternehmens im Allgemeinen und die Markenverantwortlichen im Besonderen, mit ihren Vorstellungen gegenüber der Marke vernachlässigt. Gerade bei Fusionen oder Übernahmen von Unternehmen tritt der Fall ein, dass in diesem Zusammenhang auch die Marken fusioniert, übernommen oder gar liquidiert werden. Welche Marke soll zur Dachmarke werden? Welche Marke dominiert? Und welche Marke erhält zukünftig eine weniger wichtige Rolle? Nicht selten werden vorhandene und erfolgreiche Marken zu einer Submarke herabgestuft oder sogar über einen mehr oder weniger großen Zeitraum einfach ausgemustert. Mitarbeiter, die jahrelang für eine Marke gearbeitet haben, identifizieren sich naturgemäß mit ihrer Marke. Wird bei einer Unternehmensübernahme eine bislang erfolgreiche Marke liquidiert, hat dies direkte Auswirkungen auf die Motivation der Mitarbeiter. Gerade bei Unternehmensmarken ist diese Entwicklung prekär, da Mitarbeiter sich bei einer Fusion oder Übernahme plötzlich mit einer neuen Marke und ihrer Identität vertraut machen müssen. Fusionen bzw. Übernahmen von Unternehmen wie bei Daimler-Benz/Chrysler, Vodafone/Mannesmann und Allianz/ Dresdner Bank zeigen, dass es Bedarf für interne Markenanalysen gibt.

Auch wenn die Markenstrategie von den Markenverantwortlichen des Unternehmens entwickelt wird, die Umsetzung wird durch die Mitarbeiter des Unternehmens realisiert. Nicht nur ein Vertriebsmitarbeiter, der im permanenten Kontakt zu Kunden steht, präsentiert das Unternehmen und seine Marken – auch andere Mitarbeiter haben zumindest indirekt Kontakt mit der Öffentlichkeit. Das heißt: Jeder Mitarbeiter wird zum Repräsentanten des Unternehmens und somit auch der Marke. Doch nicht jeder Mitarbeiter ist sich dieser Situation bewusst. Und nicht jeder Mitarbeiter kennt die von

---

[85] vgl. Meffert 2000, S. 879

den Markenverantwortlichen des Unternehmens entwickelten Ziele und Inhalte für die Marke. Aus der unternehmerischen Sicht ist aber eine homogene Sicht der Mitarbeiter in Bezug auf die Marke wichtig, um auch nach außen einen homogenen Markenauftritt gewährleisten zu können. Um die Erwartungen der Mitarbeiter zu erfassen, ist es daher wichtig, diese bei einer ganzheitlichen Betrachtung der Marke einzubinden. Da Brand Ambassador nicht nach Einstellungen, Sympathien oder Kaufentscheidungen fragt, sondern die Bedeutungen der Marke in Form von assoziativen Begriffen erfasst, eignet sich die Markenanwendung ebenfalls zur Erfassung der unternehmensinternen Markensicht. Analog der Untersuchung bei den Markenverantwortlichen, die Bestandteil der Markenanwendung ist, kann Brand Ambassador bei aktuellen Fragen, wie bei einer Übernahme von anderen Marken, einen eigenen, internen Untersuchungsprozess darstellen. Aus den unternehmensinternen Analysen können Maßnahmen eingeleitet werden, die bestimmte Problemfelder, Ängste und Unsicherheiten konkret ansprechen. Hierfür eignen sich Informationsveranstaltungen und Workshops, die in den Unternehmen bereichsübergreifend durchgeführt werden.

Ein weiterer Aspekt ist, dass die Markenführung eine zentrale Stelle im Unternehmen braucht, die Entscheidungsbefugnis hat. Da die Relevanz der Marke innerhalb eines Unternehmens nicht von allen Abteilungen und Bereichen gleichermaßen erkannt wird, muss ein zentraler Markenbereich alle Aspekte der Markenführung in die Hand nehmen. Bestimmte Abteilungen wie beispielsweise die Marketingabteilung eines Unternehmens haben ein stärkeres Verständnis, eine positivere Einstellung zur Marke als andere; diese Abteilungen kennen die langfristige Ausrichtung der Marke. Einige Abteilungen – wie z. B. der Vertrieb – setzen wiederum operative Schwerpunkte und müssen monatlich bestimmte Umsätze nachweisen. Dies kann für die Markenführung negativ sein, insbesondere dann, wenn verschiedene Ansichten zur Ausrichtung der Markenstrategie und Umsetzung von Markenbotschaften zwischen Abteilungen und Bereichen innerhalb des Unternehmens bestehen. Nicht selten führt dies zu Dissonanzen innerhalb des Unternehmens. Aus diesem Grund ist es wichtig, dass es eine zentrale Stelle im Unternehmen gibt, die für die Markenführung verantwortlich ist. Hierzu ein Beispiel:

Das Unternehmen Braun AG, das bekanntermaßen Elektrogeräte herstellt und bis zum Jahr 1991 auch für Rundfunkgeräte berühmt war, setzte von Beginn an auf das formale Kriterium des Produktdesigns. Klare, unaufdringliche, nach Bauhaus-Prinzipien gestaltete Produkte machen die Markenidentität von Braun aus. Um das Designpostulat intern durchsetzen zu können, erhielt ein Mitarbeiter die abteilungsübergreifende Funktion, alle markenorientierten Maßnahmen zu überwachen. „Er besaß die Vollmacht, die Zusammenarbeit der einzelnen Abteilungen (Ingenieure, Konstrukteure, Marketing- und Vertriebsmitarbeiter usw.) zu organisieren und für eine ganzheitliche, dem gemeinsamen Ziel verpflichtete Ausrichtung aller Aktivitäten Sorge zu tragen."[86] Ob eine Person, eine Abteilung oder ein Bereich – eine Gesamtkoordination der Markenführung ist notwendig. Diese zentrale Stelle muss direkt an die Geschäftsleitung des Unternehmens angebunden sein, um Entscheidungen direkt und ohne

---

[86] vgl. Kesselmann, Müller 1996, S. 192

Reibungsverluste umsetzen zu können. Sie muss darüber hinaus eine Schnittstellenfunktion im Unternehmen haben, um alle Bereiche und Abteilungen, die für die Marke verantwortlich sind, einzubinden und zwischen den unterschiedlichen Schwerpunkten und Interessen zu vermitteln. Nur wenn alle Maßnahmen der Marke koordiniert die gleiche Richtung haben, kann eine erfolgreiche Markenführung betrieben werden. Fazit: Eine zentrale Stelle ist eine Grundvoraussetzung im Unternehmen.

9.2 Markenidentität als Basis von Markenstrategien

Unternehmen lassen ihre Marken in vielerlei Hinsicht untersuchen – in Bezug auf die Kaufmotivationen und Verhaltensweisen ihrer Zielgruppen, in Bezug auf Wettbewerbsmarken und bezüglich neuer Märkte oder die Möglichkeit, die Marke auf andere Produktbereiche zu übertragen. Viele Unternehmen vergessen dabei das Wichtigste: Die Untersuchung der Markenidentität, die die Basis für alle weiteren Untersuchungen darstellt.

Aus der Vielzahl der Untersuchungen ergeben sich bereits viele Rückschlüsse auf die Marke und auch auf ihre Identität. Oft neigen Markenverantwortliche dazu, zu glauben, bereits alles über die Marke zu wissen. So auch über die Identität. Doch die direkte Untersuchung der Markenidentität hat Vorrang; sie kann nicht über Imageanalysen rückwirkend definiert werden. Die Feststellung der Markenidentität bildet die Grundlage für weitere Untersuchungen. So schreibt auch Aaker, dass erst, wenn die Markenidentität untersucht wurde, Ziele und Strategien eines Unternehmens festgelegt und umgesetzt werden können.[87] Es ist die Markenidentität, die zum Zuge kommt, wenn das Bild-Zeichen einer Marke auf der Kleidung eines Sportlers zu sehen ist. Es ist die Markenidentität, die die Einstellungen, die Motivationen und zu guter Letzt das Verhalten der Zielgruppen beeinflusst.

Das im Sportsponsoring häufig benutzte Prinzip, das ein Sportler für monetäre Leistungen als Gegenleistung unter anderem das Bild-Zeichen einer Marke auf seiner Sportkleidung trägt, funktioniert nur deshalb, weil dieses Bild-Zeichen zum einen schnell und gut wahrnehmbar ist und zum anderen über eine starke Markenidentität verfügt.

---

[87] vgl. Aaker, Joachimsthaler 2000, S. 23

Abbildung 81: Der Hürdenläufer Florian Schwarthoff mit dem Bild-Zeichen von Nike auf dem Trikot (Foto: Gustav Schröder)

Ein Bild-Zeichen, das nicht eine starke Markenidentität repräsentiert, würde keine konkreten Assoziationen auslösen und seine Wirkung verfehlen. In diesem Fall muss es ausreichen, dass die Markenidentität komprimiert – also so prägnant wie möglich – über das Bild-Zeichen, die Markenbotschaft an die Zielgruppen vermittelt. Erschwerend kommt hinzu, dass Bild-Zeichen beim Sport meist nur für Sekunden betrachtet werden können bzw. sehr klein sind, wie das Bild-Zeichen von Nike bei dem oben abgebildeten Hürdenläufer. Auch dies unterstreicht das wichtigste Prinzip der Markenidentität: Je prägnanter und homogener eine Markierung ist, desto schneller und effektiver wird diese wahrgenommen. Doch wie kann die Markenidentität konkret für die Markenstrategie eingesetzt werden? Das wichtigste Ziel der Markenstrategie ist, dass die Markenidentität sich mit der Identität der Zielgruppen verbinden lässt. Wenn es zu Überschneidungen zwischen Markenidentität und der Identität von Konsumenten kommt, ist die Markenstrategie erfolgreich. Der Konsument kann sich mit der Marke identifizieren. Die Markenidentität muss es schaffen, mit der Identität des Konsumenten in Gleichklang zu kommen, Verbindungen zu schaffen und damit zum persönlichen Umfeld der Zielgruppen zu werden. Es ist die Aufgabe der Markenstrategie, die Markenidentität den Konsumenten über ihr ganzes Instrumentarium zu vermitteln. Dies führt im Extremfall soweit, dass der Konsument zu einem „Fan" der Marke wird und hier eine relativ konstante Markentreue aufbaut. In einer Ausstellung im Victoria and Albert Museum in London zum Thema Marke wurde ein komplettes Zimmer mit Fan-Artikeln – sogenannten Merchandising-Produkten – des Fußballklubs „Manchester United" eingerichtet – von der Bettwäsche bis zur Tapete, vom Teppich bis zum Mülleimer.[88] Das Prinzip des Merchandisings ist nicht in erster Linie mehr Umsatz zu erzielen, sondern den Zielgruppen eine stärkere Bindung zur Marke zu geben, indem im Alltag eine mit der Lieblingsmarke verbundene Markenwelt aufgebaut wird. Hier zeigt sich auch die Relevanz des Images. Da die Markenidentität das Wesen der Marke darstellt, das für alle Zielgruppen gleich oder ähnlich ist, muss eine Übersetzung der Markenidentität für das Individuum stattfinden. Die Markenidentität bildet die Basis für die Markenbotschaften, die für verschiedene Zielgruppensegmente die Markenidentität mit verschiedenen Schwerpunkten vermitteln (im nächsten Abschnitt wird auf dieses Thema näher eingegangen). Da Images subjektiver Natur sind und eine Rückkopplung von Impulsen darstellen, kann über eine Imageanalyse festgestellt werden, ob die Markenidentität und damit auch die Markenstrategie erfolgreich umgesetzt wurde.

Entscheidend für die Entwicklung einer Markenstrategie sind die Assoziationen, die den Kern der Marke darstellen – also die Kernbegriffe. Bei einer Analyse der Identität für eine Unternehmensmarke stellten wir unter anderem fest, dass der Preisfaktor ein absolut dominanter Begriff war. Aus dem Freelisting ergaben sich hohe Punktwerte für Assoziationen wie „preiswert", „billig" und „günstig". Der Preisfaktor war eindeutig ein Bestandteil der Markenidentität. Die Zielgruppen gaben aus der Untersuchung zu erkennen, dass die Preispolitik des Unternehmens einen strategischen Faktor darstellte. Zugleich wurde festgestellt, dass der Service von den Konsumenten als ausgesprochen positiv gesehen wurde. Bei den Top-15-Begriffen waren Assoziationen wie „kundenfreundlich", „erreichbar", „flexibel" und „serviceorientiert" dabei, die eindeutig den vertriebsorientierten Aspekt der Unternehmensmarke darstellten. Im Zusammenhang mit weiteren Begriffen, aus denen die Bedeutungsrelationen erfasst wurden, konnten aus dem Preis- und Servicefaktor konkrete Produktangebote entwickelt werden. Für die Weiterführung der Markenstrategie hatte dies die Konsequenz, dass zusätzliche preisgünstige Angebote eingeführt und kommuniziert wurden.

Aus den Ergebnissen der Markenanwendung können differenzierte Rückschlüsse auf die Entwicklung von Markenstrategien gezogen werden. Hierbei bildet die Markenidentität in Form der festgelegten Begriffe, die den Markenkern beschreiben, den inhaltlichen Ausgangspunkt. Je nachdem, was an Kernbegriffen bestimmt wurde, ist der Schwerpunkt für die jeweilige Markenstrategie festzulegen. Hierbei können die Marketingbereiche eine ordnende Rolle übernehmen, weil die Kernbegriffe diesen zugeordnet werden können. Da dies bereits beschrieben wurde, wird auf weitere Besonderheiten der strategischen Umsetzung der Markenanwendung eingegangen.

Interessant ist die Frage, ob eine Marke ohne Weiteres auf andere Produktbereiche ausgeweitet werden kann. Oder anders: Wie weit lassen sich die Kernbedeutungen einer Marke auf andere Produkte übertragen? Die Frage, die sich hier stellt, birgt das Risiko, dass die Markenidentität insgesamt und somit die bislang bewährte Stamm-Marke unter einem Markentransfer leiden könnte. Dies kann dann der Fall sein, wenn die nötige

---

[88] vgl. Pavitt 2000, S. 71

Akzeptanz bei den Zielgruppen fehlt und daraus negative Rückschlüsse auf die bewährte Marke gezogen werden. So ist beispielsweise die Frage, ob ein Kleinwagen noch unter der Marke „Mercedes-Benz" auf den Markt gebracht werden kann, eine Frage, ob die Identität der Marke hierunter in Mitleidenschaft gezogen wird. Gerade bei dieser Entscheidung zeigt sich, wo die Grenze für die Markenidentität unternehmensintern gezogen wird. Die Frage lautet somit: Wie klein darf ein Mercedes-Benz sein, ohne dass die Markenidentität darunter leidet? Eine A-Klasse, der sogenannte „Baby-Benz", fährt unter dem bewährten Markennamen; ein noch kleinerer Wagen aus dem gleichen Konzern erhält den Namen „Smart" und weist keine erkennbare Beziehung zur Marke Mercedes-Benz auf. Das Ziel der Verjüngung der Markenidentität wird mit der „A-Klasse" eingeleitet. Der „Smart" als kleines und unkonventionelles Stadtauto fällt aus dem Rahmen. Genau andersherum versucht es die Marke Volkswagen, die mit Marken wie Golf, Bora und Passat die Zulassungslisten in Deutschland anführen. Mit einem neuen Oberklassenmodell unter dem Namen „Phaeton" versucht das Unternehmen nicht nur die Einstellungen der Zielgruppen, sondern seine Markenidentität auf ein anderes Niveau zu heben. Die weitere Entwicklung bei Volkswagen wird zeigen, ob Modelle wie der Phaeton langfristig die Markenidentität in eine exklusivere Richtung bewegen werden. Wie bereits erwähnt ist die Entwicklung und die Veränderung der Markenidentität ein langfristiger Prozess. Aus den Ergebnissen der Markenanwendung kann ermittelt werden, welche Schwerpunkte bei der Markenstrategie gesetzt werden müssen und auch, ob eine Marke einer Erweiterung Stand hält oder nicht. Da es auch bei Strategien und Konzepten immer auch um begriffliche Inhalte geht und diese das Ergebnis von Brand Ambassador sind, ist eine reibungslose Übertragung möglich. Das Prinzip der freien Assoziation zeigt somit auch für diesen Bereich seine Vorteile.

Ist die Markenstrategie definiert, können darüber hinaus die Ergebnisse der Markenanwendung – insbesondere aus dem Freelisting – auch für operative Umsetzungen wie beispielsweise eine externe Sprachregelung (z. B. für Werbeanzeigen, Verkaufsförderungsmaßnahmen, Internetseiten etc.) eingesetzt werden. Frei assoziierte Begriffe der Zielgruppen geben die Sprache der Konsumenten wieder und bilden somit eine optimale Basis für verbale Umsetzungen. Im Folgenden wird auf die Umsetzung der Markenidentität für die Gestaltung eingegangen.

9.3 Markenidentität als Basis der Markenbotschaft

Sind Ziele, Zielgruppen und die strategische Vorgehensweise definiert, können die Ergebnisse der Markenidentitätsanalyse für alle operativen Maßnahmen herangezogen werden. Da eine Grundbedingung ein einheitlicher Markenauftritt ist, müssen alle Maßnahmen aufeinander abgestimmt sein und die gleiche Markenbotschaft transportieren. Die Markenbotschaft ist die direkte Umsetzung der Markenidentität in konkrete wahrnehmbare Inhalte – also in erster Linie durch visuelle und verbale Elemente. Sie kann über formale Markenkriterien wie Markennamen, Bild-Zeichen und Farben – aber auch konkret über Headlines oder über einen Slogan vermittelt werden. So wurde beispielsweise für die Marke „Koivo" der Slogan „Natürlich Koivo" entwickelt, da Natürlichkeit als ein Kernbegriff der Markenidentität festgestellt wurde. Folgende Grafik veranschaulicht den Zusammenhang von Markenidentität, Markenbotschaft, Medien und verschiedene Zielgruppen:

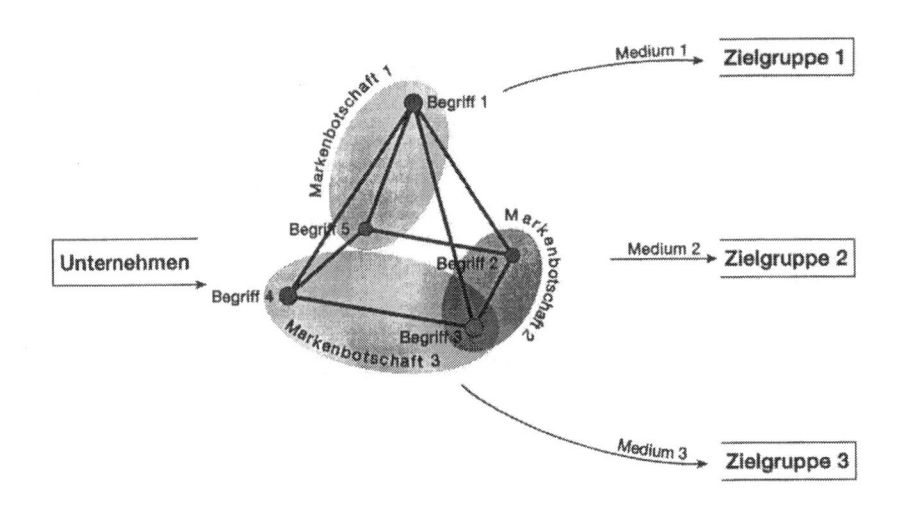

Abbildung 82: Beispielhafte Darstellung der Beziehung von Markenidentität, Markenbotschaft, Medien und Zielgruppensegmente

Die Markenidentität – hier durch fünf Kernbegriffe dargestellt – bildet die Basis für die Markenbotschaften. Sie ist der Teil, der von den Zielgruppen wahrgenommen wird. Je nach Zielgruppensegment können aus der Markenidentität Schwerpunkte für die Umsetzung der jeweiligen Markenbotschaften gelegt werden. Zwei Aspekte können hierbei berücksichtigt werden. Der erste Schwerpunkt betrifft die Auswahl der Medien. Durch die Medienselektion können bereits unterschiedliche Zielgruppensegmente differenziert werden. In der Regel bieten Medien neben soziodemografischen Daten auch qualitative Daten zu ihren Mediennutzern an. Hieraus können dann Fernseh- und Rundfunksender, Zeitungen und Zeitschriften sowie andere Medien ausgewählt werden, die mit hoher Wahrscheinlichkeit und ohne größere Streuverluste die anvisierten Zielgruppensegmente erreichen.

Der zweite Schwerpunkt betrifft die inhaltliche Ebene der Markenbotschaft. Ausgehend von den Kernbegriffen der Markenidentität können auch inhaltliche Schwerpunkte gelegt werden. Da die Markenidentität nicht nur aus einem assoziativen Begriff besteht, sondern aus einem Begriffsnetz, können verschiedene Inhalte aus der Markenidentität für die Markenbotschaft umgesetzt werden. Hier zeigt sich der Vorteil der Mage-Darstellung, bei der die Markenidentität räumlich gedreht werden kann. Aus der dreidimensionalen Betrachtung der Markenidentität können je nach Zielsetzung des Unternehmens und je nach der Struktur eines Zielgruppensegmentes bestimmte assoziative Begriffe als Schwerpunkt für die Markenbotschaft übernommen werden. Hat ein Unternehmen beispielsweise das strategische Ziel definiert, die Marke zu verjüngen, können für dieses Zielgruppensegment die assoziativen Begriffe in den Vordergrund geholt werden, die bei der Zielgruppenerhebung von Jugendlichen genannt wurden. Diese Assoziationen können dann konkret in der Markenbotschaft umgesetzt werden. Da beim Freelisting auch soziodemografische Daten abgefragt werden, ist eine Segmentierung z. B. nach Altersgruppen möglich. Auch hier zeigt sich, dass eine zentrale Stelle für Markenentscheidungen kontrollieren muss, dass sich die Markenidentität in den Markenbotschaften wiederfinden und dass insgesamt ein einheitliches Bild der Marke vermittelt wird.

Zusätzlich zu den Kernbegriffen können die Assoziationen aus dem Freelisting herangezogen werden. Aus diesen lassen sich konkret Markenbotschaften für ein Zielgruppensegment ableiten, da hier Begriffe erfasst wurden, die die Sprache der Empfänger widerspiegeln. Die Sammlung von repräsentativen Begriffen bildet eine optimale Grundlage für alle operativen Maßnahmen. So können die Begriffe eingesetzt werden für die Formulierung von Headlines und Copytexten, in der Werbung sowie im Internet. Bei der Presse- und Öffentlichkeitsarbeit, wo sensiblere Formulierungen als in der Werbung notwendig sind, können spezielle inhaltliche Schwerpunkte gesetzt und bestimmte Themengebiete konkret angesprochen werden. Hier ist zu betonen, dass das Zielgruppensegment „Journalisten" auch in die Analyse einbezogen werden kann. Bei zwei unserer Markenanalysen wurde das Freelisting sowie der Triadentest auch mit Journalisten durchgeführt, um hier die Assoziationen zu erfassen und daraus Erkenntnisse für die Kommunikation mit diesem Zielgruppensegment zu gewinnen.

Bei der Festlegung der Markenbotschaften ist darauf zu achten, dass keine Inhalte vermittelt werden, die die Markenidentität verzerren könnten. Oder anders: Alle Markenbotschaften dürfen zwar unterschiedliche Schwerpunkte setzen, jedoch ein einheitliches Bild der Marke nicht stören. Grundbedingung für alle Markenbotschaften ist, dass sich die Markenidentität immer wiederfindet. Da Homogenität und Prägnanz bei der Markenidentität elementar sind, müssen auch die Markenbotschaften insgesamt ein homogenes Bild vermitteln.

9.4 Markenidentität und Gestaltung

Die Umsetzung einer Markenbotschaft ist eine kreative, gestalterische Arbeit und wird primär von Designern und Werbeagenturen vorgenommen. Die Frage, die sich stellt, ist, wo die Schnittstelle zwischen Markenidentität, Markenbotschaft und Gestaltung ist? Bei der Beantwortung dieser Frage müssen zwei verschiedene Situationen berücksichtigt werden. Denn der Gestaltungsprozess muss von zwei verschiedenen Voraussetzungen in Bezug auf die Markenidentität ausgehen. Dies sind:
– Gestaltung für eine neue Marke und
– Gestaltung für eine bestehende Marke.

Die erste Situation geht davon aus, dass ein neues Unternehmen gegründet oder eine neue Marke auf den Markt gebracht wird. Die zweite Situation geht davon aus, dass ein Unternehmen oder eine Marke bereits besteht. Bei der ersten Situation verfügt die Marke, da sie noch neu ist, über keine Identität (die Bezeichnung „neue Marke" ist daher an sich ein Widerspruch, da eine Marke sich erst über einen längeren Zeitraum entwickelt – um ganz korrekt zu sein, müsste von einem „neuen Produkt, das zu einer Marke werden soll" gesprochen werden). Trotz der Situation, dass noch keine Markenidentität vorhanden ist, muss für die neue Marke ein Name entwickelt werden (auch hier kann von einer verbalen Gestaltung gesprochen werden). Darüber hinaus werden in dieser Phase auch die formalen Markenkriterien wie Bild-Zeichen, Farben und weitere Elemente wie Geschäftsausstattungen für die neue Marke entwickelt. Die Entwicklung der Markierung ist – wie unter 5.5 erwähnt – der erste Schritt auf dem Weg zur Marke. Da noch keine Markenidentität vorhanden ist, muss die Gestaltung sich auf andere Vorgaben stützen. Diese Vorgaben ergeben sich aus den Zielen und Vorstellungen des Unternehmens. Das Unternehmen als Sender im kommunikativen Prozess gibt die notwendigen Inhalte, die die Markenidentität ausmachen sollen, vor. Im Normalfall hat das Unternehmen bereits Zielgruppenanalysen durchgeführt und das Bedürfnis für eine neue Marke festgestellt. Die Gestaltung nimmt diese Vorgaben auf und setzt diese in visuelle und verbale Elemente um. Bei einem neuen Unternehmen oder einer neuen Marke ist die Gestaltung auf die Vorgaben des Unternehmens angewiesen. Zwar können gestalterische Elemente wie Markenname und Bild-Zeichen vor einer Veröffentlichung bei den Zielgruppen überprüft werden, da aber noch keine Markenidentität besteht, betrifft beispielsweise die Überprüfung eines Bild-Zeichens nicht die korrekte Wiedergabe einer Markenbotschaft, sondern eher die gestalterisch-ästhetische Komponente des Zeichens.

Bei einer bestehenden Marke, die sich über Jahre hinweg eine Identität aufgebaut hat, sieht die Situation anders aus. Zwar ist auch hier das Unternehmen der maßgebende Faktor – es entscheidet über die Gestaltung der Markenbotschaft und trägt auch die Verantwortung für den Erfolg oder Misserfolg – aber bei einer bereits bestehenden Markenidentität existiert eine objektivere Basis für die Gestaltung. Es bestehen in den meisten Fällen bereits Untersuchungen und Erfahrungen im Umgang mit der Marke.

Auch aus möglichen Fehlern, die bei der Einführung der Marke begangen wurden, können wichtige Erkenntnisse für die gestalterische Umsetzung gezogen werden. Und durch eine Markenidentitätsanalyse bei den Zielgruppen können die Markenbotschaften konkret in der Gestaltung umgesetzt werden. Die Unterscheidung dieser beiden Situation – zum einen die neue Marke ohne Markenidentität und zum anderen die bestehende Marke mit einer Identität – ist für die Gestaltung elementar. Prekär an dieser Unterscheidung ist, dass gerade bei einer neuen Marke, die noch über keine Identität verfügt, die wichtigsten formalen Markenkriterien wie Name und Bild-Zeichen gestaltet werden. Die Ausdrucksebene der noch nicht bestehenden Marke wird manifestiert. Da der Name der Anker der Markenidentität ist, kann dieser später nicht ohne Weiteres verändert werden. Der Name wird somit für die Zukunft der Marke zementiert. Auch das Bild-Zeichen wird bei einer neuen Marke festgelegt. Zwar zählt das Bild-Zeichen zusammen mit dem Namen zur Markierung, jedoch kann der Name auch ohne Bild-Zeichen die Marke repräsentieren. Dies bedeutet, dass das Bild-Zeichen im Laufe des Markenlebens durchaus modifiziert werden kann. In den meisten Fällen wird diese Modifizierung nur in Details vorgenommen, so dass die Zielgruppen die gestalterischen Veränderungen nicht bewusst mitbekommen. Doch die Grundlagen der Ausdrucksebene und damit der Markenidentität werden durch die Gestaltung eines Markennamens sowie eines Bild-Zeichens am Anfang festgelegt. Dies verdeutlicht, welche Verantwortung die Gestaltung für die Marke hat.

9.5 Die Gestaltung von Namen

Der Name nimmt für die Marke eine Sonderstellung ein, da er das wichtigste Element der Ausdrucksebene ist. Da im letzten Kapitel festgestellt wurde, dass ein Name am Anfang des Identitätsbildungsprozesses entwickelt wird und dieser später nicht mehr geändert werden kann, hat dies die Konsequenz, dass bei der Entwicklung bestimmte Voraussetzungen erfüllt sein müssen. Die Vielfalt an erfolgreichen Markennamen zeigt, dass es keine einheitlichen Regeln für die Namensgestaltung gibt. Ob Abkürzungen (wie z. B. BMW, IBM, BASF) besser sind als Kunstwörter (wie z. B. Aventis, Haribo, Eduscho), ob viele Vokale (wie z. B. Nivea, Leonia, Eon) besser klingen als viele Konsonanten (wie z. B. Twix, Mars, Sparkasse) – die Praxis beweist, dass viele Möglichkeiten bestehen. Daher werden keine Regeln aufgestellt, sondern praxisbewährte Rahmenbedingungen aufgezeigt, die bei der Namensentwicklung zu beachten sind. Folgende Rahmenbedingungen sind wichtig:
– Schutzfähigkeit,
– Bedeutung,
– Prägnanz,
– Aussprache/Klang und
– Internationalität.

a) Die Schutzfähigkeit eines Markennamens

Die Grundbedingung für einen Markennamen ist seine juristische Schutzfähigkeit. Nach dem Markenrecht (§ 3 Markengesetz) können alle formalen Markenkriterien – vom Namen bis zur Form einer Ware – geschützt werden, die geeignet sind, Waren und Dienstleistungen eines Unternehmens von denjenigen anderer Unternehmen zu unterscheiden. Nicht erlaubt sind Namen, die ausschließlich die Ware oder Dienstleistung beschreiben – also die für die Bezeichnung der Art, der Beschaffenheit oder der Menge genutzt werden (der Name „Zigarette" für eine Zigarette wäre nicht möglich). Auch Namen, die die Öffentlichkeit in irgendeiner Form über die Art, die Beschaffenheit oder die geografische Herkunft der Ware oder Dienstleistung täuschen, sind nach dem Markengesetz nicht erlaubt.

Neben der juristischen Schutzfähigkeit spielt der Schutz des Namens für die Internetadresse eine wichtige Rolle. Um eine größtmögliche Homogenität und Wiedererkennung für die Zielgruppen sicherzustellen, sollte die Internet-Domain auch verfügbar sein. Daher ist eine Überprüfung im Internet notwendig, ob ein entwickelter Markenname noch frei ist.

b) Die Bedeutung eines Markennamens

Ein Markenname stellt ein eigenes Zeichensystem dar, dass bereits aus sich heraus Inhalte vermittelt. Der Name hat somit Botschaftscharakter und kann dem Empfänger erste Informationen über die Marke geben. So vermittelt z. B. der Markenname „Fixies" für Babywindeln die Information, dass das Wechseln von Windeln schnell geht. Die Bedeutung eines Markennamens ist immer im Zusammenhang mit anderen Faktoren der Marke zu sehen – hierzu gehören Faktoren wie Zusammensetzung eines Produktes (z. B. „Milka"), spezielle Vorteile (z. B. „Der weiße Riese") oder bestimmte Botschaften, die vermittelt werden sollen (z. B. „Kinderüberraschung"). Wichtig ist, dass der Name positive Bedeutungen vermittelt, die mit der geplanten Markenidentität übereinstimmen.

c) Die Prägnanz eines Markennamens

Genauso wie in der visuellen Gestaltung zählt die Prägnanz auch bei der Namensentwicklung zu den Grundvoraussetzungen. Ein guter Markenname darf nicht zu kompliziert und zu schwierig sein. Dies bedeutet, dass ein Markenname eher kürzer als länger sein sollte. Lange Namen werden daher häufig abgekürzt wie beispielsweise „VW" für Volkswagen, „Mac" für Apple Macintosh.

d) Die Aussprache eines Markennamens

Analog zum Prägnanzkriterium muss ein Name gut aussprechbar sein. Die Aussprache muss eindeutig sein und darf keine Unsicherheiten zulassen. Ein Beispiel hierfür ist die südkoreanische Automarke „Daewoo", die zu Unsicherheiten bei der Aussprache führte.

Bei der Einführung der Marke auf dem deutschen Markt entwickelte die beauftragte Werbeagentur für die Automarke zuerst eine Kampagne bei der die korrekte Aussprache verdeutlicht wurde.

Des Weiteren ist der Klang eines Markennamens wichtig, da ein guter Name zur Marke und auch zum Produkt passen muss. Markennamen wie „Odol", „bebe" oder „Danone" klingen weicher und sanfter als Namen wie „Aral", „Preussag" oder „Krupp". Der Klang eines Namens kann bereits Anmutungen zur Marke widerspiegeln.

e) Die Internationalität eines Markennamens

Für eine rein regionale Marke spielt das Kriterium Internationalität eventuell keine große Rolle. Doch zunehmende Globalisierung oder auch die Erweiterung der Europäischen Union führen nicht selten zu Kontakten mit anderen Sprachen. In vielen Fällen hat der Erfolg eines Unternehmens oder einer Marke auch zu einer internationalen Ausweitung der Geschäftstätigkeit geführt. Hier hat sich dann herausgestellt, dass ein bestimmter Name, der in Deutschland gut auszusprechen ist, international nicht funktioniert. Häufig haben Zielgruppen in anderen Ländern Schwierigkeiten den Namen auszusprechen. Weitaus schlimmer ist es, wenn der Name eine negative Bedeutung in einer anderen Sprache hat. Allein die Sprachenvielfalt im europäischen Raum ist immens. Daher ist es wichtig, gleich von Anfang an, einen Namen auf seine internationale Anwendung zu überprüfen.

Ein weiterer Faktor, der für eine internationale Nutzung eines Markennamens spricht, ist das Internet. Da das Internet über Ländergrenzen genutzt werden kann, ist eine über die deutsche Sprache hinausgehende Funktion des Namens wichtig.

Da die Namensentwicklung ein kreativer Part ist, gibt es zwangsläufig Ausnahmen, die beweisen, dass es feste Regeln gibt. Ein Beispiel hierfür ist der Markenname „Häagen-Dazs", der für eine amerikanische Premium-Eiskette steht. Der Markenname erfüllt zwar die erste Rahmenbedingung der Schutzfähigkeit, da er ausreichend differenzierend ist. Allerdings ist der Name nicht gerade kurz und kompakt und zudem schwer auszusprechen. Doch die Marke ist erfolgreich; der Markenname wird in vielen Ländern außerhalb der USA benutzt. Dies zeigt, dass funktionierende Namen durchaus auch unkonventionell sein müssen und gerade auch dadurch Neugier und Interesse bei ihren Zielgruppen wecken.

Festzuhalten bleibt, dass Regeln für die Namensentwicklung zu starr sind – der Raum für unkonventionelle Namenslösungen muss erhalten bleiben. Daher gilt, dass Rahmenbedingungen wichtig sind. Sie sind bei der Namensentwicklung zu beachten; doch nicht alle finden in der Praxis gleichermaßen Anwendung. Viele Unternehmen tun sich auch mit der Findung von neuen Namen schwer. Oft ist zu erleben, dass Unternehmen – bevor sie eine Markenagentur beauftragen – selber versuchen, sich einen Namen auszudenken. In vielen Fällen werden ebenfalls Namensfindungswettbewerbe bei den Mitarbeitern im Unternehmen durchgeführt. Problematisch daran ist, dass hier häufig sehr einseitig vorgegangen wird. Zum einen kennen die Mitarbeiter nicht die Rahmenbedingungen, die für Markennamen gelten. Das Resultat sind häufig lange Listen von Namensvorschlägen, die komplex, techniklastig oder aus zusammengesetzten Bestandteilen bestehen. Zum anderen ist der Entscheidungsprozess subjektiv und hängt häufig von persönlichen Vorlieben der Geschäftsleitung ab. Die Gefahr ist, dass nicht alle Rahmenbedingungen beachtet werden. Welche Möglichkeiten gibt es darüber hinaus, um einen guten Markennamen zu entwickeln?

Die Findung eines guten Markennamens, der alle Rahmenbedingungen erfüllt, ist ein kreativer Prozess, der jedoch – und dies ist wichtig – eine gewisse analytische und konzeptionelle Vorarbeit benötigt. In der Praxis werden für den reinen Entwicklungsprozess häufig auch Computerprogramme eingesetzt, bei denen durch einen Wahrscheinlichkeitsgenerator alle möglichen Buchstabenkombinationen errechnet werden. Durch vorherige Bestimmung von Kriterien wie beispielsweise Anzahl der Buchstaben, Anzahl der Vokale und Konsonanten, Nutzung von bestimmten Buchstaben etc. können konkrete Vorgaben gemacht werden. Das Resultat sind je nach Eingrenzung eine Unzahl von Varianten, die dann von einem Menschen trotzdem bewertet werden müssen. Oft entstehen hierbei Listen mit Hunderten von Namensvorschlägen. Neben computerunterstützten Methoden existieren die normalen Kreativverfahren, wie z. B. das Brainstorming. Doch bevor ein Markenname entwickelt wird, gilt es die Ziele und Inhalte der Marke zu analysieren. Da auch hier die Markenverantwortlichen im Unternehmen verschiedene Interpretationen zur Marke haben können, eignen sich hiefür leitfadengestützte Interviews, um (nach Themengebieten sortiert), Dissonanzen und Konsonanzen zur Marke herauszufinden. Des Weiteren sollten auch die Assoziationen und Erwartungen der Zielgruppen erfasst werden. Hierfür eignet sich das Freelisting-Verfahren, da hier durch freies Assoziieren auch Sichtweisen der Zielgruppen zur Marke festgestellt werden können. Das Verfahren kann vor und nach der Namensentwicklung eingesetzt werden. Da noch kein Markenname existiert, kann das Freelisting-Verfahren mit dem zu benennenden Produkt durchgeführt werden. In diesem Fall wird projektiv assoziiert – also die Frage gestellt, welche Assoziationen könnte mit einer Marke verbunden werden.

Eine weitere Möglichkeit ist, einen Namen, der von einer Markenagentur entwickelt wurde, über das Freelisting-Verfahren bei den Zielgruppen zu testen. Hier müssen die Zielgruppen zum neuen Namen frei assoziieren. Aus den häufigsten und wichtigsten assoziierten Begriffen kann dann erschlossen werden, was der Name an Inhalten vermittelt. Der Einsatz von leitfadengestützten Interviews bei den Markenverantwortlichen sowie dem Freelisting-Verfahren bei den Zielgruppen hat den Vorteil, dass der Namensfindungsprozess auf eine sachlichere Ebene gehoben wird. Subjektive Präferenzen können somit umgangen werden.

9.6 Die Gestaltung von Wort-Bild-Zeichen

Nach dem Namen ist das zweitwichtigste formale Markenkriterium die Umsetzung in eine visuelle Markierung. Meistens wird hierfür eine Kombination des gestalteten Namens mit einem Bild-Zeichen entwickelt – was auch Wort-Bild-Zeichen genannt wird. Der Begriff Logo wird zwar in der Praxis häufig genutzt, ist aber irreführend, da er nicht zwischen Bild- und Wort-Zeichen differenziert. Etymologisch steht der Logo-Begriff für das Wort-Zeichen (bzw. für einen Schriftzug) – in der Praxis wird er jedoch mit dem Bild-Zeichen verbunden (so wird z. B. bei der Marke „Mercedes-Benz" das Logo fälschlicherweise mit dem Stern verbunden, bei der Marke „Nike" wird der geschwungene Bogen – also das Bild-Zeichen – als Logo betrachtet). Die Entwicklung des Wort-Bild-Zeichens ist ähnlich zu sehen wie die Namensfindung. Auch hier wird das Zeichen gestaltet, wenn das Unternehmen oder die Marke neu ist – also noch über keine Identität verfügt. Mit der Gestaltung eines Zeichens wird nicht nur die Markierung definiert, sondern zudem auch die Farbgebung der Marke sowie auch die Typografie. Diese drei Elemente bilden die Grundlagen des gesamten Erscheinungsbildes; aus diesen Elementen können alle weiteren visuellen Umsetzungen wie beispielsweise Briefbögen, Visitenkarten, Verpackungen etc. entwickelt werden. Da die Gestaltung eines Wort-Bild-Zeichens rein visueller Natur ist, haben die Rahmenbedingungen andere Schwerpunkte als bei der Namensentwicklung. Dies sind:
– Schutzfähigkeit,
– Bedeutung,
– Prägnanz,
– Homogenität,
– technische Umsetzbarkeit,
– Ästhetik und
– Internationalität.

Da bereits bei der Namensentwicklung auf Rahmenbedingungen, wie juristische Schutzfähigkeit, positive Bedeutung und Internationalität eingegangen wurde, liegt der Fokus an dieser Stelle auf den Kriterien Ästhetik, technische Umsetzbarkeit, Homogenität und Prägnanz.

Analog zum Klang beim Namen gilt bei einem visuellen Zeichen das Kriterium der Ästhetik. Unter Ästhetik ist hier eine gelungene, schöne gestalterische Form des Zeichens gemeint. Des Weiteren muss ein Zeichen zeitlos sein, d. h. es darf nicht Moden unterworfen sein. Ein Beispiel soll dies verdeutlichen:

e@t

Abbildung 83: Darstellung eines Wort-Bild-Zeichens mit einem @

Zu Beginn des Bewusstseins für das Internet war es für einige Unternehmen aus diesem Bereich (sog. „New-Economy- oder dot.com-Unternehmen) wichtig, ihre Internetkompetenz darzustellen. Viele Bild-Zeichen wurden daher mit dem @-Zeichen entwickelt, dass in der E-Mail-Adresse verwendet wird. Inzwischen ist das Internet zum Standard geworden; es hat seinen Neuigkeitswert verloren. Damit ist auch das @-Zeichen Standard und hat keinen Neuigkeitswert. Im Gegenteil: Es ist aus der Mode gekommen und steht inzwischen für etwas altes. Zum negativen Bild haben auch die vielen Insolvenzen der am Neuen Markt notierten Internetunternehmen geführt.

Das ästhetische Empfinden betrifft die subjektive Einstellung des Betrachters zum Zeichen. Doch wie kann ein ästhetisches Zeichen entwickelt werden? Ein erfahrener und talentierter Grafik-Designer wird in der Regel versuchen, ein schönes Zeichen zu gestalten. Nicht selten werden für die Zeichengestaltung auch Künstler herangezogen. Das folgende Beispiel ist das Zeichen für die spanische Sparkasse „La Caixa" und wurde von dem Künstler Juan Miró gestaltet.

"la Caixa"

Abbildung 84: Das Wort-Bild-Zeichen von la Caixa; gestaltet von Juan Miró

Welche Beziehung die Gestaltung von formalen Kriterien zur Kunst hat, verdeutlicht die Tatsache, dass viele berühmte Künstler Wort-Bild-Zeichen, Produktdesigns oder Werbeplakate entwickelt haben. Hierzu zählen nicht nur Peter Behrens mit dem AEG-Zeichen (sowie dem Produktdesign und der Architektur), sondern auch Künstler wie

Lucian Bernhard (Bild-Zeichen für Manoli-M, Audi, Kaffee HAG), Wilhelm Wagenfeld (Produktdesign Pelikan-Tintenfass), Walter Gropius (Automobilkarosserie der Marke Adler), René Magritte (Werbung für Parfüms und Zigaretten) oder Alfons Maria Mucha (Werbung für JOB-Zigaretten).[89]

Ein schönes Zeichen unterstützt den Kommunikationsprozess zwischen Unternehmen und Zielgruppen. Oder anders: Ein Zeichen, dass unästhetisch ist, repräsentiert die Marke schlecht. Über Einstellungsmessungen – beispielsweise über Polaritätenprofile – kann herausgefunden werden, ob ein Zeichen als schön empfunden wird. Zu beachten ist, dass ästhetisches Empfinden kulturell bedingt ist und sich von Land zu Land unterscheiden kann. Ein Wort-Bild-Zeichen, dass beispielsweise in Europa als schön angesehen wird, kann in asiatischen Ländern als unschön empfunden werden. In diesem Zusammenhang ist auch die mit der Zeichengestaltung verbundene Farbgebung wichtig. Die Bedeutung von bestimmten Farben ist bei einer internationalen Verwendung zu beachten, da diese durchaus gegensätzliche Bedeutungen haben können.

Eine weitere Frage ist, ob das Zeichen in allen medialen Möglichkeiten technisch umsetzbar ist. Die Praxis zeigt, dass es eine Vielzahl von Bild-Zeichen gibt, die auf einem gedruckten Bogen sehr ästhetisch wirken. Doch wie sieht das Zeichen beispielsweise in einem schlechteren Druckverfahren aus? Die Unterschiede zwischen einem Offset-, einem Tief- oder einem Tampondruck sind immens. Bereits die Druckqualität zwischen einer Imagebroschüre und einer Zeitungsanzeige demonstriert die Unterschiede in der Form und Farbe eines Bild-Zeichens. Kann das Zeichen animiert bzw. dreidimensional (z. B. im Fernsehen oder im Internet) dargestellt werden? Kann das Zeichen beispielsweise auf einem Metallkugelschreiber geätzt werden? Kann das Zeichen verkleinert werden? Und wie sieht das Zeichen in schwarz-weiß aus? All dies sind Fragen, die für ein gutes Bild-Zeichen entscheidend sind. Denn bei einer erfolgreichen Marke ist nicht vorauszusehen, auf welchen Materialien und in welchen Medien das Zeichen eingesetzt wird.

Zwei weitere Rahmenbedingungen sind bei der Gestaltung von Wort-Bild-Zeichen wichtig. Dies sind die Homogenität sowie die Prägnanz. Beide Aspekte wurden bereits mehrmals im Zusammenhang mit der Ausdrucks- und auch mit der Inhaltsebene der Markenidentität genannt. Da diese als Voraussetzungen für eine Marke gelten, wird an dieser Stelle konkret auf die Notwendigkeit einer homogenen und prägnanten Marke eingegangen.

a) Die Homogenität der Marke

Homogenität und Prägnanz können zum einen für die Ausdrucksebene und zum anderen für die Inhaltsebene der Marke dargestellt werden. Ein homogener Markenauftritt in Bezug auf die Ausdrucksebene betrifft die Einheitlichkeit aller Gestaltungselemente. In erster Linie sind damit alle visuellen Gestaltungselemente gemeint – also das Erschei-

---
[89] vgl. Böcher 1994, S. 873-895

nungsbild oder auch Corporate Design (für ein Unternehmen) oder Brand Design (für eine Marke). Corporate und Brand Design sind dann identisch, wenn das Unternehmen gleichzeitig auch die Marke darstellt (z. B. Allianz, Deutsche Bank, HypoVereinsbank). In den wenigsten Fällen existiert in Unternehmen ein Corporate Wording – also Vorgaben zu Formulierungen. Im visuellen Bereich verfügen inzwischen eine Vielzahl von Unternehmen über ein einheitliches Erscheinungsbild in Form eines Handbuchs (Corporate Design Manual), das alle wichtigen Gestaltungselemente und ihre Anwendung definiert. Zu einem Corporate Design Manual gehören u. a. folgende Elemente:

1. Das Wort-Bild-Zeichen:

Vermaßung: Darstellung von Proportionen und Abständen

Schwarz-weiß: Darstellung des Zeichens in der Schwarz-weiß-Form

Minimalgrößen: Darstellung der kleinstmöglichen Größe

2. Die Farbe:

Primärfarbe: Die Farbe, die primär Anwendung findet

Sekundärfarbe: Evtl. eine zusätzliche Farbe, die die Primärfarbe unterstützen soll

Farbtabelle: Umsetzung der Primär- und Sekundärfarbe in verschiedene Farbsysteme (Euroskala, HKS, Pantone, RAL, RGB etc.)

3. Die Typografie:

Primärschrift: Die Schrift, die primär Anwendung findet

Sekundärschrift: Evtl. eine zusätzliche Schrift, die die Primärschrift unterstützen soll

4. Die Geschäftsausstattung:

Hierzu zählen Briefbögen, Visitenkarten, Kurzmitteilungen, Formulare etc.

5. Weitere Corporate Design Elemente:

In ein Corporate Design Manual können weitere Elemente aufgenommen werden wie z. B. Verpackungen, Werbeelemente, Werbemittel, Broschüren, Internetauftritt, Messestände, Fahnen, Fahrzeugbeschriftung etc.

Mit der genauen Festlegung von Wort-Bild-Zeichen, Farbe sowie Typografie sind die wichtigsten Bestandteile eines Corporate Designs definiert. Dieses bildet die Grundlage für die Erstellung der Geschäftsausstattung sowie für alle weiteren Elemente. Die Herstellung eines einheitlichen Erscheinungsbildes kann in der Praxis zu Schwierigkeiten führen. Insbesondere beim Kriterium der Farbe ist eine vorherige Überprüfung der Umsetzbarkeit auf eine homogene Erscheinung elementar. So kann beispielsweise ein Wort-Bild-Zeichen in einem bestimmten Farbton in verschiedenen Umsetzungen sich unterschiedlich stark verändern. Wurde ein Farbton verbindlich für ein Wort-Bild-Zeichen definiert, kann die Situation eintreten, dass sich dieser Farbton durch den Einsatz verschiedener Farbsysteme stark vom Originalton unterscheidet (ein Farbton, der mit dem Euroskala-Farbsystem – also mit den Farben Magenta, Cyan, Gelb und Schwarz – gedruckt wurde, unterscheidet sich von den sogenannten Sonderfarben wie z. B. Pantone oder HKS). Auch die Umsetzung des definierten Farbtons im digitalen Bereich auf einem Computerbildschirm (RGB-Modus) kann durch unterschiedliche Kalibrierung der Monitore den Farbton stark verändern. In Bezug auf die Homogenität ist dies ein wichtiger Faktor, der nicht vernachlässigt werden darf.

Die Entwicklung eines homogenen Erscheinungsbildes ist ein langwieriger Prozess, dessen Umfang von der Größe des Unternehmens abhängt. Besonders bei international tätigen Unternehmen kann die Abstimmung sowie die Umsetzung eines Erscheinungsbildes sich als komplex erweisen. Ist ein Corporate Design jedoch einmal implementiert, ist durch den homogenen Auftritt eine Wiedererkennung bei den Zielgruppen gewährleistet. Des Weiteren kann ein durchdachtes Erscheinungsbild auch zu Kosteneinsparungen führen, wenn auf gemeinsame Gestaltungsgrundlagen – wie beispielsweise gleiche Geschäftsausstattungen oder international einheitlich gestaltete Broschüren – zurückgegriffen wird.

b) Die Prägnanz der Marke

Der zweite Aspekt, der für die Markenidentität elementar ist, betrifft die Prägnanz. Wie kann die Prägnanz für eine Marke sicher gestellt werden? Auch hier soll auf die Ausdrucksebene der Markenidentität eingegangen und diese an zwei Beispielen demonstriert werden. Prägnanz steht für Genauigkeit und Reduktion. Für ein Wort-Bild-Zeichen hat dies die Konsequenz, dass bestimmte gestalterische Grundlagen beachtet werden müssen. Der Aspekt der Reduktion bedeutet, dass beispielsweise einfache geometrische Grundformen bei der Gestaltung benutzt werden sollten. Komplizierte Formen sind zu vermeiden; Schnörkel, feine Linien und überflüssige Details sind wegzulassen. Es gilt: Weniger ist mehr – aber ohne langweilig zu wirken. Was sich in der Theorie gut anhört, muss jedoch in der Praxis funktionieren. Wie kann ein Wort-Bild-Zeichen auf Prägnanz überprüft werden? Ein in der Praxis funktionierendes Zeichen muss verschiedene Kriterien erfüllen. Rein aus der Pragmatik heraus wird ein Zeichen in einer Vielzahl von unterschiedlichen Situationen eingesetzt. Bei der Geschäftsausstattung findet sich das Wort-Bild-Zeichen farbig auf einer Visitenkarte und auf einem Briefbogen wieder. Hier halten sich die produktionstechnischen Schwierigkeiten in Grenzen, da das Offsetdruck-Verfahren eine optimale und kontrollierbare Qualität zulässt. Weitaus schwieriger ist der Einsatz eines Wort-Bild-

Zeichens im digitalen Bereich, wo das Wort-Bild-Zeichen durch die Auflösung eines Bildschirmes bereits an Schärfe verliert. Zudem kann die Situation auftreten, dass ein Zeichen farbig durchaus ästhetisch und elegant wirkt. Doch bei einer normalen Kopie oder bei einem Fax wird das Zeichen automatisch in schwarz-weiß dargestellt – die durch die Farbe entstandene Ästhetik geht verloren. Das Zeichen verkommt zu einer schwarzen, undefinierbaren Gestalt.

Daher ist es bei der Zeichengestaltung wichtig, dass ein prägnantes Wort-Bild-Zeichen auch ohne Farbe wirkt. Bei der Gestaltung von Bild-Zeichen haben wir ein Prägnanz-Kontrollverfahren entwickelt, das grundsätzlich immer von einem schwarz-weißen Wort-Bild-Zeichen ausgeht. Dies wird hier in Kurzform anhand von zwei Beispielen demonstriert.

Abbildung 85: Wort-Bild-Zeichen für die Electryon AG und für „Elite der Zukunft"

Das erste Wort-Bild-Zeichen wurde für den Stromanbieter Electryon AG entwickelt; das zweite Wort-Bild-Zeichen für den Wettbewerb „Elite der Zukunft", welcher von Egon Zehnder International, der Wirtschaftswoche sowie den Unternehmen Bertelsmann, BMW, Deutsche Bank und Siemens alle zwei Jahre ausgetragen wird.

Das Ziel des methodischen Verfahrens ist es herauszufinden, ob ein visuelles Zeichen prägnant ist und in der praxisorientierten Umsetzung funktioniert. Da Prägnanz auch Reduktion und Einfachheit bedeutet, werden bei der Überprüfung der Zeichen verschiedene Techniken eingesetzt, die auch in der Praxis zum Zuge kommen. So werden bei der Prägnanzüberprüfung insgesamt sechs Stufen unterschieden – drei davon werden hier vorgestellt. Dies sind:
– Verkleinerung,
– Verfremdung und
– Digitalisierung.

Werden alle Schritte durchgeführt, kann für jedes Wort-Bild-Zeichen ein Prägnanzwert ermittelt werden. Dieser gibt Auskunft, ob ein Zeichen in der Praxis umgesetzt werden kann und lässt einen Vergleich zwischen unterschiedlichen Zeichen zu. Ausgangsbasis für das Prägnanz-Kontrollverfahren ist immer ein Zeichen ohne Farbe – also eine

Zeichengrundlage in schwarz-weißer Gestalt. Denn in der gestalterischen Praxis gilt das Prinzip, dass ein gutes Zeichen immer schwarz-weiß funktionieren muss (ein farbiges Zeichen wird z. B. bei einer Kopie oder bei einem Fax automatisch schwarz-weiß dargestellt). Auch im sportlichen Bereich beispielsweise auf dem Trikot eines Sportlers ist ein Wort-Bild-Zeichen meistens nur in schwarz zu sehen. Ein guter Grafik-Designer geht daher bei der Zeichengestaltung immer zuerst von einem schwarz-weißen Zeichen aus – erst wenn die Grundform gefunden wurde, kann über die Farbe nachgedacht werden. Um eine Vergleichbarkeit der unterschiedlichen Größen bei der Prägnanzüberprüfung sicherzustellen, wird die Zeichengröße vom Briefbogen oder von einer Werbeanzeige im DIN A4-Format entnommen.

Erster Schritt: Absolute Verkleinerung

In der ersten Stufe wird das Zeichen in verschiedenen Stufen auf die absolute Minimalgröße verkleinert, d. h. solange, bis das Wort-Bild-Zeichen nicht mehr zu erkennen ist.

Abbildung 86: Erster Schritt – Darstellung der Minimalgrößen

Aus der absoluten Verkleinerung ist zu ersehen, in welcher Größe das Bild-Zeichen noch zu erkennen ist und dargestellt werden kann. Ist die Grundform des Zeichens noch erkennbar? Ist die Schrift noch lesbar? Wird das Zeichen seiner Identifikations- und Differenzierungsfunktion noch gerecht?

Ein schlechtes bzw. nicht prägnantes Zeichen kann nicht oder kaum verkleinert werden. Hier gilt folgendes Prinzip: Je prägnanter ein Wort-Bild-Zeichen ist, desto kleiner kann es dargestellt werden. Die Grundform des Zeichens ist dann immer noch deutlich erkennbar – das Zeichen kann noch identifiziert werden. Somit wird das Zeichen identifiziert und von anderen differenziert. Bei beiden Zeichen ist eine Verkleinerung möglich; beide Zeichen sind auch noch in einer extremen Verkleinerung erkennbar.

Die Verkleinerung von Zeichen ist nicht nur theoretischer Natur, sondern spielt in der Praxis durchaus eine wichtige Rolle – so beispielsweise bei der Entwicklung von Werbemitteln für ein Unternehmen. Häufig kommt es vor, dass ein Markenzeichen auf Werbemitteln wie Kugelschreibern, Feuerzeugen, Taschenrechnern etc. aufgebracht werden muss. Viele Zeichen lassen sich jedoch nicht auf eine kleine Fläche reduzieren, da sie über keine prägnante Grundform verfügen. Ein weiterer Aspekt betrifft die drucktechnische Umsetzung bei Werbemitteln. Da in diesem Bereich das Zeichen oft auf

Kunststoff oder Metall aufgebracht werden muss, ist eine einfache gestalterische Grundform von Vorteil.

Zweiter Schritt: Technische Verfremdung

In der zweiten Stufe wird das Wort-Bild-Zeichen technisch verfremdet. Hierfür eignet sich das Prinzip des Telefaxes, das zwar durch die Laserdruck- und Normalpapiertechnik immer bessere Wiedergabeergebnisse bringt, aber noch nicht vergleichbar ist mit einem hochauflösenden Druck. Trotz E-Mail-Technik ist das Faxen von Dokumenten heute immer noch ein alltäglich praktiziertes Verfahren. In der Praxis ist auch davon auszugehen, dass noch nicht jeder über ein hochauflösendes Faxgerät verfügt. Durch das mehrmalige Faxen eines Briefbogens mit dem jeweiligen Zeichen kann Prägnanz und damit die Praxistauglichkeit überprüft werden. Beide Zeichen wurden jeweils drei-, sechs- und neunmal gefaxt. Hier die Ergebnisse:

Abbildung 87: Zweiter Schritt – Wort-Bild-Zeichen von Electryon gefaxt (3x, 6x und 9x)

Abbildung 88: Zweiter Schritt – Wort-Bild-Zeichen von Elite der Zukunft gefaxt (3x, 6x und 9x)

Bei beiden Zeichen ist die Form auch nach mehrmaligem Faxen gut erkennbar. Auch beim neunmaligen Faxen – was in der Praxis so gut wie gar nicht vorkommt – ist beim Electryon-Zeichen noch die Kreisform leicht erkennbar. Das Elite-der-Zukunft-Zeichen ist nach dem neunmaligen Faxen durch seinen hohen und kompakten Schwarzanteil sogar noch besser erkennbar. Fazit: Beide Zeichen verfügen über eine prägnante Grundform, die auch durch eine schlechte Faxauflösung nicht in ihrer Gestalt gestört wird.

Dritter Schritt: Digitalisierung des Zeichens

In der dritten Stufe des Prägnanz-Kontrollverfahrens wird das Zeichen digitalisiert dargestellt. Neben den üblichen Verfahren der Kopie und des Telefaxes wird die Darstellung des Zeichens auf einem Computermonitor immer häufiger verwendet. Viele Unternehmen verzichten inzwischen sogar bei vielen Korrespondenzen auf ein gedrucktes, farbiges Briefpapier und setzen sogenannte „Templates" ein. Dies sind digitalisierte Briefpapiervorlagen, die von jedem Computer-Arbeitsplatz in einem Unternehmen vom zentralen Server aufgerufen, beschrieben und auf dem Laserdrucker ausgedruckt werden können. Neben der Kostenersparnis durch Verzicht auf Sonderfarben besteht ein weiterer Vorteil darin, dass jeder Briefbogen durch einen Mitarbeiter nach dem definierten Erscheinungsbild individualisiert werden kann – der Absender, die persönliche Durchwahl und die E-Mail-Adresse können bei Templates automatisiert programmiert werden. Da häufig Templates gar nicht mehr ausgedruckt, sondern als Anhang per E-Mail verschickt werden, ist das Zeichen in digitalisierter – oder auch gepixelter Form – zu sehen. Bei den bereits genannten Zeichen hat dies folgende Konsequenzen:

Abbildung 89: Dritter Schritt – Überprüfung des Wort-Bild-Zeichens von Electryon in digitalen Medien (40 dpi und 20 dpi)

Abbildung 90: Dritter Schritt – Überprüfung des Wort-Bild-Zeichens von Elite der Zukunft in digitalen Medien (40 dpi und 20 dpi)

Bei der Digitalisierung eines Zeichens kommt es auf die Auflösung an; diese wird mit der Einheit dots per inch angegeben (dpi) – sie gibt die Anzahl der Punkte (dots) auf einer Fläche an (inch). Eine Auflösung von 600 oder auch 300 dpi ist eine normale Darstellung. Für die Prägnanzüberprüfung wurde hier bewusst ein sehr niedriger dpi-Wert genommen, um die digitale Tauglichkeit zu beweisen. Das Ergebnis: Auch in der digitalen Umsetzung ist die Grundform bei beiden Zeichen noch gut sichtbar. Insgesamt ist aus allen Schritten ersichtlich, dass beide Zeichen über eine prägnante Gestalt verfügen. Die Grundformen bei beiden Zeichen sind zwar unterschiedlich, jedoch auch bei einer bewussten Qualitätsverschlechterung in Bezug auf die Darstellung noch gut erkennbar. Beide Zeichen erfüllen somit die formalen Voraussetzungen, die Ausdrucksebene einer Markenidentität darzustellen.

Neben der Prägnanz kann ein gutes Wort-Bild-Zeichen auch die Markenidentität kommunizieren bzw. eine Botschaft vermitteln. Bei beiden von unserer Agentur gestalteten Wort-Bild-Zeichen wurde auch dieser Aspekt berücksichtigt. Das Wort-Bild-Zeichen für die Electryon AG hat ein direkten Bezug zum Zweck des Unternehmens. Da das Unternehmen im Strommarkt aktiv ist, hat das Wort-Bild-Zeichen die Anmutung einer Steckdose; die Dopplung des Anfangbuchstabens „e" lässt diese Assoziation zu.

Das zweite Wort-Bild-Zeichen zeigt ein „e", bei dem aus dem Bogen des Buchstabens ein Stern entspringt. Das Zeichen hat Elan und wirkt dynamisch, jung und unkonventionell – die Botschaft ist klar: der Griff nach den Sternen. Entscheidend bei beiden Zeichen ist, dass klare Formen vorherrschen. Beim ersten Zeichen wird die Grundform des Kreises aufgenommen; beim zweiten Zeichen wird ein Buchstabe verfremdet. Beide Zeichen sind prägnant und somit für den Aufbau einer Markenidentität einsetzbar.

9.7 Markenidentität als Basis von Markenbewertungen

Neben der Entwicklung einer Markenstrategie und darüber hinaus aller operativen Maßnahmen aus der Markenanwendung heraus, ist eine bei Markenanalysen immer wieder gern gestellte Frage, ob und wie der Wert einer Marke bestimmt werden kann. Bereits am Anfang dieses Buches wurde eine Liste der wertvollsten Unternehmen der Welt vorgestellt, die von der Marke Coca-Cola angeführt wurde, gefolgt von Marken wie Microsoft, IBM, General Electric und Nokia. Die Frage nach dem Wert einer Marke kann unterschiedliche Gründe haben. In den meisten Fällen wird spätestens dann der Wert einer Marke gemessen, wenn Marken von anderen Unternehmen erworben werden oder wenn eine Lizenzierung für die Marke ansteht – d. h. wenn Dritten ein Nutzungsrecht an der Marke eingeräumt wird.

Da bei einer Lizenzierung der Marke kein materieller Gegenstand verkauft wird, sondern ein immaterieller Wert in Form eines Rechts, kommt es darauf an, diesen Wert in monetären Größen zu definieren. Für die Berechnung des Markenwertes gibt es inzwischen eine Vielzahl von unterschiedlichen Ansätzen. Abgesehen von rein finanzorientierten Markenbewertungsmodellen, die mehr oder weniger versuchen, aus den Bilanzen einen Markenwert zu generieren, existieren einige Ansätze, die zusätzlich immaterielle Aspekte der Marke einbinden. Neben rein numerischen Faktoren wie Marktanteil oder Gewinnentwicklung einer Marke gehören zu diesen Modellen ebenso Kriterien wie die „Markentreue des Konsumenten (Bindungs- und Zufriedenheitsgrad beim Verbraucher)", das „Vertrauenskapital der Marke (Messung der Markenpersönlichkeit)" sowie die „Markenidentifikation (Verbindung der Werbeelemente mit der richtigen Marke)".[90] Vielfach wird in der Praxis bei der Bewertung von Marken eine verhaltenspsychologische Sicht bevorzugt, was konkret bedeutet, dass der Markenwert durch „die Reaktionen der Konsumenten auf strategische und taktische Maßnahmen zur Gestaltung des Marketing-Mixes geprägt" wird.[91] Bei der Betrachtung des Markenwertes ist dies ein entscheidender Schritt, immaterielle Werte in die Bestimmung eines monetären Betrages einzubeziehen. Denn rein monetäre Methoden, die z. B. von Lizenzeinnahmen oder Börsenwerten ausgehen, sind zu eindimensional. Doch die Frage, die sich hier stellt ist, ob die Verbindung einer verhaltenswissenschaftlichen Sichtweise mit monetären Größen überhaupt möglich ist. Oder wie Esch/Andresen es ausdrücken: „Zweifelsohne besteht ein Problem der verhaltenswissenschaftlichen Operationalisierung des Markenwertes zur Zeit noch darin, die daraus resultierenden Ergebnisse mit einem ökonomischen Wert zu verknüpfen".[92] Da dies nicht möglich ist, steht fest, dass der Begriff des Markenwertes entzaubert werden muss. Denn er ist in zweierlei Hinsicht zu betrachten. Zum einen kann unter dem Begriff Markenwert alles subsumiert werden, was die Konsumenten an Positivem (oder besser: Wertvollem) mit der Marke verbinden. In diesem Fall bestimmt der Konsument den Wert einer Marke. Zum anderen – und dies ist hier der präferierte Weg – kann unter dem Begriff des Markenwertes eine ökonomische Größe verstanden werden, die aber – und dies ist der Unterschied zu rein finanzorientierten Ansätzen – sich aus der Markenidentität entwickelt. In diesem Sinn schreibt auch Aaker: „Die Identifizierung einzelner Elemente der Markenidentität, die die Marke von anderen abheben und die Beziehung zwischen den Konsumenten und der Marke beeinflussen, ist ein erster Schritt in Richtung auf die Schaffung von Messwerten für den Markenwert."[93] Markenwert darf jedoch nicht mit Markenidentität verwechselt werden; der Markenwert ist der monetäre Ausdruck der Identität. Beim Kauf einer Marke erwirbt das Unternehmen für eine bestimmte Geldsumme die Rechte an einer Marke. Das Unternehmen kauft mit diesen Rechten alle Bestandteile der Markenidentität – also alle formalen Kriterien sowie alle inhaltlichen Werte der Marke. Das Unternehmen erwirbt somit die Markenidentität; diese macht den Wert einer Marke aus.

---

[90] vgl. Esch, Andresen 1997, S. 17
[91] vgl. Esch, Andresen 1997, S. 14
[92] vgl. Esch, Andresen 1997, S. 14
[93] vgl. Aaker, Joachimsthaler 2000, S. 19

Aber: Der Wert der Marke wird klar durch eine monetäre Größe beschrieben. Um diese zu ermitteln, stellt sich die Frage, wieviel ein möglicher Käufer einer Marke oder ein potenzieller Lizenznehmer, für die jeweilige Marke zu zahlen bereit ist. Dies ist nicht der Konsument, sondern in den meisten Fällen ein anderes Unternehmen. Der potenzielle Käufer wird zwar seine Entscheidung davon abhängig machen, welchen Stellenwert die Marke beim Konsumenten hat. Aber: Was nützt einem Unternehmen der Markenwert, wenn kein anderes Unternehmen bereit ist, einen nach irgendeinem Ansatz errechneten Wert zu bezahlen, sondern einen viel geringeren? Oder anders: Der letztgültige Wert wird durch Angebot und Nachfrage bestimmt. Der Kauf oder Verkauf einer Marke erfolgt somit auf Verhandlungsbasis[94] – nur unter diesen realistischen Bedingungen kann der richtige Wert ermittelt werden. Bei einer Marke hängt dieser Faktor mit der Markenidentität zusammen – es ist jedoch nicht das Gleiche. Dieser Unterschied ist bei allen Überlegungen zum Thema Markenwert zu beachten. Daher sind Tabellen über die wertvollsten Marken mit Vorbehalt zu betrachten, weil ein Verkauf der Marke Coca-Cola kein aktuelles Thema ist und die Summe von 68,9 Mrd. Dollar keinem realen Gebot entspricht. Die Frage, die sich bei der genannten Summe stellt ist, ob es einen Unterschied machen, wenn die Summe zehnmal so hoch läge. Ein Beispiel für verschiedene Ergebnisse bei der Berechnung des Markenwertes wird von Kriegbaum für die Marke „ProSieben" beschrieben. In diesem Fall wurde die Marke von der Firma Nielsen auf rund 1.070 Mrd. EURO geschätzt, die Firma Semion ermittelte ein Wert von rund 758 Mio. EURO und der freie Sachverständige für Markenbewertungen des Deutschen Patentamtes gab einen Wert von 120 Mio. EURO für die gleiche Marke an.[95] Dies verdeutlicht die Schwierigkeit von Markenbewertungsmethoden, eine realistische monetäre Größe festzulegen. Ein Ranking wie beispielsweise das von Interbrand hat trotz des grundlegenden Mankos von Bewertungsmethoden eine hohe Aussagekraft und ist zu begrüßen, weil die Marken unter den gleichen Kriterien untersucht werden und sich hieraus eine Vergleichbarkeit ergibt.

Der Markenwert hat demnach zwei Funktionen: Die erste betrifft die Vergleichbarkeit. Denn in der Hauptsache geht es darum zu erkennen, dass der Markenwert sehr hoch bzw. höher als Werte von anderen Marken ist. Die zweite Funktion betrifft den Fall, dass eine Marke veräußert wird. Bevor die Situation eintritt, dass eine Marke verkauft werden soll, muss es also Möglichkeiten geben, den Wert einer Marke annähernd zu bestimmen, um eine Berechnungsgrundlage zu haben. Mit Hilfe der integrierten Brand-Ambassador-Anwendung besteht die Möglichkeit, die Identität einer Marke zu untersuchen und zu bestimmen. Wie kann hier eine nachvollziehbare Verbindung zur Ermittlung eines Markenwertes erstellt werden? Wie kann bei der Markenanwendung ein monetärer Wert für eine Marke ermittelt werden, der auf einer realistischen Basis fußt? Wie bereits erwähnt, ist die Markenidentität ein Bestandteil des Markenwertes; sie ist zwar dessen wichtigster Teil – jedoch fehlt eine direkte operationalisierbare Verbindung zu einer monetären Wertermittlung. Daher kann einer rein verhaltenswissenschaftlichen bzw.

---

[94] vgl. Repenn 1998, S. 18
[95] vgl. Kriegbaum 2001, S. 82

einer rein konsumentenorientierten Sicht bei der Betrachtung des Markenwertes nicht der Vorzug gegeben werden, da für die Bestimmung eines monetären Wertes mehr Faktoren zum Zuge kommen als qualitative Inhalte, die sich allein auf die Vorstellungen und Reaktionen von Konsumenten stützen.

Zwar ist es richtig, dass letztendlich mit der Marke auch die Vorstellungen und möglichen Verhaltensweisen der Konsumenten erworben werden, jedoch betrifft dies einen Aspekt von vielen und ist nicht zu quantifizieren. Fest steht, dass eine Markenbewertungsmethode aus einem quantifizierbaren Teil bestehen muss, der sich in einem Geldwert ausdrückt. Dies bedeutet, dass immaterielle Werte wie die Markenidentität mit monetären Größen, wie z. B. Preis, Bilanzsummen, Börsenwerten etc. verknüpft werden müssen – zumindest muss es an einer Stelle eine „Übersetzung" von immateriellen Werten in monetäre Größen geben. An dieser Stelle wird nicht auf eine Verbindung von monetären Kriterien mit qualitativen Inhalten eingegangen, sondern beschrieben, wie die Ergebnisse einer Markenidentitätsanalyse Hinweise auf den Markenwert geben können. Ziel ist also nicht die Beschreibung einer neuen Markenbewertungsmethode, sondern die Einbindung einer Identitätsanalyse in einen Wertermittlungsprozess.

Bereits aus der Markenidentitätsanalyse ergeben sich erste Erkenntnisse, die für die Bestimmung des Markenwertes wichtig sind. Grundsätzlich gilt, dass je stabiler eine Markenidentität ist, desto höher der Markenwert. Der erste Indikator, der für eine stabile Identität und somit einen hohen Markenwert spricht, ist die Feststellung, ob die Marke homogen oder heterogen ist. Bei Brand Ambassador ist die Homogenität einer Marke primär am Konsenswert abzulesen. Dieser besagt, in welchem Umfang die Zielgruppen gleich oder ähnlich über die Marke denken. Ist der Konsenswert hoch, ist die Marke homogen und verfügt somit über eine kompakte Markenidentität. Eine homogene Markenidentität bedeutet zugleich, dass eine Marke bei den Zielgruppen nicht nur die gleichen Assoziationen hervorrufen, sondern auch zu Übereinstimmungen und Ähnlichkeiten bei Einstellungen, Motivationen und auch im Konsumentenverhalten führen kann. Eine homogene Markenidentität steht für eine starke Stellung der Marke im Bewusstsein der Zielgruppen – und dies ist ein entscheidender Indikator bei der Feststellung des Markenwertes. Oder anders: Ein hoher Konsenswert ergibt einen höheren Markenwert.

Ein weiterer wichtiger Indikator sind die Top-15-Begriffe, die den Begriffsraum der Marke abdecken. Aus den repräsentativ erhobenen assoziativen Begriffen und ihren Beziehungen untereinander kann eine wertorientierte Interpretation vorgenommen werden. Begriffe, die positive Inhalte und Beziehungen zu anderen Begriffen vermitteln, verdeutlichen, dass die Markenidentität mit nachvollziehbaren Vorteilen verbunden wird. Da es durchaus vorkommen kann, dass auch eine Vielzahl von negativen Bedeutungen mit der Markenidentitätsanalyse erfasst wird, ist die Betrachtung der positiven Bedeutungen für die Feststellung des Markenwertes entscheidend. Die Betrachtung von Assoziationen zur Marke ist auch für Aaker entscheidend. „Der einem Markennamen zugrunde liegende Wert besteht oft aus der Gruppe seiner Assoziationen, also seiner Bedeutung für den Verbraucher."[96] Die bei Brand Ambassador erhobenen repräsentativen Assoziationen bilden nicht nur die Markenidentität ab, sondern zeigen auch, welche Assoziationen besonders wichtig sind. Aus diesen Kernbegriffen können klare Stärken der Marke erkannt werden.

---

[96] vgl. Aaker 1992, S. 136

10. Antworten auf die Marke

Hier sollen zum einen die wichtigsten Aspekte zusammengefasst und zum anderen auch Perspektiven der Marke aufgezeigt werden. Da die Marke ein real existierendes Subjekt ist, wird auch auf eine Definition eingegangen – eine Definition, die keinen philosophisch-theoretischen Hintergrund hat, sondern sich an pragmatischen Bedürfnissen orientiert. Des Weiteren wird auf die am Anfang aufgestellten sieben Thesen eingegangen und somit eine übersichtliche Zusammenfassung gegeben. Doch bevor diese Themen den Abschluss einleiten, wird das Augenmerk auf ein brennendes Themengebiet gelegt: Marke und Internet.

10.1 Marken und Internet

Ein immer noch aktuelles Thema ist die Frage, wie sich Marken im Internet bzw. im digitalen Umfeld verhalten müssen. Hier sehen sich zum einen (alte) bewährte, klassische Marken mit der Frage konfrontiert, wie sie das Internet nutzen können, um ihre Marktstellung auszubauen. Zum anderen sind einige neue Marken entstanden, die ausschließlich im Internet präsent sind. Auch wenn viele dieser Marken wieder von der Bildfläche verschwunden sind, es gibt sie noch – die erfolgreichen virtuellen Marken.

Das Internet hat das unternehmerische Verhalten, das Marketing verändert und zwar weit über die neuen Möglichkeiten eines neuen Distributionsweges hinaus. Die Frage ist, ob dies einschneidende Konsequenzen für die Markenführung bzw. für die Entwicklung einer Markenidentität hat. In letzter Zeit sind bereits Publikationen erschienen, die dieses Thema aufgreifen. An dieser Stelle wird auf die Frage eingegangen, inwieweit das Internet die Markenidentität beeinflusst und wie eine Marke sich effektiv im Internet präsentieren muss.

Das Internet ist schnell – sehr schnell. In der Praxis heißt es, dass ein Internetjahr nur drei Monate dauert. Was man im klassischen Marketing unter kurzfristigen Zielen und Maßnahmen versteht, ist im Internet eine Ewigkeit. Neue Techniken, neue Inhalte, neue Anwendungen und neue Angebote prägen das Internet. Im Gegensatz zur rasanten Entwicklung des Internets ist die Marke ein Fossil – ein sich nicht bewegendes Urgestein. Bislang galt, dass Markenidentitäten langsam entstehen – hektische Betriebsamkeit ist für die Marke ein Tabu. Wie passen die rasanten Veränderungsprozesse des Internets und die langfristigen Zyklen der Marke zusammen? Oder: Kann eine Markenidentität mit Hilfe des Internets schneller aufgebaut werden als mit herkömmlichen Mitteln?

Die Vorteile des Internets sind bekannt – zusätzlich zur Schnelligkeit sind es besonders zwei Faktoren, die das weltweite Netz interessant machen: Der erste Aspekt betrifft die Mischung von verschiedenen medialen Wahrnehmungsebenen. Das Internet kann visuelle und verbale Kriterien (diese auch auditiv) erlebbar machen. Und zwar in einer animierten, also bewegten Form. Der zweite Aspekt hat eine weitaus größere Relevanz: Das Internet ist interaktiv. In kommunikativer Hinsicht ist das Internet keine Einbahnstraße, sondern bietet den Zielgruppen die Möglichkeit, selbst aktiv zu werden, zu antworten und zu reagieren. Unternehmen und Zielgruppen können über das Internet in Echtzeit miteinander kommunizieren. Für die Marke entstehen aus dieser Situation viele Chancen und auch einige Risiken, die zu beachten sind. Fest steht, dass Wechselwirkungen gegeben sind. Marke und Internet beeinflussen sich gegenseitig. Kann eine Markenidentität über das Internet schneller aufgebaut werden als mit herkömmlichen Mitteln? Diese Frage ist definitiv zu verneinen. Im Gegenteil. Die Einbindung der Marke in das Internet hat für die Markenidentität die Konsequenz, dass erst recht darauf geachtet werden muss, dass eine homogene und prägnante Markenidentität besteht bzw. aufrechterhalten wird. Der virtuelle Charakter des Internets kann sogar dazu führen, dass die Markenidentität an Homogenität verliert, da das Internet einigen Marken die oftmals notwendige materielle Basis entzieht. Die Antwort, ob eine Markenidentität durch das Internet schneller aufgebaut werden kann und sich damit zwangsläufig Einsparpotenziale ergeben, hängt von dem Umstand ab, ob sich die Wahrnehmung der Nutzer des Internets und damit verbunden der Zielgruppen durch das Internet verändert haben. Angefangen von den Möglichkeiten des Einkaufs bis zu Inhalten, die zugleich informieren und unterhalten, bietet das Internet eine neue Grundlage, um Marken präsentieren zu können. Hinzu kommt, dass das Internet, rein medial betrachtet, visuelle und verbale Elemente in bewegter Form darstellen kann. Daraus lässt sich jedoch nicht ableiten, dass der Aufbau der Markenidentität allein durch das Internet schneller gestaltbar ist. Das Internet kann jedoch, strategisch richtig eingesetzt, durchaus einen Mehrwert für die Markenidentität schaffen. Der über das Internet erreichte Vorteil ist von Marke zu Marke unterschiedlich und muss anhand der analysierten Markenidentität abgeschätzt werden. Hier zeigt sich die Relevanz der Markenidentität, die für den richtigen Einsatz der Marke im Internet die Basis schafft. Die Prägnanz sowie die Homogenität der Markenidentität spielen eine entscheidende Rolle.

Beginnend mit den formalen Markenkriterien – der Ausdrucksebene – zeigt sich bereits eine technische Schwierigkeit beim Internet, die die Darstellung von Bild-Zeichen betrifft. Bild-Zeichen, die über keine hohe Prägnanz verfügen, werden durch die Bildschirmdarstellung im Internet schlechter dargestellt. Fazit: Das Bild-Zeichen verändert sich – es verliert an Form. Durch die digitale Darstellung in 72 dpi (dots per inch) sind beispielsweise feine Linien oder kleinere visuelle Elemente gar nicht oder nur schlecht wahrzunehmen. Auch weiße Schrift auf schwarzem Hintergrund sowie runde Formen können zu Problemen bei der Darstellung führen. Ein Beispiel soll dies verdeutlichen:

Abbildung 91: Das Wort-Bild-Zeichen von BMW in einer Printversion und im digitalen Zustand

An diesem Beispiel ist zu erkennen, dass das Bild-Zeichen im normalen Druckverfahren (z. B. Offsetdruck) exakter erscheint als in der digitalen Erscheinung. Das Bild-Zeichen hat sich im Internet verändert. Daraus ist zu ersehen, dass die Prägnanz eines Bild-Zeichens gerade im Internet enorm wichtig ist. Auch für die Farbgestaltung ergeben sich durch das Internet einige technisch bedingte Schwierigkeiten. So kann beispielsweise das formale Markenkriterium der Farbe im Internet nicht exakt festgelegt werden, da jeder Computermonitor anders kalibriert – also von den Farbwerten eingestellt – ist. In diesem Sinn ist bei der Farbauswahl für eine Marke darauf zu achten, dass Farbtöne gewählt werden, die sich durch das RGB-Farbsystem des Computers gut darstellen lassen und wenige Abweichungen zulassen.

Entscheidend sind hier zum einen der Konsenswert der Marke und zum anderen die Bedeutungsrelationen der Top-15-Begriffe in der Brand-Ambassador-Anwendung. Gibt der Konsenswert rein quantitativ die Homogenität der Marke wieder, stellen die Top-15-Begriffe die wichtigsten Bedeutungsrelationen der Marke dar. Als Beispiel können die beiden assoziativen Begriffe „Qualität" und „Service" sowie ihre Beziehung zueinander herangezogen werden. Wurde bei der Markenidentitätsanalyse festgestellt, dass sich die Qualität der Marke über den Service erschließt – also beispielsweise über den direkten Kontakt zwischen Mitarbeitern des Unternehmens und Konsumenten in Filialen – kann eine unternehmensstrategische Umstellung – Schließung von Filialen und zukünftiger Vertrieb über das Internet – negative Konsequenzen für die Markenidentität haben. Der Verlust des direkten Kontakts kann zu negativen Rückkopplungen bezüglich der positiven Bedeutungsrelation „Qualität" und „Service" führen. Hier ist also Vorsicht angeraten, da eine negative Beeinflussung von festen und positiven Bedeutungsrelationen der Markenidentität in jeder Hinsicht vermieden werden muss. Das bedeutet für das Verhältnis Marke und Internet, dass sich die Programmierung und Gestaltung eines Internetauftritts nach der festgelegten Markenidentität richten muss. Erst aus der Markenidentität können Inhalte und Gestaltungsgrundlagen für den Internetauftritt der Marke bestimmt werden.

10.2 Virtuelle Marken kontra klassische Marken

Dass virtuelle Marken existieren, zeigen erfolgreiche Beispiele wie „amazon", „ebay" oder „Yahoo". Sie wurden im Internet gegründet, sie leben durch das Internet und verfügen über kein materielles – außerhalb des Internets existierendes – Pendant. In der ersten Phase der Interneteuphorie wurden weitaus mehr Unternehmen gegründet, die mit großen Werbebudgets versucht haben, Bekanntheit aufzubauen und Marken zu werden. Die meisten von ihnen haben die ersten zwei Jahre nicht überlebt. Nicht nur haben viele Anleger ihr investiertes Geld verloren; die Reputation des gesamten Internetbereiches hat darunter gelitten. Sind virtuelle Marken anfälliger für Fehler in der Markenführung? Die Antwort ist nein. Genauso wie im klassischen Bereich, wo weit mehr als die Hälfte aller neueingeführten Produkte das erste Jahr nicht überleben, verhält es sich im virtuellen Umfeld. Das Prinzip der Markenführung ist gleich – mit den gleichen Chancen und mit den gleichen Risiken behaftet. Der Aufbau einer Markenidentität hängt von den gleichen Faktoren ab und nimmt die gleiche Zeit in Anspruch. Und doch gibt es Unterschiede zwischen Marken, die ausschließlich im weltweiten Netz existieren und Marken, die klassisch mit einem Produkt oder einer Dienstleistung verbunden werden.

Der vermeintlich größte Unterschied zwischen virtuellen und klassischen Marken liegt in der immateriellen und materiellen Konsistenz – im Form eines Produktes. Bei der klassischen Marke – also in Form eines materiellen Produktes – hat der Konsument ein wahrnehmbares Produkterlebnis (z. B. beim Konsum). Würde beispielsweise der Geschmack eines Schokoladenriegels bei den Zielgruppen allgemein als positiv anerkannt werden, wäre dieses wahrnehmbare Produkterlebnis ein bedeutungsbildender Teil der Markenidentität. Wie sieht dies bei einer Dienstleistung aus, die immaterieller Natur ist? Zwar gibt es bei einer Dienstleistung in den meisten Fällen kein direkt wahrnehmbares oder vergleichbares Produkterlebnis, doch kann auch bei einer Dienstleistung ein spezieller Service zu einer besonderen Bedeutungsrelation bei der Markenidentität führen (z. B. das spezielle Bonusprogramm für Vielflieger). Wie sieht dies bei einer rein virtuellen Marke aus? Im Gegensatz zu einer Dienstleistungsmarke, die eventuell über Filialen oder einen Außendienst verfügt, gibt es bei einer Marke wie amazon keinen direkten menschlichen Kontakt (es gibt zwar die Möglichkeit, telefonisch Kontakt aufzunehmen, aber dies ist eigentlich nur bei weiterführenden Fragen oder bei dringenden Themen nötig). Bei amazon wird die gesamte Abwicklung – vom Einkauf bis zur Bestätigung der Lieferung – über das Internet geregelt. Es gibt also weder Filialen noch ein menschliches Gesicht, das mit der Marke verbunden werden kann. Doch auch hier gilt das gleiche Prinzip wie für alle anderen Marken. Eine Marke wie amazon kann nur erfolgreich sein und eine starke Markenidentität aufbauen, wenn sie es schafft, eine positive bedeutungsbildende Stellung zu erreichen. Zwar ist eine rein virtuelle Marke am ehesten mit einer klassischen Dienstleistungsmarke vergleichbar, doch existieren einige spezifische Unterschiede.

So gibt es im Internet einige Faktoren, die für den Aufbau einer Markenidentität zu beachten sind. Dies sind:
- erhöhte Prägnanz,
- Schnelligkeit,
- Zuverlässigkeit,
- Sicherheit und Schutz der Privatsphäre,
- persönliche Ansprache und
- über das Internet hinausgehende bedeutungsbildende Inhalte.

Das Kriterium der erhöhten Prägnanz gilt für die formalen aber auch für die inhaltlichen Markenkriterien. Bezüglich der formalen Markenkriterien ist festzustellen, dass eine Internetseite für eine Marke zwei Rahmenbedingungen erfüllen muss. Zum einen gilt das Prinzip der Reduktion von gestalterischen Elementen. Es muss versucht werden, die Internetseiten auf so wenig formale Elemente – von den Markenkriterien bis zu anderen gestalterischen Elementen – wie nur möglich zu reduzieren. Zum anderen sollten die gewählten Elemente gestalterisch eher plakativ sein, was bedeutet, dass auf zu kleine Typografien verzichtet werden sollte. Bild und Text als formale Elemente sollten schnell wahrnehmbar sein. Das Prinzip der Reduktion gilt ebenfalls für alle Inhalte. Eine überladene Internetseite ermüdet den Betrachter schnell und erhöht das Risiko, dass die Zielgruppen sich einem Wettbewerber zuwenden.

Das zweite Kriterium betrifft die Schnelligkeit beim Aufbau einer Internetseite – ein immer noch oft zu findender Anfängerfehler. Das Internet lebt von seiner Schnelligkeit – in diesem Sinne hat die Zielgruppe auch das Recht, dass Internetseiten in Sekunden auf dem Bildschirm erscheinen. Bei der Gestaltung ist daher zu beachten, dass zwar plakative Elemente gewählt werden – diese aber die Schnelligkeit einer Internetseite nicht negativ beeinflussen.

Neben diesen beiden Kriterien spielt die Zuverlässigkeit eine entscheidende Rolle. Das Internet ist für viele Menschen noch neu und dies bedeutet gleichzeitig Unsicherheit. Daher ist es absolut wichtig für eine im Aufbau befindliche Marke, dass sie ihre Dienste mit einem Höchstmaß an Zuverlässigkeit anbietet. Alle Versprechungen und kommunizierten Inhalte der virtuellen Marke müssen eingehalten werden.

Neben der Zuverlässigkeit spielt auch das Bedürfnis nach Sicherheit eine maßgebliche Rolle. Da Unternehmen zunehmend E-Commerce-Leistungen über das Internet anbieten, und hier auch monetäre Werte zwischen Unternehmen und Zielgruppen gewechselt werden, hat die Sicherheit und das Gefühl der Vermittlung der Sicherheit Priorität. In diesen Bereich fällt auch der Aspekt, dass der Schutz der Privatsphäre der Zielgruppen gegeben sein muss. Der Kaufprozess an sich ist ein individueller und privater Vorgang; der Konsument darf nicht das Gefühl haben, dass er im weltweiten Netz beim Einkaufen von der ganzen Welt beobachtet wird.

Die Gratwanderung zwischen dem Schutz der Privatsphäre und der persönlichen Ansprache ist nicht einfach. Es ist wichtig, der Zielgruppe das Gefühl zu geben, dass es nicht um ein einfach strukturiertes Massenmedium geht, sondern um ein intelligentes, interaktives Medium, das durchaus die Präferenzen des Individuums kennt. Die persönliche Ansprache bedeutet, dass ein Konsument, der sich die Internetseite häufiger ansieht, beispielsweise eine Empfehlung auf der Interseite vorfindet. Beispielsweise spricht amazon für Kunden Empfehlungen aus, die beim nächsten Besuch der Internetseite vorgestellt werden.

Neben den genannten Kriterien ist es wichtig, dass auch bedeutungsbildende Inhalte vermittelt werden. So kann es sein, dass für die erste Phase der Gründung eines Internetunternehmens die ersten fünf Kriterien durchaus ausreichen. Dies hat dann aber eher damit zu tun, dass das Unternehmen noch relativ neu ist und Neugier sowie Interesse den ersten Marktauftritt belohnen. Für einen langfristigen Aufbau einer Marke ist es notwendig, dass über die ersten fünf Kriterien hinaus bedeutungsbildende Inhalte vermittelt werden. Welche dies sind, hängt von der individuellen Marke und ihrem Umfeld ab. Das hat aber nicht zwangsläufig die Konsequenz, dass eine virtuelle Marke unbedingt Filialen eröffnen muss. Doch ist es wichtig, dass die Marke den Zielgruppen für sie wichtige Bedeutungen vermittelt. Hier kann eine Bedarfsanalyse helfen. Für das amerikanische Unternehmen amazon scheint die Strategie aufzugehen – im letzten Quartal 2001 hat der größte Online-Einzelhändler der Welt zum ersten Mal in der Unternehmensgeschichte einen Gewinn verbucht.

10.3   Muss eine Marke anfassbar sein?

Ausgehend vom letzten Kapitel stellt sich die Frage, ob eine Marke haptisch erfassbar, also in irgendeiner Form materiell vorhanden sein muss. Die Genese des Markenwesens, also die Entwicklung der klassischen Marken wie Coca-Cola, Levi's, Odol oder Persil lässt die Vermutung aufkommen, dass eine richtige Marke mit einem Produkt verbunden sein muss. Der direkte Bezug zwischen Markierung und objektiv vorhandenen Produkteigenschaften wie Geschmack, Zusammensetzung und Verarbeitung scheint für eine richtige Marke zu sprechen. Hierfür würde auch sprechen, dass Dienstleistungsmarken erst später auftauchten und erst 1979 rechtlich geschützt werden konnten. Kann es also sein, dass eine Marke, die real vorhanden ist bzw. mit einem konkreten Produkt verknüpft ist, erst eine richtige Marke darstellt? Die Antwort ist nein. Denn eine Markenidentität baut sich nicht über ein konkretes Produkt auf, sondern über die Bedeutungen, die den Zielgruppen vermittelt werden. Hierbei ist es unerheblich, welche Inhalte die Bedeutungen repräsentieren. So kann ein produkttechnischer Bestandteil wie Geschmack, Zusammensetzung oder Verarbeitung so wichtig für die Marke sein, dass er eine für die Markenidentität elementare Bedeutung darstellt. Aber dies ist keine notwendige Voraussetzung. Die Bedeutungen der Marke können sich auch aus anderen Inhalten zusammensetzen, die beispielsweise immaterieller Art sind. Somit muss eine Marke nicht haptisch erlebbar sein, sondern kann auch rein virtuell entwickelt werden. Entscheidend ist nur, dass eine Markenidentität aufgebaut wird, die zum einen aus für die Zielgruppen nachvollziehbaren Bedeutungen besteht, welche sich zum anderen von den Inhalten anderer Marken unterscheiden. Eine Marke, die direkt mit einem Produkt in Verbindung gebracht wird, hat jedoch einen großen Vorteil gegenüber virtuellen Marken. Es ist einfacher, eine nachvollziehbare Bedeutung aus einem wahrnehmbaren Produkt zu entwickeln, als eine virtuelle, nicht direkt wahrnehmbare Bedeutung aufzubauen. Eine Markenuhr wie Swatch wird mit Qualität und Design verbunden; dies ist offensichtlich und wahrnehmbar. Hieraus kann die Markenidentität Inhalte aufnehmen und ausbauen. Ein wahrnehmbares Produkt hat somit die Funktion eines zusätzlichen Mediums. Es vermittelt und steht für Bedeutungsinhalte der Markenidentität; es wird verkauft, von Konsumenten benutzt und somit immer direkt wahrgenommen. Marken wie amazon oder Yahoo haben keinen direkt wahrnehmbaren Bezug – außer einem Internetauftritt. Ein Internetauftritt kann sich ausschließlich über die Gestaltung und die Programmierung von anderen Internetseiten differenzieren; das Medium an sich verfügt jedoch über keine zusätzlichen Möglichkeiten, Bedeutungsinhalte aufzubauen. Hier kommt es darauf an, dass über einen gut gestalteten Internetauftritt hinaus der Zielgruppe mehr Möglichkeiten gegeben werden, die Marke wahrzunehmen – also die Bedeutungsinhalte zu erleben. Werbung reicht als zusätzliches Medium, um Bedeutungsinhalte zu kommunizieren, nicht aus. Werbung kann nur vorhandene Bedeutungsinhalte verstärken, aber keine Markenidentität entwickeln. Daher ist es notwendig, dass eine virtuelle Marke über das Internet hinaus eine Basis schafft, aus der sie für die Zielgruppen wahrnehmbare und nachvollziehbare Bedeutungen generieren kann. Erst wenn dies gegeben ist, kann für eine virtuelle Marke eine erfolgsversprechende Markenidentität aufgebaut werden.

10.4 Definition und Antworten zur Marke

Viele Publikationen beginnen mit Definitionen und Grundlagenwissen – diese nicht. Bewusst nicht. Denn bevor etwas manifestiert wird, ist es wichtig, dass eine Definition oder eine Erklärung nachvollziehbar dargestellt ist. Daher wurden am Anfang sieben Thesen aufgestellt, die die Botschaft dieses Buches vorab kurz vorstellten. Sieben Thesen, die über das Vertraute hinausgingen und nicht das wiederholen, was sonst häufig über die Marke zu finden ist. Nach zehn Kapiteln ist es an der Zeit, auf diese Thesen einzugehen und Antworten zu finden. Dies soll im Folgenden zusammenfassend getan werden.

10.4.1 Antworten auf die Thesen:

Antwort auf die erste These: Denken Sie interdisziplinär!

Die Marke ist interdisziplinär – dies wurde bestätigt. Das Marketing und auch die Psychologie müssen sich anderen Ansichten öffnen und diese einbinden. Das klassische Marketing ist mit einer ganzheitlichen Erklärung der Marke überfordert. Kommunikative, semiotische und gestalterische Kenntnisse müssen in die Analyse der Marke eingebunden werden. Weitere Disziplinen sind bei Bedarf hinzuzuziehen. Nur so kann die Marke erfolgreich untersucht werden.

Antwort auf die zweite These: Vergessen Sie das Image!

Images sind subjektiv; sie geben Einstellungen von Zielgruppensegmenten wieder und eignen sich durch die heterogene Struktur von Zielgruppen und deren Flüchtigkeit nicht für die Feststellung der Markenidentität. Die Markenidentität ist zielgruppenübergreifend und wird durch Bedeutungen charakterisiert.

Antwort auf die dritte These: Geben Sie Ihrer Marke eine Identität!

Das Unternehmen ist der aktive Part im Kommunikationsprozess. Es bestimmt die formalen Markenkriterien, indem es der Marke einen Namen gibt und weitere Elemente gestaltet. Diese Verantwortung muss vom Unternehmen erkannt werden – es darf nicht nur auf die Zielgruppen reagieren, sondern muss den Kommunikationsprozess aktiv gestalten. Zielgruppenuntersuchungen sind wichtig, bilden jedoch den zweiten Schritt. Vor diesem Schritt muss das Unternehmen über seine Ziele und Inhalte Klarheit haben.

Antwort auf die vierte These: Delegieren Sie Markenentscheidungen nicht nach unten!

Markenführung ist Aufgabe der Geschäftsführung. In vielen Unternehmen existieren entweder keine Bereiche für Markenführung oder diese haben keine bereichsübergreifende Entscheidungsfunktion. Die Marke muss im Unternehmen zentral positioniert sein.

Antwort auf die fünfte These: Lernen Sie die Marke von allen Seiten kennen!

Markenverantwortliche dürfen keine Spezialisten sein, sondern sollten sich als interdisziplinär ausgebildete Manager auszeichnen, die alle markenrelevanten Bereiche – vom Produktmanagement über das Marketing bis zur Umsetzung – kennen. Markenunternehmen müssen in die Ausbildung von Markenverantwortlichen investieren. Es ist eine Investition in die Marke.

Antwort auf die sechste These: Denken Sie bei der Marke langfristig!

Die Marke überlebt Menschen. Daher muss die Marke strategisch betrachtet werden; kurzfristige Ziele schaden der Marke – sie braucht eine Perspektive. Nur als langfristige Investition macht sich die Marke bezahlt.

Antwort auf die siebente These: Hilft Werbung Ihrer Marke?

Die Rolle der Werbung für die Markenbildung wird überschätzt. Die Werbung kann, muss aber nicht, die Markenidentität prägen. Einige Beispiele wie bei den Marken „Marlboro" und „Absolut Vodka" belegen, dass die Botschaften der Werbung zur Markenidentität beigetragen haben. Bei der überwiegenden Mehrzahl der Marken hat die Werbung die Funktion, die Botschaften der Marke zu verstärken und bei einer breiten Öffentlichkeit bekannt zu machen. Um für die Markenidentität prägend zu sein, darf die Werbung nicht operativ, also kurzfristig eingesetzt werden, sondern sie muss langfristig und einheitlich eine Botschaft für die Marke vermitteln. Erst dann kann die Werbung zum Aufbau der Marke beitragen.

10.4.2 Was ist eine Marke?

Zu Unsicherheiten gegenüber dem Thema Marke führen auch die Vielzahl von unterschiedlichen Definitionen. Ob als Fertigware, ob als Qualitätsversprechen oder als Orientierungshilfe – die Marke hat viele Erscheinungsformen. In den letzten zehn Jahren hat sich jedoch auch im Marketing die Erkenntnis durchgesetzt, dass die Marke in erster Linie ein Zeichensystem ist. Doch in den klassischen Marketinglehrmeinungen ist immer noch der Bezug zu einem Produkt zu finden. Anscheinend ist das Fehlen eines materiellen Objekts zu abstrakt. Interessanterweise gehen Juristen bei der Marke schon immer von einem Zeichen aus. Und rein etymologisch entstammt der Markenbegriff dem mittelhochdeutschen „marc" (Grenze, Grenzland) und dem französischen Wort „marque" (auf einer Ware angebrachtes Zeichen). Auch der Begriff „brand" rührt aus der Kennzeichnung von Rindern her. Somit ist klar: Die Marke ist ein Zeichen – das ist richtig. Und Zeichen stehen für Bedeutungen. Auch dies ist richtig. Nur reicht dies für die Erklärung einer Marke nicht aus. Denn: Auch das „grüne Licht" einer normalen Straßenampel ist ein Zeichen. Seine Bedeutung ist: ich kann fahren! Es hat eine klare Botschaft, die sich von der Botschaft des roten und gelben Lichts unterscheidet. Ist eine Ampel eine Marke? Nein – aber was ist eine Marke dann?

Eine Marke transportiert Bedeutungen in einem kommunikativen Prozess. Das wichtigste Kriterium ist das Erfolgsprinzip. Denn eine unerfolgreiche Marke existiert nicht. Ein unerfolgreiches Produkt wird vom Konsumenten nicht akzeptiert, nicht konsumiert und vom Unternehmen aus dem Markt genommen. Dies bedeutet, dass sich die Bedeutungen der Marke beim Konsumenten durchsetzen müssen. Der Konsument, die Zielgruppen müssen die Bedeutungen positiv aufnehmen und verinnerlichen. Die Marke wird somit für den Konsumenten „bedeutend". Die Marke wird beim Konsumenten zu etwas Besonderem – sie hebt sich damit von anderen Marken deutlich ab. Dies kann umgangssprachlich als „Ausstrahlung" oder „Faszination" der Marke bezeichnet werden. Weitaus konkreter ist die Formulierung, dass die Marke für den Konsumenten „bedeutend" bzw. „von Bedeutung" ist, weil diese Bedeutung durch Assoziationen beschrieben und festgehalten werden kann. Für eine Definition kann folgendes festgehalten werden:

Die Marke ist ein Botschafter zwischen Unternehmen und Zielgruppen. Konkret heißt dies: Eine Marke ist ein Zeichen, das mittels von Bedeutungen Produkten bzw. Dienstleistungen eine Identität gibt und diese bei den Zielgruppen erfolgreich vermittelt.

Ist die Aussage, dass „die Marke ein Botschafter ist" noch übergreifender Natur, geht der darauffolgende Satz auf die einzelnen, charakteristischen Merkmale ein. Die Definition beschreibt den kleinsten gemeinsamen Nenner aller Marken – also dass, was allen Marken gemeinsam ist („die Marke ist ein Zeichen"). Sie spricht die wichtigste Funktion der Marke an – die Identifikationsfunktion („eine Identität geben"). Diese Identität wird durch Bedeutungen aufgebaut. Somit unterscheidet sich die Marke von der „grünen Ampel", die zwar ein Zeichen ist, aber über keine Identität verfügt. Des Weiteren wird der Kommunikationsprozess der Marke – die Beziehung zwischen Unternehmen und Zielgruppen – angesprochen („den Zielgruppen vermittelt"). Die Marke als Botschafter kann nur durch den kommunikativen Austausch zwischen Sender und Empfänger entstehen. Als wichtigstes Prinzip wird die Durchsetzungskraft der Marke über den Begriff „erfolgreich" konkretisiert. Die Marke ist nur dann „von Bedeutung", wenn die vermittelten Bedeutungen von den Zielgruppen akzeptiert und verinnerlicht werden. Der Erfolg ist die Meßlatte. Die Einschränkung auf Produkte und Dienstleistungen hängt mit der Tatsache zusammen, dass es in erster Linie um wirtschaftlich orientierte Marken geht. Hier wird jedoch deutlich, dass nicht nur materielle Objekte zu Marken werden können.

Diese Definition verdeutlicht auch den hohen Stellenwert einer Marke. Als Botschafter, als Repräsentant auf dem Markt spricht die Marke für das Unternehmen. Von ihrer Identität, von ihren Bedeutungen hängen die Erfüllung der unternehmerischen Ziele ab. Die Marke als Botschafter genießt demnach eine „kommunikative Immunität". Der Aufbau der Identität, das Aufladen mit Bedeutungen hat somit oberste Priorität. Hat die Marke einmal diese Stufe erreicht, muss sie zum einen vor störenden Einflüssen geschützt werden. Zum anderen gilt ihr die volle Aufmerksamkeit und Pflege des Unternehmens.

10.5 Ein Ausblick

Marken gehören zweifellos zu den wichtigsten Themen der Wirtschaft – und das zu Recht. Die Auseinandersetzung in der Theorie, aber erst recht die brennenden Fragen in der Praxis zeigen, dass es bezüglich der Markenführung einen großen Klärungsbedarf gibt. Insbesondere in der Praxis ist bei vielen Unternehmen und Verantwortlichen eine Unsicherheit in Bezug auf die Markenführung zu spüren, die aus vielen aktuellen Fragen herrührt. Fragen, die die eigene Markenpositionierung betreffen. Fragen, die auf den Bereich der Dach-, Familien- und Einzelmarken eingehen. Fragen, die den Wert von Marken betreffen. Dies alles sind – und dies zeigt die Praxis – Fragen, die die Markenidentität ansprechen. Denn erst wenn die Markenidentität bekannt ist, kann über die Positionierung, kann über eine Dach-, Familien- oder Einzelmarkenstrategie oder über den Wert einer Marke gesprochen werden. Die Markenidentität ist somit die Basis für alle weitergehenden Analysen der Marke. Die Markenidentität steht im Zentrum aller Fragen der Markenführung.

Welche Konsequenzen hat dies für die Zukunft der Markenführung? Für die Marke bedeutet dies, dass es nicht darum geht, zu philosophieren, ob die Marke an sich an Relevanz verliert oder zunimmt – Marken werden auch in Zukunft mehr oder weniger relevant sein. Vielmehr geht es darum, die grundlegenden Fragen der Markenführung in der Praxis zu vereinheitlichen und zu manifestieren. Oder anders: Die Markenführung muss endlich auf eine ernsthafte und praxisgerechte Grundlage gestellt werden. Hierbei kann das Marketing für die Markenführung durchaus als Vorbild dienen. Denn: Analog der Entwicklung im Marketingbereich muss die Markenführung eindeutig und plausibel sein. Eine klar strukturierte Vorgehensweise und Einteilung von Bereichen und Aufgaben wie im Marketing muss auch in Zukunft für die Markenführung in der Praxis angewendet werden. Diese Forderung zieht eine Vielzahl von Konsequenzen nach sich. Erstens: Es fängt mit formalen Aspekten, wie mit der Wahl von einheitlich verwendeten Begriffen, an. Genauso wie es für das Marketing nur einen Begriff gibt, sollte akzeptiert werden, dass der Begriff „Marke" für alle anderen Begriffe, wie z. B. Markenartikel, Markengegenstand, Markenobjekt, steht. Auch die gern verwendete Angewohnheit, mit Anglizismen zu hantieren (häufig werden diese von Unternehmensberatern und Werbeagenturen verwendet), verwirrt eher als zu einer Vereinheitlichung zu führen. Zweitens: Die Vorgehensweise bei der Markenführung muss klar festgelegt sein. Hier muss allgemein akzeptiert sein, dass die Analyse der Markenidentität die Grundlage für alle weiteren Maßnahmen bildet. Hierbei kommt es nicht nur darauf an, Begriffe zu erheben. Viel entscheidender ist es, die Beziehungen der Begriffe zueinander herauszufinden. Drittens: Ähnlich dem Marketing, das in Unternehmen in einer Abteilung oder einem Bereich angesiedelt ist, muss auch die Markenführung zentral in einem Organigramm des Unternehmens organisiert sein. Dieser Markenbereich muss direkt an der Geschäftsleitung eines Unternehmens angebunden sein sowie über Richtlinienkompetenz verfügen. Dies bedeutet zugleich, dass auch das Marketing ein Bestandteil der Markenführung sein muss. Viertens: In diesem Zusammenhang sollte auch sichergestellt sein, dass die Markenkompetenz und das Wissen über die Marke im Unternehmen angesiedelt ist und nicht – wie häufig – an externe Beratungsunternehmen oder sogar an Werbeagenturen delegiert wird. Da die Identität einer Marke nicht nur vom Konsumenten, sondern auch vom Sender – also dem Unternehmen – geprägt wird und diese sich langfristig entwickelt, können externe Markenberater nur als „Geburtshelfer" einer Marke tätig werden. Fünftens: Die Qualifikation im Markenbereich muss erhöht werden. Nicht jede Werbeagentur, die im Namen den Zusatz „Brand" trägt, ist ausreichend qualifiziert, die Marke ganzheitlich zu betreuen bzw. die Identität einer Marke zu analysieren. Dieses gilt ebenfalls für die Unternehmensseite.

Die wichtigste Regel jedoch, die für die Praxis gilt, ist, dass die Marke immer ein Botschafter des Unternehmens ist. Wird dies von Unternehmen erkannt und ernsthaft umgesetzt, ist der erste Schritt für den Erfolg der Marke getan.

Literaturverzeichnis

Aaker, David A. Management des Markenwerts. Frankfurt/Main; New York: Campus, 1992.

Aaker, David A., *Joachimsthaler,* Erich. Brand Leadership: Die Strategie für Siegermarken. Financial Times Prentice Hall (2001), ein Imprint der Pearson Education Deutschland, München. original Publisher Simon & Schuster; New York, 2000.

AC Nielsen S&P. Werbeaufwendungen der Unternehmen. In: *Kreutz,* Bernd. „Also, ich glaube, Strom ist gelb": über die Kunst, Konzerne Farbe bekennen zu lassen. Ostfildern-Ruit: Hatje Cantz, 2000.

Adjouri, Nicholas. Die Marke als Botschaft. Die kommunikative Funktion der Marke und ihre Interdependenzen zur Werbung. Münsterschwarzach: Vier-Türme, 1993.

Anderson, John R. Kognitive Psychologie; Eine Einführung. 2. Aufl. Heidelberg: Spektrum der Wissenschaft Verlagsgesellschaft, 1989.

Becker, Jochen. Marketing-Konzeption: Grundlagen d. strategischen Marketing-Managements. 2. Aufl., München: Vahlen, 1988.

Bense, Max. Zeichen und Design: semiotische Ästhetik. Baden-Baden: Agis-Verlag, 1971.

Berekoven, Ludwig. Zum Verständnis und Selbstverständnis des Markenwesens. In: *Andreae,* Clemens-August. Markenartikel heute: Marke, Markt und Marketing. Wiesbaden: Gabler, 1978.

Böcher, Hans-Georg. Kunst und Markenartikel. In: *Bruhn,* Manfred (Hg.). Handbuch Markenartikel: Anforderungen an die Markenpolitik aus Sicht von Wissenschaft und Praxis, Band 2. Markentechnik, Markenintegration, Markenkontrolle. Stuttgart: Schäffer-Poeschel, 1994.

Boos, Margarete. Cognitive Mapping von Marken. 3. Tagung der Bochumer Wirtschaftspsychologen (BOWIP). Bochum, 2001.

Brandmeyer, Klaus. Jahrbuch Markentechnik: Markenwelt, Markentechnik, Markentheorie, Forschungsbericht, Horizonte. Frankfurt am Main: Dt. Fachverlag, 2000/2001.

Bruhn, Manfred (Hg.). Die Marke: Symbolkraft eines Zeichensystems. Bern, Stuttgart, Wien: Haupt, 2001.

Bruhn, Manfred. Marketing: Grundlagen für Studium und Praxis. Wiesbaden: Gabler, 1990.

Buddensieg, Tilmann. Behrens und Jordan. Das Programm von 1907 und die Folgen. In: *Buddensieg,* Tilmann (Hg.). Industriekultur: Peter Behrens und die AEG; 1907-1914. 3. Aufl. Berlin: Gebr. Mann Verlag, 1990.

Bürdek, Berhard E. The Apple Macintosh; Design Classics. Frankfurt am Main: Verlag Form, 1997.

Busse, Rudolf. Warenzeichengesetz: nebst Pariser Verbandsübereinkunft und Madrider Abkommen. 6. neubearb. Aufl. von Joachim Starck. Berlin, New York: de Gruyter, 1990.

Cohausz, Helge B. Marken & Namen: Waren- und Dienstleistungsmarken, Geschäftsbezeichnungen, Firmennamen, Werktitel. München: Wila, 1999.

Darmon, Olivier. The Michelin Man: 100 Years of Bibendum. London: Conran Octopus, 1998.

Dichter, Ernest. Strategie im Reich der Wünsche. Düsseldorf: Econ, 1961.

Dingler, Rolf. Wie baut man eine starke Marke auf? In: *Hauser,* Ulrich / MTP e. V. Alumni (Hg.). Erfolgreiches Markenmanagement: vom Wert einer Marke, ihrer Stärkung und Erhaltung. Wiesbaden: Gabler, 1997.

Domizlaff, Hans. Die Gewinnung des öffentlichen Vertrauens: ein Lehrbuch der Markentechnik. Neu zusammengestellte Ausgabe. (1. Aufl. 1939). Hamburg: Marketing Journal, 1982.

Donnermeyer, Michael. In: *Holl,* Thomas, Die Einflüsterer: Strategen, die hinter den Politikern Politik machen. In: F.A.Z. am Sonntag; 30.12.2001; Nr. 52.

Edwards, Frank. Swatch, A Guide for Connoisseurs and Collectors. New York: Firefly, 1998.

Esch, Franz-Rudolf, *Andresen,* Thomas. In: *Hauser,* Ulrich / MTP e. V. Alumni (Hg.). Erfolgreiches Markenmanagement: vom Wert einer Marke, ihrer Stärkung und Erhaltung. Wiesbaden: Gabler, 1997.

Feiter, Wolfgang. 80 Jahre Persil, Produkt- und Werbegeschichte; Schriften des Werkarchivs der Henkel KgaA. Düsseldorf: Henkel, 1987.

Gardner, B.B, *Levy,* S.J. The Product and the Brand. In: Harvard Business Review No. 2, Vol. 33, 1955.

Hammann, Peter. Der Wert einer Marke aus betriebswirtschaftlicher und rechtlicher Sicht. In: *Dichtl,* Erwin, *Eggers,* Walter. Marke und Markenartikel als Instrument des Wettbewerbs, München: Beck, 1992.

Hayek, Nicolas G. Uhrgestein und Provokateur. In: werben&verkaufen, 15/2001.

Heidemann, Heinz. Die Bedeutung des Firmen- und Produkt-Image für das Konsumentenverhalten. Bochum, Univ. Diss., 1969.

Herrmann, Christoph. Die Zukunft der Marke: Mit effizienten Führungsentscheidungen zum Markterfolg. 1. Auflage; Frankfurt am Main: Frankfurter Allgemeine Buch, 1999.

http://www.markenverband.de/verband/index.html; 2001.

Illustrated Oxford Dictionary. London: Dorling Kindersley Ltd, 1998.

Innovationsreport 2001. Köln: CCG, 2002.

Interbrand 2001. Coca-Cola bleibt die wertvollste Marke der Welt. In: F.A.Z.; 6.8.2001; Nr. 180

Joachimsthaler, Erich, *Aaker,* David A. Building Brands without Mass Media. In: Harvard Business Review on Brand Management. Boston: Harvard Business School Publishing, 1999.

Johannsen, Uwe. Das Marken- und Firmenimage; Theorie, Methodik, Praxis. Berlin: Duncker & Humblot, 1971.

Karmasin, Helene. Produkte als Botschaften: individuelles Produktmarketing, konsumentenorientiertes Marketing, Bedürfsdynamik, Produkt- und Werbekonzeptionen, Markenführung in veränderten Umwelten. 2., überarb. u. erw. Aufl. Wien: Ueberreuter, 1998.

Keller, Rudi. Begriff und Bedeutung. In: *Grabowski,* Joachim, *Harras,* Gisela, *Herrmann,* Theo (Hg.). Bedeutung – Konzepte, Bedeutungskonzepte: Theorie und Anwendung in Linguistik und Psychologie. Opladen: Westdeutscher Verlag, 1996.

Kesselmann, Peter, *Müller,* Stefan, Braun. Das Design als Inbegriff der Markenpersönlichkeit. In: *Dichtl,* Erwin, *Eggers,* Walter (Hg.), Markterfolg mit Marken. München: Beck, 1996.

Kirchler, Erich M. Wirtschaftspsychologie: Grundlagen und Anwendungsfelder der Ökonomischen Psychologie. 2. überarbeitete und erweiterte Aufl. Göttingen; Bern, Toronto, Seattle; Hogrefe: Verlag für Psychologie, 1999.

Kossuth-Wolkenstein, Catarina. Die Marke Eskimo: Eine Erfolgsgeschichte. WWG – Österreichische Werbewissenschaftliche Gesellschaft (Hg.). Wien, Hamburg: Signum, 2000.

Kreutz, Bernd. „Also, ich glaube, Strom ist gelb": über die Kunst, Konzerne Farbe bekennen zu lassen. Ostfildern-Ruit: Hatje Cantz, 2000.

Kriegbaum, Catharina. Markencontrolling: Bewertung und Steuerung von Marken als immaterielle Vermögenswerte im Rahmen eines unternehmenswertorientierten Controlling. München: Vahlen, 2001.

Krüger, Cordula Andrea. Semantische Strategien in der Werbung und ihre pragmatische Bedeutung. Hamburg Univ. Diss., 1977.

Linxweiler, Richard. Marken-Design. Marken entwickeln, Markenstrategien erfolgreich umsetzen. MTP e. V. Alumni (Hg.). Wiesbaden: Gabler, 1999.

Mayer, Anneliese, *Mayer,* Ralf Ulrich. Imagetransfer. Hamburg: Spiegel-Verlag, 1987.

Mannstein, Coordt v. Wahlkampf als Ausdruck des demokratischen Meinungswettbewerbs. In: *Bürger,* Joachim H., *Joliet,* Hans (Hg.), Die besten Kampagnen: Öffentlichkeitsarbeit. Landsberg am Lech: Verl. Moderne Industrie, 1991.

Mellerowicz, Konrad. Markenartikel: die ökonomischen Gesetze ihrer Preisbildung und Preisbindung. München: Beck, 1963.

Meffert, Heribert. Marketing: Grundlagen marktorientierter Unternehmensführung. Konzepte, Instrumente, Praxisbeispiele. Wiesbaden: Gabler, 2000.

Merten, Klaus. Kommunikation: eine Begriffs- und Prozessanalyse. Opladen: Westdeutscher Verlag, 1977.

Minale, Marcello (Hg.). How to design a successful petrol station. London: Booth-Clibborn Ed., 2000.

Mollerup, Per. Marks of Excellence: The history and taxonomy of trademarks. London: Phaidon, 1999.

Pavitt, Jane. brand.new. London: V&A Publications, 2000.

Procter&Gamble. Annual Report 2000, Cincinnati, Ohio, USA.

Repenn, Wolfgang. Handbuch der Markenbewertung und -verwertung; Pfändung von Marken, Sicherungsübertragung, Kauf und Verkauf von Marken, Lizenzen, Bilanzierung von Markenwerten, Markenwert-Tabelle. Weinheim, New York, Chichester, Brisbane, Singapore, Toronto: Wiley-VCH, 1998.

Ries, Al, *Ries*, Laura. The 22 immutable Laws of Branding. London: Harper Collins Publisher, 1998.

Rüschen, Gerhard. Ziele und Funktionen des Markenartikels. In: *Bruhn,* Manfred (Hg.). Handbuch Markenartikel. Anforderungen an die Markenpolitik aus Sicht von Wissenschaft und Praxis. Stuttgart: Schäffer-Poeschel, 1994-.

Ruppel, Peter. Die Bedeutung des Image für das Verbraucherverhalten. Göttingen, Univ. Diss., 1965.

Smith, Laurence D. Historical and Philosophical Foundations of the Problem of Meaning. In: *Mandell*, Charlotte, *McCabe*, Allessa (Hg.). The Problem of Meaning. Behavioral and Cognitive Perspectives. Amsterdam: Elsevier, 1997.

Sommer, Rudolf. Psychologie der Marke: die Marke aus der Sicht des Verbrauchers. Frankfurt am Main: Dt. Fachverlag, 1998.

Strauß, Gerhard. Wort – Bedeutung – Begriff; Relationen und ihre Geschichte. In: *Grabowski*, Joachim, *Harras*, Gisela, *Herrmann*, Theo (Hg.). Bedeutung – Konzepte, Bedeutungskonzepte: Theorie und Anwendung in Linguistik und Psychologie. Opladen: Westdeutscher Verlag, 1996.

Studie Interbrand 2001. In: F.A.Z. vom Montag, 6.8.2001.

Trommsdorff, Volker. Konsumentenverhalten. 3., überarb. und erw. Aufl. Stuttgart: Kohlhammer, 1998.

Vatsella, Katerina. Lila lohnt sich, Zur Designgeschichte der Marke Milka. In: *Berthold*, Klaus (Hg.). Von der braunen Chocolade zur lila Versuchung; Die Designgeschichte der Marke Milka. Bremen: Hauschild, 1996.

Weidemann, Kurt. Wo der Buchstabe das Wort führt; Ansichten über Schrift und Typografie. Ostfildern: Cantz, 1994.

Yello Strom GmbH. Unternehmenskommunikation. Pressemitteilung vom 04.11.2000, Köln.

Zec, Peter. Die Rolle des Design bei der Entwicklung von Markenartikeln. In: Manfred Bruhn (Hg.), Die Marke: Symbolkraft eines Zeichensystems. Bern, Stuttgart, Wien: Haupt, 2001.

Der Autor

Dr. Nicholas Adjouri, Jahrgang 1965, ist Geschäftsführender Gesellschafter einer Markenagenturgruppe in Berlin, die von vier Units in den Bereichen Markenanalyse, Markenwerbung, Marken-PR sowie interaktive Markenkommunikation getragen wird. Bereits während des Studiums am Fachbereich Gesellschafts- und Wirtschaftskommunikation der Universität der Künste Berlin beschäftigte er sich hauptsächlich mit dem Thema Marke – so schrieb er u. a. seine Diplomarbeit über Markenstrategien. Zeitgleich absolvierte er das Zusatzstudium Innovationsmanagement am Fachbereich Wirtschaftswissenschaften an der Technischen Universität Berlin. Kurz nach dem Studium wurde er Juniorpartner einer Werbeagentur. Parallel zu seiner unternehmerischen Tätigkeit promovierte er 1993 mit dem Thema „Die Marke als Botschaft". am Fachbereich Kommunikationswissenschaften der Freien Universität Berlin. 1995 gründete er seine eigene Markenagentur, die seitdem für nationale und internationale Unternehmen von der Markenanalyse bis zur praktischen Umsetzung tätig ist. Dr. Adjouri hat in den letzten Jahren zahlreiche Lehrveranstaltungen zum Thema Markenführung gehalten. Für die Durchführung eines gemeinsamen Marken-Forschungsprojekts mit dem Institut für Psychologie der Universität Göttingen stiftete er im Jahre 2000 an diesem Fachbereich für die Dauer von zwei Jahren ein Doktorandenstipendium. 1998 war er einer der Preisträger von „Elite der Zukunft" – ein Preis, der alle zwei Jahre von Egon Zehnder International, Wirtschaftswoche, Bertelsmann, Deutsche Bank und BMW ausgetragen wird.

Sicher in der Praxis

Mit der richtigen Strategie einen Schritt voraus

In einer Zeit dramatischen Wandels entwickelt der Autor einen langfristig wirksamen Entscheidungsrahmen für nachhaltige Unternehmensentwicklung. Er präzisiert Begriffe, gibt Anregungen für Marktanalysen und Leitideen und behandelt die Rolle strategischer Geschäftseinheiten für den Markterfolg. Mit Aktions- sowie Umsetzungsplänen und Fallbeispielen.

Hans-Georg Lettau
Strategische Planung
Ertragspotenziale erkennen –
Unternehmenswachstum sichern
2001. 166 S. Geb. € 32,00
ISBN 3-409-11885-3

Marketing: Ein Muss für erfolgreiche Unternehmen

Marketing ist der Königsweg zu mehr Umsatz. Die Autorin beschreibt die entscheidenden Merkmale praxisorientierten Marketings. Mit Checklisten, Übungen und Aktionsplänen.

Petra Bock
Marketing für Entscheider
Analysen – Strategien –
Erfolgskontrollen
2001. 199 S. Geb. € 32,00
ISBN 3-409-11856-X

Effizientes Arbeiten als Zeichen hoher Professionalität

Das praxisorientierte Arbeitsbuch zeigt, wie man mit einfachen Mitteln und klar durchdachten Schritten wesentliche Effizienzsteigerungen im Unternehmen erzielen kann. Mit Checklisten, Aktionsplänen und Fallbeispielen.

Dorit Spiller, Petra Bock
Effiziente Arbeitsabläufe
Schwachstellen erkennen –
Prozesse optimieren
2001. 160 S. Geb. € 32,00
ISBN 3-409-11857-8

Änderungen vorbehalten. Stand: April 2002.
Erhältlich im Buchhandel oder beim Verlag.

Gabler Verlag · Abraham-Lincoln-Str. 46 · 65189 Wiesbaden · www.gabler.de

GABLER

Professionelles Vertriebsmanagement

Das neue Marketing

Der Autor zeigt in diesem Buch die neuen Disziplinen und Marketingkonzepte auf: Marketing in Echtzeit, Kundenbeziehungsmarketing, Multi-Channel-Marketing, Solution-Marketing, Netzwerk-Marketing. Er weist aber zugleich auf die Gefahren hin, die entstehen, wenn in Unternehmen der Pfad eines strategischen Marketings verlassen wird.

Dirk Schneider
Marketing 2.0
Absatzstrategien
für turbulente Zeiten
2001. 247 S. Geb. € 37,00
ISBN 3-409-11848-9

Mit Account Management den Shareholder Value erhöhen!

Die Autoren beschreiben in ihrem Buch Wege und Instrumente, wie strategisches Account Management mit der CRM-Methodologie verbunden werden kann. Sie liefern eine Grundlage für die wertsteigernde Planung der Kundenbeziehungen und konkrete Maßnahmen für den erfolgreichen Auf- und Ausbau von Customer Relationship Management in B2B-Märkten.

Reinhold Rapp, Kaj Storbacka, Kari Kaario
Strategisches Account Management
Mit CRM den Kundenwert steigern
2002. 174 S. Geb. € 42,00
ISBN 3-409-11775-X

Vertriebs-Know-how: von der Marktbearbeitung bis zum CRM

In immer enger werdenden Märkten ist eine effiziente Marktbearbeitung heute unabdingbar für den Verkaufserfolg. „Unternehmenserfolg durch professionellen Vertrieb" liefert Marketing- und Verkaufsverantwortlichen in Unternehmen sofort umsetzbare Ideen zur besseren Marktbearbeitung und damit optimale Verkaufsvorbereitung. Ein nützlicher und täglich einsetzbarer Ratgeber für den Praktiker.

Lorenz A. Aries
Unternehmenserfolg durch professionellen Vertrieb
Von der Verkaufsoptimierung zum CRM
2. Aufl. 2001. 268 S.
Geb. € 37,00
ISBN 3-409-29566-6

Änderungen vorbehalten. Stand: April 2002.
Erhalten im Buchhandel oder beim Verlag.

Gabler Verlag · Abraham-Lincoln-Str. 46 · 65189 Wiesbaden · www.gabler.de

GABLER

Printed in Poland
by Amazon Fulfillment
Poland Sp. z o.o., Wrocław